विष्णु नागर

विष्णु नागर का जन्म 14 जून, 1950 को हुआ। उनका बचपन और छात्र जीवन शाजापुर, मध्य प्रदेश में बीता। 1971 से दिल्ली में पत्रकारिता शुरु की और तभी से दिल्ली में हैं।

'नवभारत टाइम्स', 'हिन्दुस्तान', 'कादंबिनी', 'नई दुनिया', 'शुक्रवार' आदि पत्र-पत्रिकाओं से जुड़े रहे। भारतीय प्रेस परिषद एवं महात्मा गांधी अन्तरराष्ट्रीय हिन्दी विश्वविद्यालय, वर्धा की कार्यकारिणी के सदस्य रहे। फिलहाल स्वतंत्र लेखन में सक्रिय हैं।

उनकी प्रकाशित कृतियाँ हैं—'मैं फिर कहता हूँ चिड़िया', 'तालाब में डूबी छह लड़कियाँ', 'संसार बदल जाएगा', 'बच्चे, पिता और माँ', 'कुछ चीज़ें कभी खोई नहीं', 'हँसने की तरह रोना', 'घर के बाहर घर', 'जीवन भी कविता हो सकता है' तथा 'कवि ने कहा' (कविता-संग्रह); 'आज का दिन', 'आदमी की मुश्किल', 'कुछ दूर', 'ईश्वर की कहानियाँ', 'आख्यान', 'रात दिन', 'बच्चा और गेंद', 'पापा मैं ग़रीब बनूँगा' (कहानी-संग्रह); 'जीव-जन्तु पुराण', 'घोड़ा और घास', 'राष्ट्रीय नाक', 'देशसेवा का धन्धा', 'नई जनता आ चुकी है', 'भारत एक बाज़ार है', 'ईश्वर भी परेशान है', 'छोटा सा ब्रेक' तथा 'सदी का सबसे बड़ा ड्रामेबाज' (व्यंग्य-संग्रह); 'आदमी स्वर्ग में' (उपन्यास); 'कविता के साथ-साथ' (आलोचना); 'असहमति में उठा एक हाथ' (रघुवीर सहाय की जीवनी); 'हमें देखतीं आँखें', 'आज और अभी', 'यथार्थ की माया', 'आदमी और उसका समाज', 'अपने समय के सवाल', 'ग़रीब की भाषा', 'यथार्थ के सामने', 'एक नास्तिक का धार्मिक रोजनामचा' (लेख और निबन्ध-संग्रह); 'मेरे साक्षात्कार : विष्णु नागर' (साक्षात्कार)।

'सहमत' संस्था के लिए तीन संकलनों तथा रघुवीर सहाय पर एक पुस्तक का संपादन। परसाई की चुनी हुई रचनाओं का सम्पादन। नवसाक्षरों एवं किशोरों के लिए भी पुस्तक लेखन।

उन्हें मध्य प्रदेश सरकार के 'शिखर सम्मान', हिन्दी अकादमी, दिल्ली के 'साहित्य सम्मान', 'शमशेर सम्मान', 'राही मासूम रज़ा साहित्य सम्मान', 'व्यंग्य श्री सम्मान' आदि से सम्मानित किया जा चुका है।

सम्पर्क : vishnunagar1950@gmail.com

विष्णु नागर

आदमी स्वर्ग में

राजकमल पेपरबैक्स

पहला पुस्तकालय संस्करण
सामयिक प्रकाशन, नई दिल्ली द्वारा
2004 में प्रकाशित

राजकमल पेपरबैक्स में
पहला संस्करण : 2015
दूसरा संस्करण : 2023
This book is printed on **Print on Demand** Technology : 2026

राजकमल पेपरबैक्स : उत्कृष्ट साहित्य के जनसुलभ संस्करण

राजकमल प्रकाशन प्रा. लि.
1-बी, नेताजी सुभाष मार्ग, दरियागंज
नई दिल्ली-110 002
द्वारा प्रकाशित

शाखाएँ : अशोक राजपथ, साइंस कॉलेज के सामने, पटना-800 006
पहली मंजिल, दरबारी बिल्डिंग, महात्मा गांधी मार्ग, प्रयागराज-211 001
1, अनमोल सोराबजी संतुक लेन, धोबी तलाव, मरीन लाइंस, मुम्बई-400 002

वेबसाइट : www.rajkamalprakashan.com
ई-मेल : info@rajkamalprakashan.com

मूल्य : ₹ 250

AADAMI SWARG MEIN
Novel by Vishnu Nagar

ISBN : 978-81-267-2640-0

ईसा मसीह ने कहा है—''सुई के छेद से ऊँट भले ही निकल जाए मगर धनवान व्यक्ति प्रभु के राज्य में प्रवेश नहीं पा सकता।''

इस बात को कहे हजारों साल बीत चुके थे। इस बीच सुई के छेद से ऊँट तो निकलने नहीं लगे थे मगर शायद प्रभु को ईसा मसीह के इस अमर वाक्य की जानकारी नहीं थी, इसलिए स्वर्गादपि गरीयसी भारतभूमि से सेठ गेंदमल स्वर्ग पहुँच गए थे।

ऐसा अनायास नहीं हुआ था। इस जीवन में ब्याज कमाना और उस जीवन के लिए पुण्य कमाकर स्वर्ग की प्राप्ति करना, ये दो ही गेंदमलजी के जीवन के मुख्य ध्येय थे। पहला ध्येय उन्हें किस्तों में प्राप्त होता रहता था और दूसरे के लिए गेंदमलजी किस्तों में प्रयत्न करते थे और अब ये दोनों चीजें उन्हें एकमुश्त प्राप्त हो चुकी थीं।

गेंदमलजी परम प्रसन्न थे और उन्हें ईसा मसीह के इस अमर वाक्य की जानकारी रही होती तो वे परम प्रसन्न हुए होते कि उन्होंने ईसा मसीह को भी गलत साबित करके दिखा दिया है।

स्वर्ग तो वैसा ही था, जैसा गेंदमलजी ने उसके संबंध में संतों-महात्माओं से सुना था। जिसे सुंदरता वह मानते थे, वहाँ वह प्रभूत मात्रा में थी। जिसे वह सुव्यवस्था मानते थे, वह भी वहाँ सर्वत्र थी। जिस शांति की वह कल्पना किया करते थे और जो उन्हें कभी नहीं मिली थी, वह भी वहाँ थी।

उनकी तबीयत बाग-बाग हो जाए, मन मयूर नाच उठे, बाछें खिल उठें, इसके सभी कारण वहाँ मौजूद थे। कैलेंडर के कश्मीर से भी ज्यादा सुंदर था—स्वर्गरूपी यह कश्मीर। इतना सुंदर था कि पहली नजर में अवर्णनीय था। इतना आनंददायक था कि अनिर्वचनीय था। गेंदमलजी ने अत्यंत अभिभूत भाव से उस परमपिता परमेश्वर, सबके राखनहारे का ध्यान किया, आँखें मूँदी, कुछ बुदबुदाए और प्रणाम किया। अंततः उन्हें आँखें खोलनी ही थीं और उन्होंने खोलीं और कहा, 'हे भोले भंडारी, तेरी माया निराली, इसे क्या समझेगा मनुष्यरूपी यह गरीब प्राणी!' इतना कहकर ध्यानावस्था से उन्होंने अवकाश प्राप्त किया और स्वर्ग भूमि को प्रणाम किया।

उनकी गदगदायमान अवस्था निरंतर जारी थी। उन्होंने पहले परमपिता परमात्मा को, फिर अपने माता-पिता को मन ही मन धन्यवाद दिया कि उन्होंने शुरू से उनके मन में धन और स्वर्ग-प्राप्ति की लौ को साथ-साथ जगाया। परिणाम सामने है। उन्होंने उन गुरुओं का स्मरण किया, जिन्होंने जीवन की सार्थकता स्वर्ग की प्राप्ति में बताई थी और उन्हें सतत पुण्यमार्ग पर चलने की प्रेरणा दी थी। उन्हीं की शिक्षा के प्रताप से गेंदमलजी हमेशा जीव-हत्या से दूर रहे। उन्होंने पीने का पानी हमेशा उबालकर पिया, ताकि जीव-हत्या जो होनी हो, उनके पानी पीने से पहले ही हो जाए। उन्होंने भोजन हमेशा रात्रि के पहले, शाम को प्राप्त किया था, ताकि कोई जीव मुखमार्ग से उनके शरीर में प्रवेश न कर पाए। चींटियों को न मारने के साथ ही उन्हें चीनी मिला आटा खिलाने का खयाल उन्होंने सदासर्वदा रखा। मच्छर और खटमल तक उन्होंने स्वयं नहीं मारे, यह काम भी नौकरों से करवाया। लेकिन इसके लिए भी वे ईश्वर से प्रार्थना करते समय उनसे क्षमा माँग लिया करते थे कि प्रभु! मुझे दंड का भागी मत बनाना। ईश्वर के नाम का स्मरण इस हेतु वे सौ बार अतिरिक्त रूप से कर लिया करते थे।

और ईश्वर भी—जैसी कि गेंदमलजी ने उसकी कीर्ति सुन रखी थी—दयालु ही निकला। अगर वह कठोर रहा होता तो, उन्हें मालूम है, उन्हें स्वर्ग की प्राप्ति नहीं हुई होती। यह स्मरण आते ही ईश्वर इतना दयालु है कि उसने उन जैसे अधर्मी को भी स्वर्ग का सुख प्रदान किया है, वह अत्यंत भावुक हो गए। उनके नेत्रों से आँसू बहने लगे और नाक से पानी। उन्होंने ईश्वर को कोटिश: धन्यवाद दिया और उसे याद करते हुए नेत्र उन्मीलित कर लिये।

इसी के साथ उन्हें याद आया कि उन्होंने ईश्वर-प्राप्ति के लिए असंख्य कष्ट सहन किए थे। गर्मी हो, सर्दी हो या हो बरसात, उन्होंने हमेशा प्रात:काल साढ़े चार बजे स्नान किया। रोज डेढ़-डेढ़ घंटे तक पूजा-अर्चना की। उन्हें मालूम था कि प्याज-लहसुन से बने खाने का स्वाद ही निराला है, फिर भी उन्होंने ईश्वर के हेतु उसे कभी नहीं चखा। मदिरा तो मदिरा कोकाकोला तक का सेवन नहीं किया। पत्नी के अलावा किसी अन्य नारी का संस्पर्श तक नहीं किया और पत्नी का संस्पर्श भी जहाँ तक संभव हो सके, संतानोत्पत्ति के पवित्र उद्‌देश्य के लिए ही किया, ताकि उन पर ईश्वर की कृपा बनी रहे और स्वर्ग में ये सारे सुख प्राप्त हों। उन्होंने हर सोमवार तथा गुरुवार को एक बार भोजन किया। हर एकादशी को व्रत रखा। हर अमावस्या और पूर्णिमा को भी व्रत रखा। नवरात्र में पूरे नौ दिन उपवास रखा और साबूदाने की खिचड़ी और सिंघाड़े तथा आलू के हलवे का सेवन करके ईश्वरोपासना की।

इसके अतिरिक्त कम-से-कम महीने में एक बार सत्यनारायण कथा का आयोजन करवाया और उस अवसर पर हमेशा कम-से-कम एक ब्राह्मण देवता को भोजन

करवाया। हर उपयुक्त और शुभ अवसर पर ब्राह्मणों को दान-दक्षिणा देकर उनका आशीर्वाद प्राप्त किया। गौशालाओं और विश्व हिंदू परिषद को समान रूप से चंदा दिया। हर दिन एक रोटी गाय को खिलाने का व्रत निभाया। वर्ष में एक बार योग्य ब्राह्मण को गोदान किया और नगर में किसी भी साधु-संत रूपी मानुष का आगमन होने पर उसका प्रवचन अपने यहाँ करवाया और नियमपूर्वक उनके अमृतरूपी वचनों का पान किया और जिला कलेक्टर आदि अफसरगण भक्तिभाव से परिपूर्ण हुए तो उन्हें भी इसका पान करवाया। कितनी ही बार चारों धाम की यात्रा की। भंडारों के लिए सदा खुले दिल से दान दिया। गर्मियों में अपनी जाति की ओर से शहर में दो-चार प्याऊ खुलवाईं, अपनी जाति की धर्मशाला में एक कमरे का निर्माण अपने माता और पिता के नाम से करवाया। सुबह-शाम देवदर्शन के लिए जाने का नियम उसी तरह निभाया था, जैसे दशरथ के वंशजों ने 'प्राण जाहुँ बरु बचनु न जाई' का नियम गोस्वामी तुलसीदास के अनुसार निभाया बनाया था। उन्होंने हर दिन सुबह-सुबह हनुमान चालीसा का पाठ किया। उन्होंने हर सोमवार को अपने निवास पर रामायण का पारायण करवाया और वर्ष में एक बार विशाल भगवती जागरण भी करवाया। वैष्णोदेवी की यात्राएँ कीं। ठंड में गरीबों का फटे ही सही कंबलों का दान किया। संक्षेप में कहने का प्रयास करें और कई उल्लेखनीय कामों का उल्लेख करने से बचकर भी कुछ कह सकें तो कह सकते हैं कि स्वर्ग तक जानेवाला हर रास्ता उनके घर से और उन तक होकर जाता था। उन्होंने स्वर्ग के मार्ग में पड़नेवाली हर बाधा को दूर कर लिया था, हर कंकड़-पत्थर को कोने में फेंककर रास्ता साफ किया था, मार्ग में पेड़-पौधे लगवाए थे ताकि कभी चिलकती गर्मी में स्वर्ग जाना पड़ जाए तो भरपूर छाया का इंतजाम भी रहे।

बस उनमें एक ही कमी थी उन्होंने ब्याज की राशि में कभी कोई कमी या वसूली में कोई कोताही नहीं बरती थी। लेकिन इसे उनकी कमी भी कैसे कहें? इसको इस तरह समझने की जरूरत है कि जिस तरह उन्होंने धर्म को हमेशा धर्म समझा था, उसी तरह व्यापार को भी उन्होंने व्यापार समझने में कभी कोई भूल नहीं की थी। किसी गरीब ने कहा कि सेठजी आपने एक हजार एक रुपए तीन पैसे ब्याज लगाया है और खुले तीन पैसे मेरे पास नहीं हैं अत: उन्हें माफ कर दीजिए तो उन्होंने साफ कहा, "देख मैं छोड़ता कुछ नहीं, क्योंकि उस ईश्वर के यहाँ सबको अपना-अपना हिसाब देना पड़ता है और कल तेरे हिसाब में मेरे तीन पैसे कम पाए गए तो तेरे से वो ऊपरवाला किस-किस तरह से वसूल करेगा और तुझे कितने-कितने कष्ट सहने पड़ेंगे, इसे तू आज नहीं जानता, मगर कल वहाँ पहुँचकर मुझे याद करेगा कि सेठ गेंदमल ने उस समय ठीक ही कहा था, मगर मेरी ही मत मारी गई थी। मैं नहीं चाहता कि मेरे किसी ग्राहक पर मेरी वजह से कोई पाप चढ़े इसलिए तुझे मेरे बाकी तीन पैसे भी देने ही

होंगे और तेरे पास न हों तो मुझसे उधार ले जा, उस पर दस रुपए सैकड़ा ब्याज दे देना।'' वह कहता कि सेठजी तीन पैसे नहीं, मेरे पास एक रुपया है तो कहते ला, एक रुपया ही दे दे, मैं तुझे तेरे 97 पैसे वापस कर दूँगा और वे इतने ईमानदार थे कि वाकई 97 पैसे वापस कर देते थे। उन्होंने जिससे भी ब्याज वसूल किया, सिद्धांत के अनुसार चक्रवृद्धि दर से ही वसूल किया, क्योंकि वे सिद्धांतों पर चलनेवाले आदमी थे और वे सब कुछ के साथ समझौता कर सकते थे, मगर सिद्धांतों के साथ कतई नहीं। किसी ने एक दिन का विलंब किया तो परंपरानुसार उससे पूरे एक महीने का ब्याज वसूल किया। वही सिद्धांतों का सवाल जो था। किसी ने अनुनय-विनय की, किसी से सिफारिश करवाई तो भी नहीं सुना। किसी कुड़की करवाने की नौबत आई तो वह भी अपना धर्म समझकर ही करवाई, किसी और नीयत से नहीं और फिर इसमें कोई संकोच, कोई करुणा नहीं दिखाई और न जिसकी कुड़की हो रही है उसका, उसकी बीवी का, उसके बच्चे का क्या होगा, वे अब कहाँ रहेंगे, कैसे रहेंगे क्या खाएँगे, यह नहीं सोचा, क्योंकि उनके लिए व्यापार सिर्फ व्यापार था और जिस तरह धर्म के मामले में वे अपने साथ कोई मुरव्वत पसंद नहीं करते थे, उसी प्रकार किसी के साथ व्यापार में वे मुरव्वत करना पसंद नहीं करते थे। किसी ने किसी पुराने उपकार का हवाला दिया तो कहा कि हमें मौका मिला तो हम भी उपकार का बदला उपकार करके दे देंगे, मगर भैया ब्याज नहीं छोड़ेंगे। किसी ने आँसू बहाए, पैर पकड़े तो उसे भगवान का परसाद दे दिया मगर ब्याज नहीं छोड़ा। उन्होंने पैर पकड़ना उसका धर्म माना और ब्याज में कोई कटौती न करना अपना धर्म। किसी गरीब को कंबल भले ही दान में दे दिया, मगर ब्याज न दे पाने के कारण उसकी रजाई और गद्दा भी बिक गया, बरतन भी बिक गए तो बिकने दिए। उनका तर्क था कि उन्होंने ब्याज के मोर्चे पर दयालुता दिखाई होती तो वे धर्म के मोर्चे पर पिछड़ जाते, दान-पुण्य से वंचित हो जाते, ईश्वर के प्रति अपने कर्तव्य का निर्वाह नहीं कर पाते। ईश्वर के प्रति मनुष्य का कर्तव्य ही सर्वोपरि है।

उनकी जवानी के दिनों में एक गाना खूब चलता था—'क्या जाने किस भेस में बाबा मिल जाए भगवान रे !' इसलिए कोई गरीब-गुरबा उनके यहाँ अपनी थाली-लोटा गिरवी रखने आ जाता, तो एक क्षण के लिए तो वे जरूर ठिठकते और सोचते—क्या पता गरीब के भेस में ये भगवान ही हों! एक बार उनका मन कहता कि इसका थाली-लोटा तो गिरवी न रखें, क्योंकि वैसे भी ये भागकर कहाँ जाएगा, कभी इसके पास रुपए-चार रुपए फालतू आए तो सबसे पहले मेरा ही कर्ज चुकाने दौड़ता हुआ आएगा और ये नहीं भी दे सका, तो इसे दानपुण्य कर दिया, ऐसा समझ लेंगे। लेकिन फिर मन में आता कि चलो इसका ये सामान तो रख लेते हैं मगर जब ये सामान छुड़ाने आएगा तो इसका ब्याज माफ कर देंगे। लेकिन फिर उन्हें अपना यह सिद्धांत

याद आ जाता कि व्यापार करना एक धर्म है और रुपए ब्याज पर चढ़ाना उसी धर्म का निर्वाह है। तो उचित तो यही है कि इस धर्म को पूरा निबाहते हैं और इससे जो ब्याज मिलेगा, उसका दस प्रतिशत अलग से ईश्वर की सेवा में समर्पित कर देंगे। यह बात अलग है कि अपनी व्यस्तताओं के चलते वह अपनी इन प्रतिज्ञाओं को अनेक बार भूल जाते थे मगर इस तरह की भूलों के लिए वे ईश्वर के सामने रोज कान भी पकड़ते थे। ईश्वर इतना कठोर भी नहीं था कि कोई भक्त प्रतिदिन अपने कान पकड़कर उनसे माफी माँगे और वे उसे क्षमा न कर दें।

इस प्रकार गेंदमलजी ईश्वर और स्वर्ग दोनों की साधना में समान रूप से सन्नद्ध थे और लखपति से करोड़पति बनते जा रहे थे और करोड़पति से अरबपति बनने की ओर अग्रसर थे और इधर ईश्वर से भी उनकी लौ लगी हुई थी, इसलिए उसके भी करीब आते जा रहे थे। स्वर्ग के द्वार उनके लिए निरंतर खुले रहते थे कि पता नहीं यह पुण्यात्मा कब आ जाए। इसलिए जब धरती पर उनके नेत्र बंद हुए स्वर्ग में जाकर खुले तो उन्हें आनंद की प्राप्ति तो अवश्य हुई मगर आश्चर्य बिलकुल नहीं हुआ। उनके अनुसार स्वर्ग तो उनका प्राप्य था ही। अत: स्वर्ग की पवित्र भूमि पर उनके पैर उसी सहजता और उसी आत्मविश्वास से पड़े, जैसे कि मथुरा–वृंदावन–द्वारका–काशी या वैष्णोदेवी में पड़ते थे। स्वर्ग भी उनके लिए मानो एक तीर्थभूमि ही था, फर्क यह था कि दूसरे तीर्थों से पुण्य अर्जित करके वह अपने शहर व्यापार करने लौट सकते थे, मगर उन्हें यह सुविधा अब नहीं थी और उन्हें अब यहीं रहना था। यहाँ फायदा यह भी था कि अन्य तीर्थनगरियों की तरह यहाँ ताँगे–रिक्शेवाले और पंडों से पैसों के लिए चख–चख नहीं करनी पड़ती थी, वरना कहीं भी जाओ, सब जगह ताँगे–रिक्शेवालों द्वारा लूट लिये जाने का लगातार अहसास उन्हें रहता था और अकसर उनके मुँह से तीर्थों में आकर ईश्वर का नाम निकलने की बजाय यह निकलता था—कैसा कलियुग आ चुका है और हे कलियुगी भगवान अब तो जनम ले लो।

स्वर्ग में अपेक्षा के अनुरूप उनका यथोचित स्वागत–सत्कार हुआ। जैसे ही वे स्वर्ग में प्रकट हुए, वहाँ छह पहियोंवाला पुष्पाच्छादित रथ उनके स्वागत के लिए तैयार था। इसमें उन्हें ससम्मान बैठाया गया। रथ में बैठना ऐसा था, जैसे फूलों की सेज पर बैठे हों। रथ इतनी तरह के, इतने रंगों और गंधों के फूलों से सजा था कि सहसा गेंदमलजी को विश्वास नहीं हुआ। वह इतने रंगों से और सुगंध से जैसे मदहोश हो गए। रास्ते में जो भी मिला, उसने उनके सामने झुककर उनका अभिवादन किया। उन्हें ऐसा लग रहा था कि जैसे वे ही स्वर्ग के राजा हों और ये सब उनकी प्रजा हों। उनका मन इस कल्पना से पुलकित हो गया। उन्हें सहसा लगा कि उनके पुण्य इतने ज्यादा तो नहीं थे कि ईश्वर ने उनको यह जिम्मेदारी सँभालने के लिए यहाँ भेज दिया हो। यह सोचकर उनकी आँखों में ईश्वर द्वारा दिखाई गई इस अपार कृपा के कारण

आँसू आ गए। लेकिन उन्होंने झटपट अपने आँसू पोंछ लिये।

सारा रास्ता साफ, सुंदर और समतल था, कहीं एक तिनका भी इधर-उधर गिरा हुआ नहीं था। कहीं भीड़-भाड़, अव्यवस्था और चिल्ल-पों नहीं थी, कहीं साइकिल-रिक्शे नहीं थे, धुआँ छोड़ते टैंपो, तिपहिए और बसें नहीं थीं। उन्हें ये देखकर बहुत ही अच्छा लगा और सहसा महसूस हुआ कि वे जिंदगी भर ऐसी ही किसी जगह की तलाश में थे। प्रकृति की छटा ऐसी निराली थी कि उनकी आँखों में समा नहीं रही थी और उन्हें लग रहा था कि इसे देखने के लिए चार-छह आँखें चाहिए। जहाँ देखो वहीं नजर टिक जाती थी। बच्चन, नीरज, सोम ठाकुर आदि की कविताओं से पुष्पित-सज्जित-प्रकंपित उनका हृदय कहने लगा कि गेंदमल अब तेरे कवि होने का सही वक्त आ चुका है। जा कविता लिख, तू अवश्य सफलता को प्राप्त होगा। तू भी एक 'मधुशाला' लिख और स्वर्ग में अमर हो जा और यहाँ की गद्‌दी पा जा और हो सके तो धरती पर पांडुलिपि भेजकर और छपवाकर वहाँ भी अपनी अमरता के शिलालेख लिखवा ले। तेरा तो अमिताभ बच्चन जैसा पुत्र भी नहीं, जो अपनी कीर्ति से तेरी कीर्ति को भी फीका कर दे। तेरा हृदय गा रहा है और तू इसे गाने दे। रोक मत और वह गाने लगे मगर वह गाना था—'ऐ मेरे वतन के लोगो, जरा आँख में भर लो पानी' लेकिन न यहाँ उन्हें उनके वतन के लोग दिख रहे थे और न किसी की आँखों में पानी था।

उन्हें ध्यान ही नहीं रहा कि कब वह अपने आवास पर पहुँच गए। उस पर पहले से ही देववाणी में 'गेंदमल कुटीर' अंकित था। ऐसी ही एक सुंदर कुटीर धरती पर बनाने का उनका स्वप्न था, जो पूरा नहीं हो सका था। ऐसा लग रहा था कि उस स्वप्न को भी यहीं पूरा होना था। इस कुटी पर अंकित शब्दों का आकार-प्रकार ठीक वैसा था, जो संगमरमर की उनके घर पर लगी पट्टिका पर था, जिसका नाम उन्होंने अपने पिता स्वर्गीय भोलारामजी के नाम पर रखा था। इस अद्‌भुत साम्य से, इस ईश्वरीय लीला से उनकी ईश्वर के प्रति आस्था द्विगुणित-त्रिगुणित बल्कि चौगुणित या पता नहीं कितने गुणित हो गई थी। आस्था और श्रद्धा के निरंतर बढ़ते भार से न केवल उनका हृदय बल्कि सिर भी झुक गया था और झुकता चला गया था, यहाँ तक कि उनकी गरदन भी अकड़ने लगी थी।

उनकी कुटीर पर गहन लता-गुल्म आच्छादित थी, बिलकुल उनके शहर के कलेक्टर की कोठी की तरह। मन उनका पहले मुदित हुआ, फिर प्रमुदित हुआ और फिर उदित होने लगा क्योंकि उनका सामाजिक स्तर यहाँ कलेक्टर के स्तर तक आ चुका था। इससे वह अत्यंत प्रसन्न हुए। वे नाचने लगे, वे गाने भी वाले थे मगर उनके मन-मयूर से केवल इतने ही बोल फूटे—'स्वर्ग तू सचमुच स्वर्ग है और पृथ्वी तू जितनी भी अकड़े पृथ्वी ही है और सिर्फ पृथ्वी ही रहेगी और पृथ्वी के अलावा कुछ भी नहीं रहेगी।' पृथ्वी के संबंध में उनकी सारी कल्पनाएँ यहाँ साकार हो गई

थीं। कहाँ हो ईश्वर, कहाँ हो, अभी भी मुझसे छिपे क्यों हो, अब तो प्रकट हो जाओ प्रभु, अब तो दर्शन दे दो, वह अकुला रहे थे। उनकी आँखों में आँसू थे और उनके गाल भीगे हुए थे।

गेंदमलजी पृथ्वी-लोक पर अपने शहर के पुराने इलाके में रहते थे। उनका घर एक सँकरी-सी गली में था, जहाँ हद-से-हद स्कूटर ही आ-जा सकते थे। कई वर्षों तक तो गली की सड़क कच्ची ही रही। कीचड़ लगभग वहाँ सदा-सर्वदा रहता था क्योंकि नालियों का पानी बहकर सड़क पर आ जाता था। काफी प्रयत्नों के बाद गली में नगरपालिका ने पत्थर लगवाए थे। नाली अभी भी खुली रहती थी और उसका पानी गली में उसी प्रकार बहता रहता था। गर्मी में गली बदबू से भर जाती थी। कुत्ते और सूअर वहाँ मोहल्ले के स्थायी निवासियों की तरह सुरक्षित ढंग से और अधिकारपूर्वक रहते थे।

गेंदमलजी का घर बड़ा था मगर आसपास इतने ज्यादा और ऊँचे-ऊँचे मकान थे कि उनके घर में दिन में भी रात जैसा अँधेरा रहता था। दीवारों पर सीलन रहती थी। कमरे ठंडे रहते थे। चारों ओर से हमेशा शोर आता रहता था और कई बार सड़क का शोर भी घर का हिस्सा लगता था। पड़ोस में और उनके घर में भी कई तरह के झगड़े होते रहते थे, जिनमें सुनने के स्तर पर भागीदारी करने की स्वतंत्रता सभी पड़ोसियों और सड़क से गुजरनेवालों को उपलब्ध थी। सब्जी, फल, कपड़े, चूड़ियाँ बेचनेवाले मोहल्ले में लगातार आते रहते थे। चक्कू-छुरी ठीक करानेवाले आते रहते थे। रेडियो पर पहले विविध भारती के गाने आते रहते थे और बाद में टी.वी. का तरह-तरह का शोर। इसलिए कलेक्टर निवास जैसी शांति वहाँ पाकर वे बहुत खुश हुए। उनकी दिली तमन्ना आज पूरी हो गई थी।

गेंदमलजी ने पहले अपनी कुटिया को चारों तरफ से गौर से देखना शुरू किया। उसकी हरियाली, उसके फूल उन्हें मोहित कर रहे थे। वह कभी यहाँ, कभी वहाँ मुग्ध-भाव से उन्हें देख रहे थे और आँखें थीं कि भर ही नहीं रही थीं। इतनी तरह की सुगंध एक साथ थी कि वह हर फूल के पास जाकर उसे सूँघ रहे थे और उस सुगंध को अपने फेफड़ों में भरने की कोशिश कर रहे थे। हवा का हर झोंका पहले से ज्यादा मादक सुगंध उनके नथुनों में भर रहा था। ईश्वर की कृपा से उन्हें यह आनंद, अनंतकाल तक प्राप्त होता रहेगा, इस कल्पना से ही उनकी आँखें बार-बार अश्रुपूरित होने लगीं।

वह इतना रम गए थे, खो गए थे, अपने आपमें इतने गुम हो गए थे कि उन्हें एक पल के लिए भी धरती की याद ने सताया नहीं। जिस धरती को छोड़कर गेंदमलजी अभी-अभी यहाँ आए थे और स्वर्ग जाने को जीवन का अंतिम ध्येय मानने के बावजूद जिस धरती को छोड़कर जाने की कल्पना मात्र से उनकी रूह काँप जाया करती थी और जिस धरती पर उनकी मृत देह को देखकर उनकी पत्नी, बेटी-बहू-बेटियाँ-

दामाद, नाती-पोते आदि दहाड़ें मार-मार कर रो रहे थे, उनकी याद एक क्षण के लिए भी गेंदमलजी को नहीं आई। उन्हें इस बात की जरा चिंता नहीं हुई कि उनकी पत्नी हो सकता है कि रो-रोकर मूर्च्छित हो गई हो। वह सौंदर्य निरीक्षण और परीक्षण में इतने ज्यादा निमग्न हो गए थे कि यह भी भूल गए कि उनकी कुटिया में बाकी प्रबंध ठीक हैं या नहीं। मसलन वह पृथ्वी पर जहाँ भी, जिस भी किसी शहर में जाते थे, सबसे पहले वहाँ शौचालय की व्यवस्था को देखते थे। साफ-सुथरा, अच्छा शौचालय उनकी पहली प्राथमिकता थी। मगर वे इस बात को यहाँ आकर भूले रहे और प्रकृति की गोद में आकर बैठे रहे।

मगर जैसे ही उन्हें होश आया, यथार्थ-ज्ञान हुआ, उन्हें शौचालय का ही सबसे पहले ध्यान आया। उनके शौचालय-प्रेम ने उनके प्रकृति प्रेम को भी पीछे धकेल दिया। उन्होंने शौचालय ढूँढ़ने की दृष्टि से कुटिया का दो, तीन और चार बार निरीक्षण-परीक्षण किया। यहाँ झुककर देखा, वहाँ देखा, झाड़ियों के पीछे देखा, अंदर के कोने-कोने को देखा मगर शौचालय उन्हें कहीं नहीं दिखा। गेंदमलजी को पहली बार स्वर्ग में डर सा लगा। उन्हें विश्वास नहीं हुआ कि इतनी सुंदर जगह पर, इतनी शानदार कुटिया में इतनी मामूली व्यवस्था तक नहीं होगी! उन्हें एकाएक भरोसा नहीं हुआ कि ईश्वर या उनका आर्किटेक्ट ऐसी गलती भी कर सकता है। फिर उन्हें लगा कि कहीं ऐसा तो नहीं कि उनके किसी पाप की सजा उन्हें इस जगह पर शौचालय उपलब्ध न कराकर ईश्वर ने दी हो। तभी उन्हें पेशाब आने जैसी परेशानी होने लगी। अब उन्हें लगा कि मैं कहाँ जाऊँ, किससे पूँछूँ। क्या यहाँ आते ही स्वर्ग की भूमि को अपने पेशाब से अपवित्र कर दूँ? वह घबरा गए। लेकिन थोड़ी देर बाद उन्हें लगा कि उन्हें पेशाब वास्तव में आ नहीं रहा था, सिर्फ डर के मारे उन्हें ऐसा अहसास हो रहा था। इससे उनकी ईश्वर पर आस्था पुनः प्रबल हो गई। उन्होंने अपने आपको दिलासा दी कि मनवा तू न डरना, तू न घबराना। जिस प्रभो ने पृथ्वी जैसी जगह पर हाथी को मन और चींटी को चन दिया है, वह स्वर्ग में मनुष्य को शौचालय तक न देगा, ऐसा निष्ठुर वह हो नहीं सकता।

जिस ईश्वर ने तेरे आने से पहले ही यहाँ 'गेंदमल-कुटीर' बनाकर रख दी, वह तेरी इन बुनियादी जरूरतों का खयाल नहीं रखेगा, यह कैसे हो सकता है? उन्होंने अपने आपको धिक्कारा—कितना अविश्वासी है रे तू गेंदमल, कितना अधर्मी है! पृथ्वी के कुसंस्कार तू यहाँ भी ले आया नीच! वह परमपिता-परमात्मा-जगत्पति, सबका पालनहारा तुझे स्वर्ग भेजकर तेरा इतना भी खयाल नहीं रखेगा! जिसने स्वर्ग में तेरा स्वागत इतने शाही ठाठ से करवाया, वह तेरे साथ ऐसी क्रूरता करेगा! कुछ-न-कुछ व्यवस्था यहाँ जरूर होगी। तनिक धैर्य रख—न यह पृथ्वी है और न यह चाँद है। यहाँ तू सब कुछ ईश्वर पर छोड़कर निश्चिंत हो जा। अगर शौचालय जैसी बुनियादी

सुविधा भी यहाँ न होती, तो यह स्वर्ग इतना सुंदर, इतना सुव्यवस्थित, इतना मनमोहक और इतना चित्ताकर्षक कैसे होता! यहाँ भी तेरी गली की तरह खुले में नालियाँ बह रही होतीं, सड़न नथुनों में घुस रही होती, सूअर और कुत्ते घूम रहे होते, हड्डियाँ यहाँ-वहाँ बिखरी होतीं। अरे जो ईश्वर धरती पर रहनेवाले मनुष्यों के लिए शौचालयों की उत्तरोत्तर उत्तम व्यवस्था की प्रेरणा दे रहा है, वह अपने स्वर्ग के निवासियों का खयाल नहीं रखेगा! जरूर रखेगा। यहाँ का फ्लश सिस्टम पृथ्वी से भिन्न होगा, सूक्ष्म होगा, बाहर से दिखाई नहीं पड़ता होगा। ईश्वर ने पृथ्वी के साथ समरसता बनाए रखने के लिए भिन्न किस्म की व्यवस्था की होगी। उन्होंने निःश्वास-सा लेते हुए कहा—प्रभो तेरी लीला अपरंपार!

गेंदमलजी ने ईश्वर के प्रति संपूर्ण विश्वास और श्रद्धा के साथ अपनी कुटिया का पुनः ध्यानपूर्वक निरीक्षण किया। जहाँ उलट-पलटकर देखा जा सकता था, वहाँ उलट-पलटकर देखा। जहाँ यह संभव नहीं था, वहाँ भी संदेह को दूर करने के लिए उन्होंने उलटने-पलटने की कोशिश की। कल्पनाशक्ति का समुचित प्रयोग करके शौचालय को हर असंभव जगह पर ढूँढ़ने और पाने की कोशिश की। जहाँ कल्पना उड़ान भरकर ऊँचा और ऊँचा उड़ सकती थी, वहाँ उड़ने की कोशिश की। लेकिन सब व्यर्थ। शौचालय कल्पना ही बना रहा, यथार्थ नहीं बन पाया। वह शौचालय ढूँढ़ते-ढूँढ़ते थककर चूर हो चुके थे। वह थकान उतारने के लिए कुटिया के बाहर कुछ देर के लिए लेट गए। लेटते ही उन्हें नींद आ गई। नींद खुलते ही सबसे पहले उन्हें शौचालय का खयाल आया। शौचालय के बगैर गेंदमलजी के लिए स्वर्ग भी नरक था।

अभी-अभी जो गेंदमलजी स्वर्ग से इतने अभिभूत थे, अब उससे आतंकित हो गए। उन्हें समझ में नहीं आया कि किससे और क्या पूछें। जब तक उन्हें इस सवाल का संतोषजनक जवाब नहीं मिल जाता, उनकी बेचैनी बनी रहनेवाली थी।

नह कुटिया से बाहर आए कि शायद कोई आता-जाता दिख जाए और उनकी जिज्ञासा को शांत कर दे। तभी दूर किसी आदमी की छाया दिखाई दी। उसकी आकृति स्पष्ट हुई तो न वह कोई देवता लगा, न उनका दूत। उनकी आर्त पुकार सुनकर ईश्वर ने किसी को भेजा हो, ऐसा भी गेंदमलजी को नहीं लगा। वह आदमी अपनी धुन में मगन होकर चलता चला जा रहा था। उसने गेंदमलजी को देखा नहीं। जब गेंदमलजी ने उससे कहा—रुकिए। तो वह चौंककर रुका।

गेंदमलजी ने उसे नमस्कार किया। फिर पूछा—"आप कैसे हैं?" उसने अनमने ढंग से जवाब दिया—"कैसे क्या ठीक हैं, मजे में हैं। मौज कर रहे हैं।" इसके बाद गेंदमलजी ने उसके सामने अपनी समस्या रखी कि इतनी शानदार कुटिया और उसमें शौचालय तक का प्रबंध नहीं। क्या यहाँ भी खेतों में या सड़क किनारे जाने का रिवाज चल रहा है।

उस आदमी ने आश्चर्य प्रकट किया—''शौचालय ? यह किस चिड़िया का नाम है! मैंने तो स्वर्ग में इस तरह का शब्द पहली बार सुना है। पिछले एक हजार साल से मैंने यह शब्द किसी के मुँह से सुना नहीं। कृपया किसी ऐसे आदमी से बात कीजिए, जो यहाँ दो-तीन हजार साल पहले आया हो। हो सकता है, उसे इस बारे में कोई ज्ञान हो।''

गेंदमलजी ने हर तरह से उसे समझाने की कोशिश की कि शौचालय क्या होता है, उसकी क्यों और कब जरूरत पड़ती है मगर उसे मूढ़ की तरह कुछ समझ में नहीं आया। एक साल के बच्चे को जिस तरह समझाने की कोशिश करते हैं, उस तरह भी उन्होंने उसे समझाने की कोशिश की मगर उसके भेजे में कुछ नहीं आया। गेंदमलजी हार गए और वह भी उन्हें समझने की कोशिश करके हार गया। तब दोनों ने एक-दूसरे से विदा ली।

अब गेंदमलजी की हैरानी-परेशानी ज्यादा बढ़ गई। उन्हें संकट अधिक वास्तविक नजर आया। उन्होंने ईश्वर को पुनः पुकारा—हे भगवान! तेरे स्वर्ग में ये कैसा अंधेर है, यहाँ तो कोई शौच तक नहीं जा सकता! स्वर्ग में प्राप्त विविध व्यंजनों का सेवन करके आदमी शौच नहीं जाए, यह कैसे हो सकता है प्रभो! क्या सारा अन्न पेट में जमा होता रहेगा? लेकिन स्वर्ग में जो दिखे, उन्हें देखकर तो ऐसा नहीं लगा। यहाँ लोग नहाते भी नहीं हैं क्या? कुटिया में तो कोई स्नानागार भी नहीं था। हे ईश्वर! तेरा स्वर्ग इतनी अपवित्र जगह है क्या? तुझे पाने के लिए पृथ्वी के हम अधम मनुष्य ठंड में भी चार-साढ़े चार बजे नहा लेते हैं और उसके बाद तेरी पूजा-अर्चना करते हैं और तेरे ही लोक में तेरे ही चुनिंदा लोग इस तरह गंदे रहते हैं? जिनका तन निर्मल नहीं, उनका मन भी कैसे निर्मल रहता होगा प्रभो! अपवित्र तन में पवित्र विचार कैसे आते होंगे? प्रभो! जहाँ पवित्र विचार नहीं, वह स्वर्ग कैसा? उनके मन में शंका पैदा हुई कि कहीं यह स्वर्ग न होकर खूबसूरत नरक तो नहीं है जो उन जैसों को मरने के बाद स्वर्ग के बदले मिलता है! ऐसे नरक पृथ्वी पर होते हैं तो यहाँ क्यों नहीं हो सकते? क्या ऐसे नरक की कल्पना वेदों-पुराणों में है, उनके मन में जिज्ञासा पैदा हुई। जरूर होगी, उनका विचार था—अगर उनमें हवाई जहाज और मिसाइलें बनाने की विधि हो सकती है तो ऐसे खूबसूरत नरक की कल्पना भी जरूर होगी। उन्हें शंका हुई कि कहीं वे पृथ्वी पर ही तो नहीं हैं और उसे स्वर्ग समझ रहे हैं? कहीं वे जीवित तो नहीं हैं और स्वर्ग का सपना तो नहीं देख रहे हैं? उन्होंने खुद को चिकोटी काटकर इस बात की पुष्टि करने की कोशिश की। लेकिन फिर याद आया कि स्वप्न में कोई खुद को चिकोटी अगर काट सकता है तो वह स्वप्न के भीतर ही जागेगा। स्वप्न से बाहर आने के लिए तो खुद ही जागना होगा, स्वप्न को स्वप्न समझना होगा।

उन्होंने जागने के मार तमाम उपाय किए, कई दुःस्वप्न देखने की कोशिश की

ताकि नींद खुल जाए, लेकिन उन्हें लगा कि उनकी नींद नहीं खुल रही है। फिर उन्हें याद आया कि उन्हें दिल का दौरा पड़ा था। उन्हें अस्पताल लाया गया था, लेकिन वहाँ फिर से दिल का दौरा पड़ गया था और वे बचे नहीं थे और यह घटना स्वप्न नहीं थी, हकीकत थी।

उन्हें अचानक डर लगने लगा कि अगर यह जगह सचमुच स्वर्ग हो और यहाँ उन्हें दिल का दौरा पड़ जाए और उससे वे अगर एक बार फिर मर जाएँ तो पृथ्वी से तो मरकर वह स्वर्ग आ गए थे, मगर यहाँ से मरकर कहाँ जाएँगे? एक बार स्वर्ग आने के बाद वे पृथ्वी वापस जा नहीं सकते। इसके अलावा सिर्फ नरक ही बचता है। नरक का खयाल आते ही उन्हें पसीने छूटने लगे और मृत्यु का भय बढ़ गया। उन्हें खयाल आया कि अगर बचपन से ही उन्होंने नरक के उबलते कड़ाह में खुद को झोंके जाते हुए नहीं देखा होता तो वे स्वर्ग जाने के लिए वे इतना धार्मिक इनवेस्टमेंट नहीं करते। लेकिन क्या स्वर्ग के साथ उनका संबंध इतना क्षणिक है? क्या वे अब नरक चले जाएँगे? क्या उनका पुण्य इतना कम था, जिसके लिए मात्र स्वर्ग में रहने के लिए कुछ घंटे ही उन्हें मिले। अभी तो वे अपनी कुटिया से बाहर भी नहीं निकले हैं और अभी से मौत का डर!

वह इसी सोच में डूबे हुए थे। उनकी घबराहट बढ़ती जा रही थी कि इतने में उनकी तरफ आता हुआ एक आदमी दिखाई दिया। रंग-रूप, चाल-ढाल से उन्हें यह आदमी धरती का कोई पुराना, साधारण-सा बाशिंदा लगा। उसकी चाल कुछ-कुछ परिचित-सी भी लगी। लगा कि यह कोई किसान है या दिहाड़ी मजदूर है, उनसे ब्याज पर धन लेकर घर की मुसीबतों से निबटनेवाला कोई इंसान है। उन्हें बहुत निराशा हुई कि अब स्वर्ग में भी कैसे-कैसे फालतू दो कौड़ी के लोग आने लगे हैं। कोई भी यहाँ चला आता है। पता नहीं यहाँ की सरकार को भी क्या हो गया है! लगता है डेमोक्रेसी ने यहाँ का भी सत्यानाश किया हुआ है!

यह धरती होती और यह उनका शहर होता और यहाँ उनकी दुकान होती तो वे तुरंत अकड़ जाते, उसे देखकर भी न देखते, उसके बोल सुनकर भी न सुनते। उससे कहते—अंधा है क्या, देख नहीं रहा है, अभी फुर्सत नहीं है, कभी बाद में फुर्सत हो तब आना। जब वह पूछता कि कब आऊँ तो कहते—कल आकर देखना। और जब वह खूब गिड़गिड़ाता तो फिर पिघलने का अभिनय करते हुए कहते—चलो अच्छा शाम को आना। अभी मेरा सिर मत खा। वह शाम को आता तो भी उसे देर तक खड़ा रखते और फिर मुँह उठाकर कहते—अच्छा तू आ गया, तेरे को भी चैन नहीं है। जब देखो तब उधार माँगने चला आता है। ये नहीं कि बाल-बच्चों के लिए दो पैसे बचाकर रखे। सब खा—उड़ा जाता है। जब आ ही गया है तो जा पहले चाय वाले से मेरे लिए एक कप चाय का ऑर्डर दे आ। उससे कहना सेठजी की स्पेशल बनाना। वह वापस

आता तो उसके सामने अकेले बैठे खुद चाय पीते और तब उससे कहते—क्यों रे पुराना तो तूने पूरा चुकाया नहीं और नया लेने आ गया! कौन भला आदमी तुझे पैसे देगा। इस बार पैसा लेना हो तो दो परसेंट ज्यादा लगेगा। बोल मंजूर हो तो बात कर वरना अपना रास्ता नाप। मेरे पास तेरे जैसे फोकटियों के लिए समय नहीं है।

लेकिन यह स्वर्ग था और यहाँ उनकी कोई दुकान नहीं थी इसलिए यहाँ उनका कोई कर्जदार भी नहीं था। सब स्वर्ग के वासी थे और सबकी हैसियत बराबर थी। वह जिस तरह चला आ रहा था, निश्िंचत भाव से, उससे लगता था कि वह यहाँ का पुराना बाशिंदा है और वे आज ही यहाँ आए हैं, अकेले हैं, मुसीबत में फँसे हैं और कोई रास्ता बताने वाला नहीं है। ऐसे में उनकी वणिक बुद्धि ने उन्हें सावधान किया कि यहाँ विनम्रता और बराबरी का ढोंग करना ठीक रहेगा। यह समय की माँग है और धरती का इतिहास गवाह है कि जिसने समय की माँग को नहीं सुना, उसका बेड़ा गर्क हो गया।

इसलिए गेंदमलजी नई रणनीति के साथ तैयार होकर मैदान में कूदे और उस आदमी को विनम्रतापूर्वक, झुककर प्रणाम किया। इसका सामने वाले पर अच्छा—सकारात्मक प्रभाव हुआ और उसने भी झुककर इसका जवाब दिया। वह पास आया तो गेंदमलजी भाँप गए कि यह उनके देश, अपने कस्बे का इंसान है। लगता है यह भी यहाँ नया है इसलिए सेठ-साहूकारों के आगे झुककर प्रणाम करने की आदत अभी भूला नहीं है। यह अभी भी पृथ्वी से जुड़ा है। इसके सामने अकड़कर भी बात की जा सकती है, आप की बजाय तू भी कहा जा सकता है। इससे सब कुछ जानना भी आसान होगा मगर उन्होंने तुरंत अपने को सँभाला और आप कहकर ही संबोधित किया। तब उसने कहा—हुकूम करो सेठजी। इससे वे आश्वस्त हुए कि बात बन जाएगी। गेंदमलजी ने अपनी आशंकाएँ, जिज्ञासाएँ रखते हुए पूछा कि यहाँ टॉयलेट आदि की सुविधाएँ कहाँ हैं?

उसने कहा, ''लगता है आप अभी-अभी यहाँ आए हो और आपको जन्नत की हकीकत नहीं मालूम। सेठजी यहाँ टट्टी-पेशाब करने, नहाने-धोने, कुल्ला-मंजन करने की कोई सुविधा नहीं है। यह धरती नहीं है सेठजी, स्वर्ग है। यहाँ ये सब नखरे नहीं चलते। कहीं नदी-तालाब देखकर निबटने का खयाल भी मन में मत लाना, वरना सीधे नरक में आपका परमानेंट आरक्षण हो जाएगा। वहाँ जाकर सीधे तेल के उबलते कड़ाह में गिरोगे। समझे न। समझदार तो खैर हो ही, वरना आप जैसे लोग यहाँ कैसे पहुँचते।''

गेंदमलजी ने यह सुना तो उनकी आँखों से झर-झर आँसू बहने लगे। फिर वह दहाड़ें मारकर रोने लगे। उस आदमी ने उन्हें सांत्वना दी, ''आप मत रोओ और सुनो मेरी बात।'' यह कहकर उसने भी अपने आँसू पोंछे, उसने सेठजी को बार-बार छाती

से लगाया और उनके आँसू पोंछे। बड़ी मुश्किल से गेंदमलजी के आँसू थमे लेकिन सिसकना फिर भी जारी रहा। सिसकते-सिसकते ही गेंदमलजी ने कहा, "भैया तुम ही बताओ, तुम तो काफी समझदार हो, आदमी तर माल खाएगा—सोमरस वगैरह पिएगा और फिर हगेगा-मूतेगा नहीं? फिर हगने-मूतने कहाँ जाएगा—धरती पर? उसका सारा खाया-पिया आखिर जाएगा कहाँ, उसकी निकासी की भी तो कोई उपयुक्त व्यवस्था होनी चाहिए कि नहीं? उसे नित्यकर्म तो करना ही पड़ेगा। उससे निवृत्ति के बाद उसे फिर नहाना भी पड़ेगा। वह नहाएगा नहीं तो उसका तन-मन पवित्र कैसे होगा? उसका तन-मन पवित्र नहीं होगा तो वह पूजा-पाठ कैसे करेगा, भगवान को याद कैसे करेगा? क्या यहाँ भगवान की आराधना करना बंद कर देगा? और भगवान की आराधना-पूजा किए बगैर तो मेरे जैसा आदमी अन्न को हाथ भी नहीं लगा सकता, पोहा-जलेबी खा नहीं सकता और मेरे लिए पोहा-जलेबी का उतना ही महत्त्व है भैया, जितना सुबह उठकर नहा-धोकर ईश्वर की आराधना करने का। पोहा-जलेबी खाना भी मेरे लिए ईश्वर की आराधना का ही एक स्थायी स्वरूप है। जहाँ पोहा-जलेबी नहीं, वह जगह स्वर्ग होकर भी मेरे लिए नरक समान है। इससे तो अपनी पृथ्वी ही अच्छी, अपना कस्बा ही अच्छा, मैं बेवकूफ था जो इतने कष्ट उठाकर यहाँ आया। वहाँ ही सारे सुख भोग लेता। भगवान की दया से पैसे की कमी तो थी नहीं।" गेंदमलजी फिर से रोने लगे।

लेकिन गेंदमलजी की भावुकता का उसके पास कोई इलाज नहीं था। वह तो समझा ही सकता था और वह समझाने की कोशिश कर रहा था और गेंदमलजी न समझने में लगे हुए थे। हारकर उसने कहा, "सेठजी जो भी स्थिति है, वह मैंने आपको बता दी। लेकिन आप समझना नहीं चाहते तो आपकी मर्जी। ये स्वर्ग न आपका है, न मेरा। न यहाँ आपकी चलती है न मेरी। यहाँ तो यहाँ की अपनी व्यवस्था के अनुसार चलना होगा। आप भी चार जमात तक तो स्कूल गए ही होंगे। इतने पढ़े-लिखे तो जरूर होंगे आप। इत्ते पढ़े-लिखे को इतनी-सी बात तो समझ में आ ही जानी चाहिए मगर नहीं आ रही है। मैं तो इससे ज्यादा अपना बखत खोटा नहीं कर सकता। मैं चला, राम-राम।"

धरती पर सेल्स टैक्स और इनकम टैक्स के इंस्पेक्टरों के अलावा किसी ने उनसे इस रूखे ढंग से विदाई नहीं ली होगी। कलेक्टर और एस.पी. ने भी नहीं, एम.एल.ए. और एम.पी. ने भी नहीं। लेकिन स्वर्ग में पहले ही दिन एक मामूली-सा आदमी उनके सामने इस तरह बदतमीजी से पेश आ रहा था। यह गेंदमलजी को बिलकुल अच्छा नहीं लगा। मगर उनके गुरुजी ने उन्हें एक गुरुमंत्र दिया था, जो उन्हें स्वर्ग आकर पहली बार याद आया कि बेटा हर हालत में, हर परिस्थिति में सकारात्मक ढंग से सोचना सीखो, तभी सुखी रहोगे। इस तरह सोचा तो उन्हें इस व्यक्ति में भी

गुण नजर आए, जिसे वह धरती पर लात लगाकर भगा देते। यह पहला आदमी था, जो स्वर्ग में उनके दुख-दर्द सुन रहा था, उन्हें समझा रहा था, उन्हें सांत्वना दे रहा था, उन पर वक्त खर्च कर रहा था। वही था, जिसने उन्हें जन्नत की हकीकत का कुछ-कुछ ज्ञान कराया था। उसकी बातों का बुरा मानना गलत होगा। उसके सामने धैर्य की प्रतिमूर्ति बने रहना ही उत्तम रणनीति होगी। अत: गेंदमलजी ने विनम्रता का दामन और भी कसकर पकड़ते हुए पूछा, ''भैयाजी, आप ही मुझ जैसे मूरख-अज्ञानी-अधम को समझाओ कि मेरे जैसे नेमीधरमी आदमी का काम बगैर नित्यकर्म के कैसे चलेगा? मेरा तो हाल यह है कि मुझे प्रेशर आ जाए तो फिर किसी भी हालत में रुक नहीं सकता। कई बार सरे-बाजार तक में रोक न पाने के कारण विचित्र परिस्थिति में भी फँस चुका हूँ इसलिए मैंने अपनी दुकान तक में टायलेट का प्रबंध रखा था। मैं प्रेशर के डर से शहर में घर से ज्यादा दूर नहीं जाता। जाता हूँ तो जहाँ जाता हूँ खयाल रखता हूँ कि आसपास ही सारा प्रबंध हो वरना निराहार रह जाता हूँ और घर वापस पहुँचकर ही सुस्वादु भोजन प्राप्त करता हूँ। अच्छा भैया, क्या बताया नाम आपने, मैं तो भूल ही गया। भैया यहाँ छप्पन भोग तो प्राप्त ही होंगे। वैसे मैंने क्या फिजूल-सा सवाल पूछ लिया। स्वर्ग है तो छप्पन भोग भी होंगे ही मगर मेरे मन में यह शक इसलिए पैदा हुआ कि यहाँ जब टॉयलेट ही नहीं है तो...खैर धरती पर तो बताया गया था कि यहाँ सब तरह के आनंदों का भोग कर सकते हैं। यहाँ आदमी आता ही है अनंत काल तक सुख भोगने। पुण्यात्मा यहाँ का जीवन जीने के लिए वहाँ के जीवन के आनंदों से इसीलिए अपने को वंचित रखते हैं।''

गेंदमलजी से उस आदमी ने कहा, ''महाराज, आप किस मुगालते में हो, यहाँ कुछ भी नहीं है। न जलेबी, न पोहा, न छत्तीस व्यंजन, न ये, न वो, न कुछ। स्वर्ग के बारे में धरती पर सब गलत-सलत बातें पंडित-मौलवी बताते हैं। कोरी गप। यहाँ है सिर्फ हवा, हवा-ही-हवा। तरोताजा, स्वच्छ, सुगंधित वायु, जिसे सूँघ-सूँघकर अभी आपका मन प्रसन्न हो रहा होगा। बस इसे पियो और मस्त रहो। यही सूँघने के लिए है, यही ऑक्सीजन भी है, यही रोटी भी है और दाल भी, यही गुलाबजामुन भी है और समोसा भी, यही जलेबी है, यही चाय है। नहाना हो तो यही है और पीना हो तो यही है। बस हवा, हवा और हवा। इसका पान करने से न भूख लगती है, न प्यास, न टट्टी आती है, न पेशाब, न थकावट होती है, न पसीना आता है। समझे सेठजी, इसीलिए यहाँ रोग-शोक-मृत्यु-भूख कुछ नहीं है। मस्ती है न!''

गेंदमलजी को काटो तो खून नहीं लेकिन वे तुरंत सँभल गए, ''पर भैया सुगंधित वायु से हमारा-आपका काम कैसे चल सकता है?'' उन्होंने सामनेवाले को मस्का मारते हुए कहा, ''मुझे तो आप भी किसी खाते-पीते घर के लगते हो। भला हम कैसे वायु पीकर जिंदा रह सकते हैं? सिर्फ वायु पीयो और पीते चले जाओ? वायु में

अमरस का स्वाद कहाँ? लस्सी की ठंडक कहाँ? गरम-गरम चाय का मजा कहाँ? भंग का नशा कहाँ? लड्डू-बाफले का स्वाद कहाँ? दाल-चावल का आनंद कहाँ? कचौरी-समोसे का चटखारा कहाँ? अरे जो आनंद रबड़ी में है, भुट्टे में है, गराडू और दही-बड़े में है, खीर और गुलाबजामुन में है, वह साली हवा में कैसे हो सकता है? दवा, दवा है, भोजन, भोजन है। जीभ से जो परमानंद की प्राप्ति होती है, वह नाक से कैसे हो सकती है? सुगंधित वायु से पेट भर सकता है मगर मन नहीं और हमारे धर्मग्रंथों में मन पर जोर दिया गया है, पेट पर नहीं। सेव बन सकती है वह वायु? कभी नहीं बन सकती, सौ जन्मों में भी नहीं बन सकती। सच बताऊँ भैया, मेरा तो दम अभी से इस सुगंधित वायु में घुट रहा है और आपकी बात सुनने के बाद तो मुझे मितली भी आने लगी है। मैं तो वैसे भी ठहरा शहरी आदमी। मुझे तो गर्मी में अगर ठंडी हवा भी चले, तो वह तब तक अच्छी नहीं लगती, जब तक कि उसमें पेट्रोल की बू न हो। चलो ये आदत तो मैं सुधार भी लेता। मगर वायु को पीकर गुजारा करना पड़ेगा—वायु को? यह गेंदमल के लिए असंभव है। गेंदमल मर जाएगा मगर यह अन्याय बर्दाश्त नहीं करेगा, नहीं करेगा, नहीं करेगा। वह विद्रोह कर देगा। भगवान! तेरे ऐसे स्वर्ग पर मैं थूकता हूँ—थू।''

लेकिन गेंदमलजी का थूक नहीं निकला। ''देखा-देखा यहाँ आकर तो थूक भी खत्म हो गया। यहाँ तो थूककर चाटने तक की सुविधा नहीं है। यही स्वर्ग है? इसी के लिए की थी मैंने जिंदगीभर इतनी तपस्या? हे ईश्वर! तू कहाँ है रे, कहाँ है!''

उस आदमी ने समझाते हुए कहा, ''इतना गुस्सा हेल्थ के लिए ठीक नहीं सेठजी। आखिर हमें और आपको अब रहना तो यहीं है। जाओगे कहाँ इसलिए गुस्से को थूको, हवा पीओ और पीते चले जाओ। कोई वांदा नहीं।''

''कैसे थूकूँ? यहाँ तो थूक भी तो नहीं निकल रहा। आक थू।'' गेंदमलजी ने फिर से थूकने की कोशिश की मगर फिर से थूक नहीं निकला। उस आदमी ने कहा, ''मेरा मतलब है सेठजी गुस्सा मत करो। अब जी को जलाने से क्या फायदा? मैं खुद यहाँ बीस साल से हूँ और हवा पी-पीकर गुजारा कर रहा हूँ और देखो मेरी हेल्थ, बढ़िया है। मैं तो सेठजी खाने-पीने का स्वाद भूल गया हूँ। वह तो आपने याद दिलाया तो याद आया कि समोसे और लड्डू और इमरती और जलेबी भी होती थी वहाँ। मगर सेठजी, वायुपान करने की जब इच्छा हो डटकर करो। इस पर कोई रोकटोक नहीं। वायुपान बड़ा फायदेमंद है। हमेशा ऐसी ताजगी रहती है कि जैसे आप उन्नीस बरस के हों। कोई थकावट नहीं होती। कोई कितनी ही वायु पी ले, कितनी ही तरह की पी ले, उसे कभी अपच नहीं होता। कोई इसे पी-पीकर कभी बूढ़ा नहीं होता। बस हर बार उम्र बढ़ती ही जाती है और बुढ़ापा कभी नहीं आता। मरता तो कोई भी नहीं। फायदे-ही-फायदे हैं वायु-पान के। वायुपान है जहाँ तंदुरुस्ती है वहाँ, वायुपान-

वायुपान!" उसने आनंद लेते हुए कहा।

"फायदे का क्या करना है! स्वर्ग में कोई बीमार होने और मरने तो नहीं आता। मगर व्यंजनों का वह आनंद कहाँ, जिसका वायदा हमसे पृथ्वी पर बड़े-बड़े धार्मिक ग्रंथों, विद्वानों और पंडितों ने किया था। इसका मतलब सबने हमें उल्लू बना दिया। हमें तो न माया मिली और न राम। मुझे तो पता होता कि यहाँ आकर हवा पीनी पड़ेगी तो मैं कभी न आता ऐसे सड़ियल स्वर्ग में। वहीं रहता और ठाठ से रहता। कम-से-कम मैं व्रत-उपवास तो बिलकुल नहीं रखता। खूब खाता और खूब मस्त रहता। फिर जो होता, सो होता। नरक जाता तो चला जाता मगर वहाँ रहकर अपनी हर इच्छा तो पूरी करता।" गेंदमलजी काफी रुष्ट थे। उनका मन हो रहा था कि अपने बाल नोच लें, अपना सिर फोड़ लें। वह सिसकने लगे।

उन्हें फिर से शांत करने की कोशिश उस आदमी ने की, "शांत रहिए सेठजी। आपने तो खूब धरम-करम किया और तब जाकर आपको स्वर्ग मिला है। मैंने तो कुछ किया ही नहीं था और मुझे स्वर्ग मिल गया। मैंने कभी व्रत-उपवास नहीं किया, मंदिर नहीं गया। बस भेड़-बकरियाँ चराईं, रूखा-सूखा जो मिला, वह खाया। न स्वर्ग की कभी परवाह की, न नरक से मैं डरा। मगर मैं भी आपकी तरह ही यहाँ पहुँच गया और खुश हूँ मैं सेठजी। आप भी परेशान मत होओ। लड्डू, पेड़े, गुलाबजामुन को भूल जाओ और चौबीस तरह की सुगंधित वायुओं का पान करो तो सुखी रहोगे। संतोष सबसे बड़ा धन है। यह बात वहाँ नहीं सीखी तो यहाँ सीख लो।"

गेंदमलजी ने कुढ़कर कहा, "अरे भैया, मैं वहाँ के खानपान को कैसे भूल जाऊँ? भूलूँ तब न जब यहाँ उससे अच्छा मिले, तर माल मिले। आपने अभी गुलाबजामुन का नाम लिया। वाह! क्या स्वाद है उसका! उसमें काजू-पिस्ता डला हो तो फिर कहने ही क्या? अभी कोई पचास ला दे तो खा लूँ। कोई—ला दे तो पाँच किलो, राम कसम अभी और यहीं चट कर जाऊँ। न कर जाऊँ तो अपने बाप की औलाद नहीं। बड़ा बोल मैं नहीं बोलता, मगर कोई एक किलो रतलामी सेव मेरे सामने लाकर रख दे तो उसका भोग तुरंत लगा जाऊँ। अपन तो भैया व्रत-उपवास, नियम-धरम करके इस स्वर्ग के गलत चक्करों में फँस गए। अपने को क्या पता था कि व्रत-उपवास का ये कुफल स्वर्ग में मिलनेवाला है, कि खटमलों-मच्छरों को अपना ताजा-मीठा खून पिलाने का यह कुपरिणाम सामने आएगा। अपने को क्या पता था कि गेंदमल नाम का यह मूरख पहाड़ खोदेगा तो उसे चुहिया मिलेगी, वरना अपन चुहिया के लिए पहाड़ खोदनेवाले आदमी नहीं। अपने तो कर्म ही खोटे थे। न वहाँ आराम मिला, न यहाँ चैन मिलेगा।"

इतना कहकर वे फिर से रोने लगे। वह भगवान को कोसते जाते थे और रोते जाते थे। काफी रो लेने के बाद उन्हें संतोष हुआ और उन्होंने कहा, "दोस्त, मैं तो इस स्वर्ग

में कतई नहीं रह सकता। यह स्वर्ग तुम्हें और तुम्हारे भगवान को मुबारक। अपना तो धरती का वापसी का टिकट कट जाए तो अपन एक मिनट के लिए भी ठहरने के लिए तैयार नहीं। आखिर पुण्य तो मैंने किए ही हैं, क्या भगवान इसके बदले मुझे फिर से पृथ्वी पर भेजने का सुख भी नहीं दे सकता? वहाँ खूब मजे से रहूँगा। जीवन का पूर्ण आनंद लूँगा। फिर से मरने के बाद जो होना होगा, सो होगा। उसकी परवाह किसे है? जीते-जी नरक में रहने की बजाय तो मरकर नरक में रहना अच्छा है। आप तो मुझे यह जल्दी से बताओ कि मैं धरती पर वापस कैसे जा सकता हूँ?''

उस आदमी ने जवाब दिया, ''अब आप धरती पर फिर से वापस नहीं जा सकते। अब तो चिड़िया खेत चुग चुकी। अब तक तो आपका शव भी जलाया जा चुका होगा और सोचो, आपको धरती पर फिर से वापस भेजकर देवता लोग क्या वहाँ के लोगों को स्वर्ग की हकीकत जानने देंगे, वरना भगवान का क्या होगा! तुम जैसे लोगों ने उसको भजना बंद कर दिया तो उसकी तो लुटिया डूब गई न! इतना मूर्ख थोड़े ही है, भगवान, सबका पालनहारा और सबका रक्षक। इसलिए सेठजी, अब यहीं रहो। यहाँ के मजे लेना सीखो और मस्त रहो। तू मस्त-मस्त, मैं मस्त-मस्त। तू चीज बड़ी है मस्त-मस्त।''

गेंदमलजी को यह मजाक फूहड़ लगा मगर इस पर उन्होंने ध्यान नहीं दिया। उनके दिमाग में कुछ और बात चल रही थी। वह इतनी आसानी से हार माननेवाले नहीं थे। उन्होंने कहा, ''मुझे जाना है, जाना है जरूर। साम, दाम, दंड, भेद किसी-न-किसी तरह से तो जाऊँगा ही। लड़ना पड़ेगा तो लड़ूँगा। चरणों में गिरना पड़ेगा तो वहाँ लोट लगाऊँगा। मुझे सब कलाएँ आती हैं। आप तो मुझे यह बताओ कि मुझे क्या करना है। आज से आप मेरे गुरु हुए। अब तो गुरुजी आपको मुझे रास्ता बताना ही पड़ेगा। कहा भी है, 'गुरु बिन ज्ञान न होय' तो आप मुझे ज्ञान दीजिए और मेरे उन्मीलित नेत्र खोलिए।''

लेकिन 'गुरुजी' ने कहा, ''मैं किसी का गुरु-वुरु नहीं। मैं अनपढ़-अज्ञानी। मैं आपका गुरु कैसे बन सकता हूँ? मैं नहीं बनूँगा गुरु।''

मगर गेंदमलजी अड़े रहे और उसके चरणों में गिर गए, ''मगर आप मेरे गुरु हैं तो हैं और मैं आपका शिष्य हूँ तो हूँ। आप मत मानो मगर मैं आपका शिष्य हूँ और रहूँगा। आप दुत्कारेंगे तो भी मैं आपका शिष्य रहूँगा। आप लात मारेंगे तो लात खाऊँगा और फिर भी आपके ही गुण गाऊँगा। आपको अपने चरणों में मुझे शरण तो देनी ही होगी। इतनी कृपा तो आपको करनी ही पड़ेगी। जय गुरुदेव!''

यह कहकर गेंदमलजी ने 'गुरुजी' के पैर और कसकर पकड़ लिये। 'गुरुजी' ने पैर छुड़ाने की बहुत कोशिश की मगर गेंदमलजी कहाँ छोड़नेवाले? गेंदमलजी दूध-घी खाए हुए थे और पैर पकड़ने, दंडवत् करने, हाथ जोड़ने, सिर नवाने आदि

कलाओं में पारंगत थे। साधारण गड़रिये की क्या औकात जो गेंदमलजी के हाथों से जकड़ा अपना पैर छुड़ा ले!

'गुरुजी' ने कहा, "सेठजी, आप मुझे पाप में मत डालो। मेरे पैर मत पकड़ो। मैं ठहरा अज्ञानी। जाने किस गफलत में यहाँ आप पुण्यात्माओं के बीच आ गया। मैंने यहाँ आकर कहा भी कि मुझे शायद गलती से यहाँ लाया गया है। आप फिर से अपने खाते-बही देख लो, मगर उन्होंने माना ही नहीं, तो ऐसा आदमी आपको क्या रास्ता दिखाएगा! मुझे तो खुद रास्ता नहीं मालूम। भटककर जहाँ चला आया, उसे ही रास्ता मान लिया। बस एक बात जानता हूँ और बता देता हूँ कि यहाँ आकर वापस जाने का कोई चक्कर किसी तरह नहीं चल सकता, चाहे कितने प्रयत्न कोई कर ले। आप मानो तो यही एक ज्ञान की बात है जो मैं आपको बता सकता हूँ। बाकी आपकी मर्जी। प्रयत्न करना चाहो तो करके देख लो। लोग जीवन-चक्र से मुक्ति पाने के बाद ही यहाँ आते हैं और यहाँ से कहीं नहीं जा सकते। स्वर्ग में आने के बाद बाकी सारे रास्ते हमेशा के लिए बंद हो जाते हैं।"

"अरे, बंद कैसे हो जाते हैं गुरुजी!" गेंदमलजी ने अविश्वास के साथ कहा, "रास्ते कभी भी और कहीं भी बंद नहीं होते। बस हर रास्ते पर एक ताला लगा होता है और हर ताले की किसी-न-किसी के पास चाबी जरूर होती है और ढूँढ़ने पर वह मिल जाती है। उसका नाम-पता और उसे कैसे खुश रखना है, बस यह मालूम होना चाहिए और चाभी न हो तो नई चाभी बनानेवाले का नाम-पता मालूम होना चाहिए। आप तो गुरुजी इतना बता दो कि मुझे किसके पास जाना है। धर्मराज के पास जाना हो तो उनके पास जाऊँगा। उनसे न्याय माँगूँगा। ब्रह्मा-विष्णु-महेश के पास जाना होगा तो उनके पास जाऊँगा। आप तो बस मेरा मार्गदर्शन कीजिए, बाकी क्या करना है, कैसे करना है अपने इस शिष्य पर छोड़ दीजिए। आपका शिष्य समर्थ है क्योंकि उसे आपके जैसा गुरु मिला है।" गेंदमलजी ने जितनी हो सकती थी प्रशस्ति की, हालाँकि वे जान चुके थे कि ये गुरुजी बिल्कुल फालतू हैं, मेरे जैसे आदमी के किसी काम के नहीं, एक लात लगाकर भगाने के काबिल हैं मगर क्या करें अभी जो उपलब्ध हैं, यही हैं।

लेकिन 'गुरुजी' ने दोहराया, "कुछ नहीं हो सकता भैया, कुछ नहीं हो सकता। आप मेरी बात मान क्यों नहीं लेते? आखिर मैं भी यहाँ बीस साल से हूँ। मैं जानता हूँ कि जन्नत की हकीकत क्या है? आप क्यों 'रास्ता बताओ, रास्ता बताओ' कहकर मेरे पीछे पड़े हो। फालतू में आपने मुझे गुरुजी बना लिया है और अब आप मेरा दिमाग चाट रहे हो और अपना दिमाग भी खराब कर रहे हो। जाओ काम करो।"

गेंदमलजी ने जवाब दिया, "गुरुजी, माफ करना आप गड़रिये थे। आपको दुनिया का ज्यादा पता नहीं कि वह कैसे चलती है और उसे कैसे चलाना होता है वरना आप

गड़रिये नहीं होते। समझे न आप। आपने भेड़-बकरियाँ चराईं, मिले तो दो टिक्कड़ खा लिये, नहीं मिले तो दो लोटे पानी पिया, डकार ली और सो गए। मैं था सेठ। नगर सेठ। मुझे सब मालूम है। आप तो बस मुझे इतना बता दो कि रास्ता किधर है? पहले कोई स्वर्ग से धरती पर वापस गया है क्या, बस इतना तो बता दो? पक्की बात नहीं मालूम हो, अफवाह सुनी हो तो उस अफवाह सुनानेवाले का पता ही बता दो, मैं सब ठीक कर लूँगा। मैं उस अफवाह सुनानेवाले तक भी पहुँच जाऊँगा और जब तक यह पक्का नहीं हो जाएगा कि यह अफवाह ही थी मैं भटकता ही रहूँगा और इस बीच गुरुजी मुझे विश्वास है कि मुझे यह भी पता चल जाएगा कि स्वर्ग से धरती पर जाने का श्योरशाट रास्ता कौन-सा है। अगर जोर-जबरदस्ती से काम निकलता हो, धमकी देने से काम चलता हो, तो वह भी कर लूँगा। गुरुजी, आपको भी धरती पर साथ ले चलूँगा। गुरु-शिष्य दोनों साथ जाएँगे। वहाँ भी मैं आपके चरणों में पड़ा रहूँगा। आपकी चिलम भरूँगा, आपकी थूकदानी उठाऊँगा, आपके चरण दबाऊँगा। आप जो कहेंगे, करूँगा। आपके कहने से पहले आपके मन की हर चीज आपके सामने हाजिर रहेगी। आप तो बस मार्ग दिखा दो। काँटो और गिट्टी-पत्थर पार कैसे करना है, मुझे मालूम है।''

मगर चेलेजी, चेलेजी थे तो गुरुजी भी गुरुजी थे। वे भी अपनी बात पर जमे रहे। उन्होंने कहा, ''सेठजी...''

गेंदमलजी ने रोका, ''सेठजी नहीं, मुझे अपना शिष्य कहिए और मैं कहूँगा, गुरुजी।''

''मैं नहीं कहूँगा।''

''कहना पड़ेगा आपको। मैं यहीं आमरण अनशन कर दूँगा। नाक बंद कर लूँगा और इस स्वर्ग में भी मैं मरकर दिखा दूँगा। दिखाऊँ?''

''नहीं मर सकते सेठजी।'' 'गुरुजी' ने कहा, ''यह स्वर्ग है। यहाँ आप ज्यादा होशियारी दिखाने के चक्कर में मत पड़ो। यह धरती नहीं है। कितनी बार तो समझाया आपको। आप बच्चे हो क्या?''

मगर गेंदमलजी भी गेंदमलजी ही थे। उन्होंने कहा, ''आप मेरे गुरुजी होकर मुझे निराश करते हो? अरे! जब धरती का आदमी चाँद और मंगल तक जा सकता है तो स्वर्ग का आदमी वापस धरती पर भी नहीं जा सकता? क्या बात करते हो गुरुजी आप भी! आप बहुत भोले हो।''

अब 'गुरुजी' को भी गुस्सा आ गया, ''ऐसा है सेठजी, आपको जो करना है, सो करिए। आप तो हैं बेअकल और बेशऊर। आपको कौन समझा सकता है? मेरे बस में तो नहीं। अरे! आज आए और आज ही चले? कुछ सोचिए-समझिए, देखिए-परखिए, फिर ठंडे दिमाग से फैसला कीजिए। अच्छा तो मैं चला। मैं पत्थर से सिर नहीं टकरा सकता। मेरा सिर इतना मजबूत नहीं।''

यह कहकर 'गुरुजी' वाकई चल दिए। गेंदमलजी ने उन्हें रोका भी नहीं। वे जान गए थे कि इन तिलों में तेल नहीं है। वे बेचैनी से अपनी 'कुटिया' के आगे चक्कर काट रहे थे, तभी जैसे रंगमंच पर एक दृश्य बाद दूसरा ही दृश्य आता है, उसी तरह दृश्य पर दो गधे आते हुए दिखाई दिए।

गेंदमलजी का मन एक पल के लिए तो प्रसन्न हो गया। फिर खयाल आया कि यार, क्या ये वाकई स्वर्ग है! ये स्वर्ग है तो इसमें गधे कैसे और यहाँ गधे हैं तो ये स्वर्ग कैसा? गधों का यहाँ क्या काम? अगर गधों को भी मरने के बाद स्वर्ग मिलता है, तो सूअरों को भी जरूर मिलता होगा और फिर मच्छरों को क्यों न मिलता होगा? हे, भगवान, यह क्या घपला कर रखा है यहाँ तूने? इसे तू स्वर्ग क्यों कहता है, यह तो धरती से भी गई-बीती जगह है। यहाँ गड़रिये हैं, गधे भी हैं और मैं भी। मेरे दान-पुण्य का मोल क्या, गधे द्वारा जीवनभर बोझा ढोने के बराबर है? यानी एक गधा, एक गेंदमल के बराबर है? धरती पर जिस गेंदमल के आगे गधा क्या गधे का मालिक भी सिर नहीं उठा सकता था, वही गधा स्वर्ग में आकर गेंदमल की बराबरी करेगा? गड़रिये तक तो फिर भी ठीक था, अब गधों को भी यहाँ सहना होगा? और देखो-देखो, किस मस्ती से चले आ रहे हैं जैसे ये गधे न हों, शेर हों। न इनकी पीठ पर बोझ है, न गधों की तरह इनकी हड्डियाँ-पसलियाँ निकली हुई हैं, न इन्हें हाँकता कोई कुम्हार है। निरीहता तो कहीं है ही नहीं इन गधों में! लगता है कि स्वर्ग तो गधों के लिए मजे की जगह है। आदमी को मजा करना है तो पृथ्वी पर करे और गधा यहाँ। देखो-देखो साले, हरी-हरी घास की तरफ फूटी आँख भी नहीं देख रहे हैं। हमारी तरह ये भी पीते होंगे सुगंध। वाह रे भगवान, क्या-क्या दिखाएगा तू इस स्वर्ग में! पियो प्यारे तुम भी पियो, सुगंधित वायु और मस्त रहो माननीय गधे जी। वहाँ तुम घास खाते थे और हम व्यंजन। यहाँ हम और तुम, तुम और हम मिल-जुलकर हवा पी रहे हैं। तुम्हारा-हमारा दर्जा बराबर है। वाह रे भगवान, वाह रे तेरा स्वर्ग! तू भी खूब है। तेरी लीला वाकई अपरंपार है। समाजवाद रूस से खत्म हो गया, चीन से भी गया ही समझो मगर यहाँ समाजवाद ही समाजवाद है। तू भी अंततः समाजवादी ही निकला, जबकि हम समझते थे कि तू सबसे बड़ा समाजवाद-विरोधी है। लगता है, कम्युनिस्ट ही तेरी असली संतान है। हम तेरी पूजा-आराधना करने वाले तो मूर्ख थे। हमसे समझदार तो ये गधे निकले। हे भगवान! तुझे समाजवाद के ही यहाँ दर्शन करवाने थे, तो हमसे वहाँ पूजा-पाठ क्यों करवाता था? कोई दुश्मनी थी तेरी-हमारी? हमने तुझसे क्या कोई कर्ज लिया था?''

लेकिन जैसे-जैसे गधे पास आते गए, गेंदमलजी का क्रोध शांत होता गया। उन्हें वक्त आने पर गधे को भी बाप बनाने की उक्ति याद आ गई थी। उन्होंने अपने आपसे कहा—बेटा गेंदमल, गुरुजी से तो कुछ न मिला, 'बाप' से शायद कुछ मिल

जाए। इसलिए उनसे भी तमीज से पेश आ। तू यहाँ तमीज सीख जा वरना तेरी नैया डूब जाएगी। ये स्वर्ग के गधे हैं। ये घास नहीं खाते हैं। इनके सामने तू अपनी मनुष्यता सिद्ध कर। निर्भय-निःशंक होकर इनकी चमचागिरी कर। अपनी घृणा को दबा बेवकूफ, वरना नुकसान में रहेगा। गधे के सामने तू गधा मत बन। मनुष्य बन और हमेशा की तरह गधे की सवारी गाँठ। अच्छा अब वे तेरे सामने आ गए हैं। शुरू हो जा। सोच मत बेवकूफ। रेडी, वन, टू, थ्री।''

गधे मस्ती में थे। शायद स्वर्ग में किसी और की तरफ देखने का रिवाज नहीं था, इसीलिए गधों ने भी गेंदमलजी को नहीं देखा। मगर गेंदमलजी को अपने को उन्हें दिखाना था। उन्होंने गधों द्वारा स्वयं को उपेक्षित किए जाने की परवाह नहीं की और कहा, ''सज्जनो, नमस्कार, प्रणाम। जय राम जी की। जय श्री राम।''

''नमस्कार!'' कहकर दोनों गधे आगे बढ़ गए।

कोई बात नहीं, गेंदमलजी ने मन-ही-मन कहा। गधो, तुम गधे हो मगर मैं गधा नहीं हूँ। उन्होंने फिर गधों की ओर मुखातिब होकर कहा, ''कहाँ जा रहे हैं, आप सज्जन प्राणी?''

यह सुनकर एक गधा तुनक गया। ''आपसे मतलब? आप कौन हैं? आपने हमसे यह पूछने की हिम्मत कैसे की? यू ब्लडी फूल।''

गेंदमलजी चक्कर में पड़ गए। ये हैं तो गधे मगर अफसरों की तरह तुनकमिजाज हैं! क्या किसी सरकारी ऑफिसर को स्वर्ग में प्रवेश दिया गया है गधा बनाकर? वाह ईश्वर, तेरी लीला वास्तव में अपरंपार है! अगर ये अफसर हैं पुराने तो इनसे सावधानी से बात करनी होगी। ''कुछ नहीं भाई साहब, यूँ ही पूछ लिया था। अभी-अभी मैं स्वर्ग में आया हूँ। बिलकुल अकेला हूँ। सोचा, दो बातें आपसे करके अपना मन बहला लूँ। वैसे आपको बुरा लगा हो तो क्षमा करना। सॉरी।''

गेंदमलजी की यह नकली दवा वाकई असली असर कर गई। दूसरा गधा—जो अब तक मौन था—बोला, ''नहीं, ऐसी बात नहीं। यह मेरा दोस्त जरा गुस्सैल है मगर मन का बुरा नहीं है। हम टहलने जा रहे थे। आप भी चलेंगे हमारे साथ?'' यह सुनकर गेंदमलजी का 'स्वाभिमान' जाग गया। मैं नगरसेठ गेंदमल और गधों के साथ सैर पर जाऊँगा? इतनी चमचागिरी तो इनकी मुझसे न होगी। भाड़ में जाए यह स्वर्ग! धरती पर आदमीरूपी कोई 'गधा' ऐसी बात करने की हिमाकत भी करता तो साले को ऐसी लात जमाता कि जिंदगीभर याद रखता और तब कहता, 'हरामी की औलाद, हमारे सामने अब तेरी यह हिम्मत होने लगी है? साले को सौ मारूँगा और एक गिनूँगा। मारते-मारते भुर्ता बना दूँगा।' लेकिन यह स्वर्ग था और गेंदमलजी नए थे। यहाँ ऐसा करना उलटा भी पड़ सकता था इसलिए गेंदमलजी ने इस प्रस्ताव का जवाब देने की बजाय कहा, ''मुझे ऐसा आभास हो रहा है कि आप मेरे देश भारत के ही हैं।''

पहला वाला गधा यह सुनकर बिफर गया, ''हम कहीं के हों, तुमसे मतलब? और अगर हम भारत से नहीं हों तो? क्यों, गधों को पैदा करने का ठेका सिर्फ भारत ने ले रखा है? हर बात का श्रेय आप भारत को ही क्यों देना चाहते हैं? हवाई जहाज किसने पहले बनाया तो हमने और गधे कहाँ होते हैं तो वे भी भारत में। वैसे मैं भारत का ही हूँ।''—पहला गधा मुस्कराकर बोला।

दूसरा गधा पहले के इस रुख पर नकली गुस्सा प्रकट करते हुए बोला, ''यार, तू चुप रहेगा भी या नहीं?'' फिर वह गेंदमलजी की ओर मुखातिब होकर बोला, ''हाँ जनाब, हम भारत से ही आए हैं और कहाँ से आते! गधों की कद्र सिर्फ भारत वाले जानते हैं। वी आर प्राउड इंडियंस। हमें भारत पर गर्व है।''

गेंदमलजी फिर असमंजस में पड़ गए। यह व्यंग्य कर रहा है या सीधे-सादे ढंग से बात कर रहा है? उन्होंने तय किया कि अगर यह व्यंग्य भी है तो वे इसे समझने से इंकार करते हैं। उन्होंने जवाब दिया, ''आपने सही फरमाया। आपकी प्रजाति के एक सज्जन मेरे निवास पर भी थे...'' मैंने एक गधा पाला हुआ था, यह कहने की बजाय गेंदमलजी ने अपनी बात इस कूटनीतिक शब्दावली में रखा और अपनी बुद्धिमत्ता पर स्वयं ही बहुत मुग्ध भी हुए।

लेकिन पहले वाला गधा फिर बिफर गया, ''हमें तू इतनी देर से सज्जन-सज्जन क्यों कह रहा है? हम तुझे सज्जन दिखाई दे रहे हैं? अरे, हम गधे हैं गधे! इतनी सभ्यता तो सीख कि गधे को गधा कहे? मन तो मेरा हो रहा है कि इनकी सवारी गाँठ लूँ। इन पर अपना बोझ लाद दूँ और कह रहा है—'सज्जन'। तू तो बड़ा भारी फ्राडिया है रे। किस स्कूल से ये ट्रेनिंग तूने पाई है? तेरे जमाने तक लगता है सरकारी स्कूलों में भी अच्छी पढ़ाई होती थी।'' और इसी के साथ उसने अपने साथी गधे से कहा, ''चल रे यहाँ से। यह अपना कोई उल्लू सीधा करना चाहता है। इस बात को हम गधों से ज्यादा कोई नहीं समझ सकता। ये आदमी को बेवकूफ बना सकते हैं, हमें नहीं, अगर ज्यादा देर हम इसके चक्कर में रहे न तो हम भी फिर से गधे सिद्ध हो जाएँगे, इसलिए तू फौरन चल। ऐसे लोगों को मैं खूब जानता हूँ। अब तो ये कमीने स्वर्ग में भी आने लगे हैं। इसके शरीर से मुझे गंदगी की बू नहीं आ रही? ये साले स्वर्ग का माहौल गंदा करेंगे। इनके चक्कर में मत पड़। चल-चल, अरे जल्दी चल।''

दूसरे वाले गधे से पहले गधे को डाँट पड़ी, ''तू चुप नहीं रह सकता थोड़ी देर? तेरा दिमाग आजकल ज्यादा ही गरम रहने लगा है। बड़े-बुजुर्ग का तो खयाल रखा कर? ये क्या तेरी उम्र के हैं? उन्होंने तुझे सज्जन ही कहा, तुझे कोई गाली तो नहीं दी? तू इस बात पर भी नाराज है। अब तू बिलकुल चुप रह। मुझे बात करने दे।'' इतना कहकर वह गेंदमलजी की ओर मुखातिब हुआ, ''हाँ भाई साहब, हम भी भारत के हैं। आपको कैसा लगा स्वर्ग? अच्छा न? बहुत अच्छा न!''

गेंदमलजी फिर चक्कर में पड़ गए। यह गधा फिर से व्यंग्य बोल रहा है या ये वाकई जानना चाहता है कि मुझे स्वर्ग कैसा लगा है। पता नहीं इसकी खुद की क्या राय है। अभिधा में गधा होकर भी लगता है यह व्यंजना में गधा नहीं है। इन दोनों की सवारी गाँठना मुश्किल होगा। अत: गेंदमलजी ने सोच-समझकर जवाब दिया, ''हाँ स्वर्ग, पृथ्वी से काफी अलग है। भारत से तो बहुत भिन्न है। काफी शांति है यहाँ। प्रकृति भी रम्य है। वैसे मैं तो यहाँ नया हूँ। अभी-अभी आया हूँ। आप पुराने हैं। आप बता सकते हैं कि स्वर्ग वास्तव में कैसा है। आप मेरा मार्गदर्शन कीजिए वरना मैं भटक जाऊँगा।''

यह भाषा सुनकर पहले वाले गधे की आँखों में फिर गुस्सा तैर गया। दूसरा वाला गधा जानता था कि इसे गुस्सा आएगा इसलिए उसने पहले वाले गधे को आँख दिखाकर चुप रहने के लिए कहा। फिर गधे नंबर दो ने कहा, ''अच्छा आप अभी आए हैं तब तो आप आराम कीजिए। थक गए होंगे, फिर फुर्सत में मिलते हैं। आप भी यहीं हैं और हम भी। मेरा साथी आज जरा गुस्से में हैं। देखिए, वह दूर जाकर खड़ा हो गया है और मुझे वहाँ से घूर-घूरकर देख रहा है। मैं चलता हूँ। नमस्कार।''

लेकिन गेंदमलजी का तो मतलब अभी सधा नहीं था। गाड़ी अभी पटरी पर आई नहीं थी। अभी कैसे जाने देते गधे को। गधा यह है और बनाकर जा रहा है मनुष्य को! गेंदमलजी अपना अपमान तो झेल सकते थे मगर मनुष्य जाति का नहीं। उन्होंने निश्चय किया कि ऐसे तो न जाने दूँगा इन्हें और तुरंत कहा, ''आप उन्हें भी यहीं बुला लीजिए। वे इतने खफा क्यों हैं? शायद मुझसे कोई गलती हो गई है। मैं उनसे माफी माँग लेता हूँ। आप कहें तो उनके पास जाकर माफी माँग लूँ।''

दूसरे वाले गधे ने जवाब दिया, ''नहीं, माफी क्यों माँगेंगे? वह कुछ है ही खब्ती। आदमी का मारा हुआ है। बहुत कष्ट सहे हैं इसने आदमियों से। उनसे इसे नफरत-सी है। उसे वहीं खडा रहने दीजिए। कोई खास बात आपको पूछनी तो नहीं है? पूछनी हो तो जल्दी कीजिए।''

गेंदमलजी ने कहा, ''नहीं, कुछ खास नहीं पूछना है मगर आप यह तो बताइए कि स्वर्ग आपको कैसा लग रहा है? रास आया आपको?''

दूसरे वाले गधे ने फिर अपनी ही शैली में जवाब दिया, ''अच्छा ही लग रहा है। बढ़िया ही है। स्वर्ग है तो अच्छा तो लगेगा ही। बढ़िया ही लगेगा। खराब तो लग नहीं सकता। क्यों क्या गलत कहा मैंने?''

इस बार गेंदमलजी को स्पष्ट आभास हुआ कि दाल में कुछ काला जरूर है। यह लहजा शिकायती है। इस बार यह गधा अपनी बात को छुपा नहीं पाया है। अगर इसे भी स्वर्ग से शिकायत है तब तो यह अपने काम का है। यह मेरा बाप ही नहीं है, बंधु है, सखा है, सर्वस्व है, मेरा ईश्वर है फिलहाल। इसका 'सदुपयोग' करना चाहिए।

उन्होंने थाह लेने के लिहाज से पूछा, "वैसे अच्छा क्या-क्या है यहाँ? प्रकृति तो बहुत ही अच्छी लग रही है।"

दूसरे वाले गधे ने जवाब दिया, "प्रकृति ही नहीं, यहाँ सब कुछ अच्छा-ही-अच्छा है, बुरा तो है नहीं यहाँ कुछ। धरती पर थे तो दिनभर बोझा उठाते थे, पूँछ मुड़वाते थे, लात-घूँसे खाते थे, फिर भी भरपेट घास खाने को नहीं मिलती थी। हड्डियाँ बाहर निकली रहती थीं। बोझ उठा-उठाकर मर भी जाते थे तो कोई आँसू नहीं बहाता था। वहाँ बेइज्जती ही बेइज्जती, अपमान ही अपमान था। फिर भी हम पर व्यंग्य किया जाता था कि ये गधे हैं। हम यहाँ खुश हैं क्योंकि स्वर्ग में हैं।"

गेंदमलजी का दिमाग फिर चकराया। आखिर माजरा क्या है? यह कहना क्या चाहता है? गधा है मगर कूटनीतिज्ञों का भी बाप लगता है। धरती पर भी यह रहा होगा गधा ही। मगर बातें इस तरह करता है कि मानो कभी गधा न रहा हो बल्कि ये ही नहीं इसके बाप भी विदेश सेवा में अफसर रहे हों। कभी इसकी बात का कुछ अर्थ होता है, कभी कुछ। कभी गाड़ी सीधी चलते-चलते अचानक उलट जाती है, फिर उलटी ही चलती रहती है। कमाल है! मगर दुखी तो है यह जरूर लेकिन खुलकर अपने दिल की बात नहीं कह रहा है। भगवान की लीला देखो कि यहाँ स्वर्ग में भी ऐसा जमाना आ चुका है कि गधों तक को शिकायत होने लगी है। घोर कलियुग का प्रवेश यहाँ भी हो चुका है। जमीन पर कम-से-कम अभी भी ऐसी बुरी स्थिति नहीं है। वहाँ जब भी ये दुखी होता है तो रेंकने लगता है, हालाँकि इसके रेंकने की परवाह कौन करता है? ज्यादा रेंकता है तो इसे दो-चार लातें ऊपर से पड़ जाती हैं। यहाँ इसे आराम है। हवा पी-खाकर अपना स्वास्थ्य बना रहा है, फिर भी दुखी का दुखी है। पीठ पर बोझ नहीं, कुम्हारों की मार नहीं, घर और घाट के चक्कर नहीं, फिर भी गधे जी से मिलो तो पता चलता है कि जनाब दुखी हैं।

मगर गेंदमलजी को पूरा पेड़ थोड़े ही देखना था। उन्हें सिर्फ पक्षी की आँख देखनी थी और तीर चला देना था। इसलिए अपने मन की इस पीड़ा को उन्होंने अलग ठेलकर गधे के दुख से दुखी होने की रणनीति बनाई ताकि गधे के दिल की बात ज्यादा-से-ज्यादा सामने आ सके। गधा तो दुखी होकर भी यहीं रहेगा। उसका पूर्वजन्म का संस्कार उसे स्वर्ग से विद्रोह करके बाहर जाने की इजाजत नहीं देगा। गधा धरती पर जाकर करेगा भी क्या? वहाँ वही घास है और वही लात है। लेकिन यह बात-ही-बात में कोई ऐसी बात जरूर बता सकता है कि मेरा पृथ्वी पर जाने का मार्ग प्रशस्त हो सके। अत: गेंदमलजी ने इस बार गधे को यानी बाप को 'भैया' कहने की ठानी। बाप को भाई कहने से उन्हें ज्यादा फायदा नजर आया—"भैया, एक बात पूछूँ तो आप बुरा तो नहीं मानेंगे?" आखिर गेंदमलजी का तीर था, गधे के मर्मस्थल को बेधे बिना कैसे रह सकता था! "पूछिए। अवश्य पूछिए। हम तो जन्म

से गधे हैं। पृथ्वी पर भी गधे थे और यहाँ भी गधे हैं। गधे को बुरा मानना शोभा नहीं देता। इतिहास में ऐसा एक भी उदाहरण नहीं मिलता जबकि गधे ने किसी आदमी की किसी बात का कभी बुरा माना हो। वह तो मेरा दोस्त स्वर्ग में आकर कुछ बिगड़ गया है। उसे बहुत समझाता हूँ कि प्यारे! हम स्वर्ग में हैं तो क्या हुआ, यहाँ भी आखिर गधे ही तो हैं। इस बुनियादी सच्चाई को हमें भूलना नहीं चाहिए मगर लगता है कि वह गधे का जन्म पाने से पहले मनुष्य योनि में रह चुका है, इसलिए उसने वे सारे लफड़े पाल रखे हैं जो मनुष्य में पाए जाते हैं। मैं उससे कहता हूँ कि ये तुनकमिजाजी अच्छी नहीं। लेकिन सच कहूँ अपनी तुनकमिजाजी के कारण ही यह मुझे ज्यादा पसंद है। खरी-खरी कहता है...खैर छोड़िए। आप तो बेधड़क होकर सवाल पूछिए।''

तब गेंदमलजी बोले, ''भैया, मेरे मन में एक गहरा शक है जो मुझे लगातार बेचैन किए दे रहा है। हो सकता है, यह सवाल, यह बेचैनी आपके मन में भी हो और जानता हूँ कि अवश्य होगी, क्योंकि आप बुद्धिमान हैं। सवाल यह है कि धरती पर रहकर आपने भी कुछ पुण्य किए होंगे, तभी तो आपको भी मेरी तरह स्वर्ग मिला है। वह जगह मिली है, जिसे पाने के लिए मनुष्य नामक जीव भी तरसता है। मगर जब आप पुण्यात्मा हैं और स्वर्ग में रहने के योग्य हैं तो ईश्वर ने आपको यहाँ भी गधा बनाकर ही क्यों रखा है? वह आपको हमारी तरह इंसान बनाकर भी रख सकता था। आपके साथ यह भेदभाव क्यों? आपका यह अपमान क्यों? आपको मेरी बात का बुरा लगा हो तो माफ करना। हो सकता है, खुद आपको मनुष्य बनना पसंद न हो। मानता हूँ कि आदमी की जात बड़ी स्वार्थी होती है। गधों की तरह वह परमार्थी नहीं होती। गधों के बारे में तमाम मनुष्यों की राय कितनी भी गलत क्यों न हो, मेरी राय हमेशा अच्छी रही है। मैं उन्हें दिल से पूजता रहा हूँ। मैं मानता हूँ कि अगर ईश्वर ने मनुष्यों में से ज्यादातर को गधों के समान उदारता और सहनशीलता दी होती तो मनुष्य जाति आज न जाने कहाँ से कहाँ पहुँच चुकी होती! मैं आपसे बिलकुल सच कहता हूँ कि मैं गधों को मनुष्य से ऊँचा मानता हूँ। मनुष्य से ज्यादा बुद्धिमान और संवेदनशील मैं गधे को मानता हूँ। आप दोनों से मिलकर मेरी इस राय की पुष्टि ही हुई है। आप दोनों तो इतने ज्यादा बुद्धिमान हैं कि आपको गधा तो गधा, मनुष्य कहना भी आपका सरासर अपमान है। आपकी बुद्धिमत्ता तो ईश्वर के तुल्य है...''

काफी देर तक दूर खड़ा रहने के बाद अब तक पहला वाला गधा भी हार-थककर वापस आ चुका था। इस बार उसने गेंदमलजी की बात का बुरा नहीं माना, बल्कि उसे अच्छा ही लग रहा था। इस बार उसी ने विनम्रता दिखाते हुए कहा, ''नहीं जी, हम कहाँ और ईश्वर कहाँ! हम तो गधे थे, गधे हैं और जन्म-जन्मांतर तक गधे ही बने रहेंगे। बल्कि सच कहिए तो हम गधे भी नहीं, दरअसल उल्लू हैं। उल्लू न होते तो यहाँ भी गधे बनकर हम खुश रहते? नहीं रहते। लेकिन हम खुश हैं। इसलिए

खुश हैं कि आपने तो यहाँ आने के लिए न जाने कितने व्रत, उपवास, पूजा-पाठ, दान-पुण्य, नियम-संयम आदि का पालन किया होगा। हमने तो कुछ किया ही नहीं। पूजा-पाठ तो दूर हम कभी नहाए तक नहीं। ईश्वर और स्वर्ग क्या बला है, यह तो हम जानते भी नहीं थे क्योंकि आखिर हम थे तो गधे ही। जब हाँक दिया, बोझ ढोने लगते थे। जब घास खाने का मौका दिया तो खा लेते थे, क्योंकि अपनी मर्जी से रुकने का मतलब था, मालिक की तगड़ी लात। बस हमारा पुण्य मानें तो कुल यही था—हाँ और हर गधा यही करता भी है। उसे पाप मान लिया जाता और नरक भेज दिया तो हम वहाँ की पॉपुलेशन बढ़ाते। यहाँ भेज दिया, तो यहाँ आ गए।

"खैर साहब, जब यहाँ आ गए तो इतनी घास, इतनी हरियाली देखकर हमारा दिल बल्लियों उछलने लगा। सोचा कि खूब खाएँगे और खूब काम करेंगे। लेकिन पता चला कि हम घास नहीं खा सकते। पहले तो हमने सोचा कि शायद घास से कुछ बेहतर चीज खाने को यहाँ मिलेगी, इसलिए हमें घास खाने से रोका जा रहा है। हम धरती के गधे तो हैं नहीं कि आदमी मालपूए खाए और हम घास ही खाएँ। हम भी यहाँ मालपूए खाएँगे। लेकिन पता चला कि खाने को यहाँ किसी को कुछ मिलता ही नहीं। पीने को वायु है। सुगंधित हवा ही घास है, वही पानी भी है। चलो साहब, यह भी सीख लिया हमने। हवा पीने लगे। सब पी रहे थे तो हम भी पीने लगे। जब किसी को शिकायत नहीं तो हमें क्यों हो? लेकिन हमारे मन में भी यह सवाल तो है ही कि जब सभी को हवा ही पीनी है तो सभी मनुष्य क्यों नहीं? अंततः यहाँ भी गधे ही क्यों बने रहें? हमें आज तक इस सवाल का जवाब नहीं मिला। हम भी भटक रहे हैं कि किसी से अपनी शिकायत कहें मगर यहाँ तो कोई सुननेवाला नहीं। हम रोज कहते रहते हैं। वे रोज अनसुना करते रहते हैं। जैसे हम पागल हों। जीवन का सारा आनंद ही यहाँ आकर समाप्त हो गया है। आप मनुष्य हैं। शायद आप कोई रास्ता बता सकें।"

गधे के इस अंतिम वाक्य से गेंदमलजी के सामने स्थिति स्पष्ट हो गई कि ये भी किसी काम के नहीं हैं। इनसे बात करना भी अंततः अपने कीमती समय की बर्बादी है और जैसा कि कहा गया है समय ही धन है। इनके पास रोने के लिए सिर्फ अपना दुखड़ा है। लेकिन इनके दुखड़े से मुझे क्या लेना-देना? मेरा अपना ही दुख कोई कम नहीं है। तब इनका दुख अपने सिर मोल लेना एक तरह का पागलपन है। कहीं इन्होंने अपने दुख से मुक्ति दिलाने का भार भी पूरी तरह मुझ पर डाल दिया तो मैं यहाँ गधों का नेता बनकर रह जाऊँगा और इन गधों को अपने सिर पर ढोता रहूँगा। अतः गधों को गधा ही रहने दो और खुद मनुष्य बने रहो। इनसे बाप और भैया का संबंध खत्म करो और इन्हें अपने गधत्व में खुश या दुखी रहने दो। इन्हें यहाँ से फौरन से पेश्तर रवाना करो।

और इसी उद्देश्य की सिद्धि के लिए गेंदमलजी ने निम्न वाक्य कहे, "आपकी

तकलीफ को मैं बहुत गहराई से समझता हूँ। खुद मेरे मन में यह सवाल था। मैं तो आप ही से उत्तर जानने आया था। सोचा था कि शायद आपको अब तक कोई उत्तर मिल गया हो। मैं इसका उत्तर ढूँढ़ने का प्रयास करूँगा। मगर अभी तो मैं खुद ही यहाँ नया हूँ। खुद ही कुछ नहीं जानता। मैं आपसे लगातार मिलता-जुलता रहूँगा। आपसे आज जो संबंध बना है, हमेशा कायम रहेगा। वैसे आपको भी देर हो रही होगी। व्यर्थ में मैंने आपका इतना समय खा लिया। इसके लिए क्षमा माँगता हूँ। अच्छा नमस्कार।''

इस पर गधा क्रमांक दो ने कहा, ''आपने मनुष्य होकर भी हमारी व्यथा-कथा सुनी, यही क्या कम है! आप मनुष्य हैं, पुण्यात्मा हैं, आपमें सोचने-विचारने की क्षमता है। आप हमारे बारे में जरूर कुछ सोचिएगा। अच्छा नमस्कार। वैसे आपको हमारे साथ सैर-सपाटे पर चलना हो तो चलिए। पैदल मत चलिएगा। मेरी पीठ पर बैठ जाइएगा। बहुत अर्सा हो गया है पीठ पर कुछ भी लादे। कभी-कभी लगता है कि हमारी पीठ है ही नहीं। हम गधे हैं ही नहीं। अपनी असलियत को भूलना यूँ अच्छा नहीं।''

''नहीं, मैं आपको कष्ट नहीं दूँगा।'' यह कहते हुए गेंदमलजी ने उनसे पुन: विदा ली और मन-ही-मन सोचा कि ये कैसा ईश्वर है जो गधों और गड़रियों को भी स्वर्ग में घुसा लेता है। अगर भेड़-बकरी चराना पुण्य कार्य है, बोझ ढोना पुण्य कार्य है, तब तो गधे, घोड़े, बैल, ऊँट, गाय, बकरी, ग्वाले, मजदूर, खेत-मजदूर वगैरह से ही स्वर्ग भर चुका होगा। मेरे जैसे लोग तो बहुत कम होंगे, बिलकुल अल्पसंख्यक। अल्पसंख्यक होने का मुझे अभ्यास नहीं। फिर मेरा यहाँ क्या काम? धरती ही चलना चाहिए।

दोपहर हो चुकी थी। गेंदमलजी को न भूख लगी थी, न प्यास। उन्होंने भूख को महसूस करने की कोशिश भी की, मगर कामयाब नहीं हुए। पेट भरा-भरा लगा। कुछ भी खाने, कुछ भी पीने की इच्छा नहीं हुई। इस परिवर्तन से वे स्वयं चकित थे।

शरीर में थकान भी महसूस नहीं हो रही थी। नहाने की जरूरत भी अनुभव नहीं हो रही थी। बस एक दिमागी परेशानी थी कि कैसे यहाँ से निकला जाए। लेकिन उसका कोई इलाज ढूँढ़े नहीं मिल रहा था।

वह 'कुटिया' में लौटे। वहाँ न बिछाने के लिए कुछ था, न कुछ ओढ़ने के लिए। धरती इतनी नरम और गरम थी कि खुद वह एक बिस्तर हो गई थी। 'कुटिया' में कुछ भी नहीं था लेकिन कुछ भी न होने की कमी भी वहाँ नहीं थी। ऐसा नहीं लगता था कि खाली-खाली हो, सूना-सूना हो। वह 'कुटिया' बनी ही ऐसी थी। एक तरह से देखो तो वह महल थी, दूसरी तरह से देखो तो कुटिया। पेड़-पौधे-बेल-घास तथा तमाम तरह की वनस्पतियों ने उसे दोनों रूप दे दिए थे।

लेकिन गेंदमलजी को यह सब सिर्फ कुछ ही देर सुहावना लगा। फिर महसूस हुआ कि यहाँ रहना तो सजा है। इतने एकांत जीवन की—हर पहलू से इतनी दूर जगह की—कल्पना उन्होंने कभी नहीं थी। यहाँ न साइकिल की घंटी बजती है, न

बस–कार का हॉर्न, न यहाँ घरघराहट है, न खटर–पटर है, न गाय–भैसों का रँभाना है, न कुत्ते का भौंकना है, न किसी बच्चे की सीटी की आवाज है, न औरतों के गीत हैं, न यहाँ कोई सरपट भागता है, न कोई खरामा–खरामा चलता है, न यहाँ कोई नेता है, न भाषण है, न माला है, न रात्रि–जागरण है, न फिल्मी नाइट है, न हड़बड़ी है, न बदहवासी है, न फुर्सत है, न काम है, न प्रेम है, न झगड़े हैं। उन्हें इस माहौल में अपनी बूढ़ी मगर आज्ञाकारिणी पत्नी, बेटों–बहुओं, बेटियों–दामादों, नातियों–पोतियों, अपने शहर, मोहल्ले, घर वगैरह सबकी याद आई। उनकी आँखें भर आईं, गला रुँधने लगा। एकांत पागल कुत्ते की तरह काटने लगा।

वह बाहर आए। यहाँ सब कुछ शांत था, गतिहीन था। उन्हें उकताहट हुई। पृथ्वी पर वापस जाने का विचार जोर मारने लगा। वह सोचने लगे कि जिस आदमी से ईश्वर इतना खुश है कि उसने उसे स्वर्ग बुला लिया है, उसे फिर से वापस पृथ्वी पर भेजने से ईश्वर को भला क्या आपत्ति हो सकती है? वह वहाँ जाकर पाप करेंगे तो नरक चले जाएँगे, पुण्य करेंगे तो पुनः यहीं आएँगे। लेकिन यह पता तो चलना चाहिए कि किससे कितनी और किन शब्दों में, कैसे प्रार्थना करनी होगी! धर्मराज को खुश करना होगा या किसी और को? शिव को खुश करें या ब्रह्मा को या विष्णु को?

इतने में एक मोटा–साँवला आदमी उन्हें आता दिखाई दिया। वह अपने आपसे बातें कर रहा था। उसकी चाल शराबियों जैसी थी। वह चलते–चलते झूम रहा था। गेंदमलजी ने कभी पी नहीं थी इसलिए उन्हें अगर किसी से नफरत थी, तो शराबियों से। उनका बस चलता तो सारे शराबियों को गोलियों से भुनवा देते। लेकिन उनका बस न यहाँ चलता है, न वहाँ चलता था। उनकी नजर में शराबी इंसान नहीं, जानवर थे। तो उनके लिए यह एक जानवर चला आ रहा था। गेंदमलजी उनसे 'नफरत' कितनी ही करें लेकिन वे उन्हें अपनी सबसे प्रिय दुधारू गाय भी मानते थे। इन्हीं शराबियों की कृपा से कई घरों के गहने, बर्तन उनके यहाँ गिरवी रखे थे। इनमें से ज्यादातर वापस अपनी चीजें छुड़ा नहीं पाते थे। इससे गेंदमलजी का लाभ बढ़ जाता था, जिसे वे ईश्वर की अपने ऊपर कृपा मानकर आनंदपूर्वक ग्रहण करते थे।

मगर स्वर्ग में शराबी?—यह सोचकर उन्हें पुनः झटका लगा। गड़रिये, गधे और अब शराबी भी यहाँ? क्या यह वाकई स्वर्ग ही है या भारत का कोई प्रदेश है? यह है क्या? यहाँ देवता नहीं हैं, अप्सराएँ नहीं हैं, ऐशो–आराम के तमाम सामान नहीं हैं। साधु–संत नहीं हैं। उनके जैसे दानी–धर्मात्मा नहीं हैं। राम और कृष्ण नहीं हैं, सीता, रुक्मिणी और राधा नहीं हैं, वाल्मीकि और तुलसीदास नहीं हैं। विवेकानंद और गांधी नहीं हैं, योगी और तपस्वी नहीं हैं, ब्रह्मज्ञानी और ब्रह्मचारी नहीं हैं। कबीर और मीरा नहीं हैं, मगर यहाँ शराबी हैं। यहाँ गधे हैं और गड़रिये हैं। यहाँ न मंदिर है, न यज्ञस्थल है। यह स्वर्ग नहीं हो सकता। मेरे साथ धोखा हुआ है। इससे तो मरकर ब्रह्मांड में

धूल का कण बन जाना अच्छा था। लाखों वर्ष में चलकर पृथ्वी पर पहुँचनेवाली एक किरण बन जाना अच्छा था। किसी अनजाने-अनपहचाने ग्रह का कोई अनजाना पदार्थ, कोई गैसीय तत्त्व बन जाना अच्छा था। इससे तो एक हरी पत्ती, किसी कँटीली झाड़ी का एक फूल बन जाना अच्छा था।

गेंदमलजी ने सोचा धूल का कण होते तो उन्हें कुछ महसूस तो न होता। पछतावा और दुख तो न होता। उनकी आशाएँ और आकांक्षाएँ तो न होतीं। मन और मस्तिष्क तो न होते। आँखें और नाक तो न होतीं। धूल के करोड़ों-अरबों कणों में वे एक कण होते तो कम-से-कम कणों से बँधे और जुड़े तो होते? इकसार तो होते? कोई संशय और कोई दुविधा तो न होती? पेड़ की एक कोमल कोंपल होते तो कुछ लाल और कुछ सफेद रंग उनका होता। खुद अपने को भी कितने अच्छे लगते और हर उस आँख को, जो उनकी तरफ देखती। फिर विकसित होकर वे हरी पत्ती बनते। हवा में झूमते रहते। कभी शांत भी रहते। लेकिन अपनों के बीच तो रहते। कभी-कभी पत्तों का तोड़ा जाना और झड़ना तो देखते। कभी खुद भी अचानक तोड़ लिये जाते या खुद टूटकर गिर जाते। किसी के पैरों के नीचे आते। हवा में कहीं उड़ जाते, किसी डबरे में कहीं गिर जाते। तैरते, सड़ जाते या सूखे होते तो जला दिए जाते या धरती में घुल-मिल जाते। कँटीली झाड़ी के फूल होते तो भले ही कोई न देखता, न तोड़ता, न सूँघता, मगर खिलते तो सही। अपने रंग में रँगे तो होते। खुद तो अपने जीवन पर खुश होते।

अब तक वह 'शराबी' गेंदमलजी के करीब आ चुका था। यह पहला आदमी था, जो गेंदमलजी को देखकर ठिठका था। वह गौर से देख रहा था। पहचानने की कोशिश कर रहा था। वह कुछ बोलना चाहता था। वह कुछ कहना चाहता था। उसके होंठ कुछ कहने को फड़फड़ा रहे थे। अचानक किसी को पहचानने से आँखों में जो गीलापन आ जाता है, वह उसकी आँखों में आ गया था।

और उसने कहा, "अरे, गेंदमल सेठ आप यहाँ कैसे?"

"अरे धनसू तू? तू यहाँ?" गेंदमलजी को भी खुशी हुई थी। अचानक वे अपने को भूल गए थे। उससे गले मिलने के लिए वे भी आगे बढ़ने लगे थे। तभी उन्हें याद आया। यह मोची है और वह बनिये हैं। दोनों गले कैसे मिल सकते हैं? धरती पर तो वे इसकी छाया से भी दूर रहने की कोशिश करते थे। दुकान पर आता था तो कहते थे कि दूर-दूर और दूर, हाँ वहाँ बैठ। अरे बैठ मत, खड़ा रह। साले तेरी इतनी हिम्मत कि तू बैठेगा? हाँ अब बोल। और इसी से मैं अभी गले मिलने चला था? मेरा इतना पतन? लगता है, मुझे भी स्वर्ग की हवा लग रही है। जल्दी ही जुकाम-खाँसी हो जाएगी। शिव-शिव! ऐसी भावुकता अच्छी नहीं। यह सोचकर वह पीछे हट गए मगर 'धनसू' आगे बढ़ता आ रहा था।

''अरे, हट-हट, दूर हट, भाग-भाग, बदमाश तेरी ये हिम्मत? तू अपने आपको समझता क्या है रे? तू स्वर्ग में आ गया तो हमसे अब गले मिलेगा? ऐं, तू गले मिलेगा?'' गेंदमलजी बुरी तरह गुस्से से काँप रहे थे।

'धनसू' पीछे तो हट गया मगर वह जितना पीछे हटा, उतने ही गुस्से से बोला ''अबे ए, गेंदमल की औलाद, तू दिमाग सँभाल के बात कर। तू क्या समझता है रे अपने-आपको तुर्रम खाँ? साले मेरे हाथ का एक तमाचा पड़ेगा तो दिमाग ठिकाने आ जाएगा। अपनी औकात में रह। यह स्वर्ग है, धरती नहीं है। यहाँ तेरी नहीं चलती। तू चोर यहाँ आ कैसे गया? इसकी तो इन्क्वायरी होनी चाहिए। साले तूने यहाँ भी घपला कर लिया? किसने भेजा तुझे? किसी का गला काटकर, किसी से फरेब करके तू यहाँ आ गया? किसकी जगह तू आ गया, फरेबी। जमाने भर का बदमाश तू दमड़ी देखकर चमड़ी लेनेवाला तू, तू मुझ पर हावी होने की कोशिश कर रहा है? अरे, तू यहाँ बेचता क्या है? है कौन तू? यहाँ तेरी नहीं चलेगी। समझा तू? यहाँ न तुझसे कोई कर्ज लेनेवाला है, न तुझे ब्याज देनेवाला है। चल छोड़ मेरा रास्ता। जाने दे। अपने शहर का आदमी यहाँ मिल गया, यह सोचकर मैं तो खुश हो गया था। लेकिन तेरे दिमाग में तो अब भी ऊँच-नीच का गू भरा हुआ है। मेरा दिमाग खराब कर दिया साले ने। हट बे हट।''

गेंदमलजी यह खरी-खोटी सुनकर सकते में आ गए। उन्होंने नहीं सोचा था कि ये इस तरह जुबान खोल सकता है। उसे पास आता देखकर वे एकदम भूल चुके थे कि वे पृथ्वी पर नहीं, स्वर्ग में हैं। इसलिए यह गड़बड़ी हो गई। अब उन्होंने अपनी जुबान में अचानक ढेर सारी चीनी घोलकर कहा, ''अरे धनसू, अपना और अपने शहर का आदमी होकर भी तू इस तरह की बातें करता है? अपने शहर से दूर, यहाँ स्वर्ग में तेरे सिवा मेरा कौन सहारा है और तू ही धनसू, आगबबूला हो रहा है? अलाय-बलाय बक रहा है? अरे, कुछ तो लिहाज कर?''

'धनसू' फिर नाराज होकर बोला, ''ऐ गेंदमल, मुझे धनसू नहीं कहना। अपन घनश्याम है, घनश्यामजी वर्मा। वर्मा साहब। और ये तू-वू नहीं चलेगा। क्या समझा, तमीज से बात करा कर वरना अपने से आइंदा मत बात करना। अब हट तो मुझे रास्ता दे। हट-हट मुझे जाना है।''

''अरे नहीं घनश्यामजी—घनश्यामजी वर्मा आप गुस्सा मत होइए। आपसे मेरा प्रेम है, स्नेह का पुराना संबंध है। इसलिए मैंने आपको 'धनसू, कहा। अब भूलकर भी नहीं कहूँगा। आपका पूरा नाम उच्चारूँगा। आप गुस्सा तो छोड़िए।'' गेंदमलजी ने विनम्रता का पाँसा फिर से फेंका।

मगर इस बार इसे फेंकने से फायदा नहीं हुआ। घनश्याम वर्मा ने अपने तेवर नहीं छोड़े। उन्होंने कहा, ''ऐ सेठ, ड्रामेबाजी मत कर। अपने को ये सब अच्छी नहीं

लगती। अभी मैं गले मिल रहा था तो तू कह रहा था हट दूर, हट भाग, अब कह रहा है तुम्हें मैं प्रेम से धनसू कह रहा था। तुझे क्या मैं जानता नहीं कि तू कितना कमीना है?''

''अब छोड़ो न।'' गेंदमलजी ने मनुहार की, ''छोड़ो अब वर्माजी। अकड़ के भुट्टा मत बनो वर्मा साहब। बुजुर्ग हूँ मैं। कुछ ऊँचा-नीचा कह भी दिया तो इतना बुरा मानने की क्या बात है? अच्छा यार, छोड़ तू इन बातों को।''

''फिर यार और फिर तू? ये आदत नहीं सुधरेगी क्या?'' घनश्याम वर्मा फिर नाराज हो गए।

''अच्छा भई, गलती हो गई। इसे सुधारता हूँ। कान पकड़ता हूँ। अब तो ठीक है। अच्छा यह बताइए कि आप यहाँ पहुँचे कैसे? क्या स्वर्ग में आपके जैसे सज्जन प्राणी काफी मात्रा में हैं?''

''हमारे जैसे सज्जन? क्या मतलब है, हम कोई चोर हैं? उठाईगिरे हैं? सूदखोर हैं? लुटेरे हैं तेरी तरह? तू तो ये बता तू कैसे आ गया यहाँ? तूने क्या घपला किया?''

''देखिए घनश्यामजी, अब ऐसी बातें मत कीजिए।''

''क्यों न करें? तू हमें बेइज्जत करे और हम तेरी पूजा करें? तेरे कर्जदार हैं क्या हम यहाँ?''

''अच्छा छोड़ो वर्माजी ये झगड़ा। ये बताओ कि यहाँ कैसी कट रही है?''

''बढ़िया कट रही है। मजा आ रहा है। मस्ती है। खुशबू सूँघते हैं और मस्त रहते हैं। न कोई झंझट, न कोई लफड़ा। सब इज्जत से बोलते हैं। तुम जैसे लोग यहाँ नहीं हैं। पता नहीं तुम कैसे आ गए!''

''अच्छा छोड़ो उसे। धर्मराजजी से कभी मिले हो?''

''धर्मराज? ये कौन है भई? पहली बार ही नाम सुना है इसका।''

''वही तो जो पाप-पुण्य का फैसला करते हैं?''

''अच्छा वो? हाँ-हाँ वो। क्या नाम बताया?''

''धर्मराज।''

''नाम तो सुना हुआ है। किसी भले से आदमी का है शायद। मगर तुम्हारा उनसे क्या वास्ता? तुम तो दस नंबरी हो।''

''वो क्या है घनश्यामजी, स्वर्ग में आए हैं तो धर्मराजजी से तो मिलना ही चाहिए न।''

''क्यों मिलना चाहिए? हम तो नहीं मिले। हमारा तो कुछ नहीं बिगाड़ा किसी ने। कोई सिफारिश करनी है? यहाँ भी चीनी या सीमेंट के बोरे चाहिए क्या?'' यह कहकर घनश्याम हँसते हैं।

''अरे नहीं घनश्यामजी। यहाँ चीनी और सीमेंट का क्या काम? बस ऐसे ही

सोचा, मिल लें। वे रहते कहाँ हैं?''

''रहते होंगे कहीं। यहाँ किसी राजा, मंत्री या अफसर से कोई काम नहीं पड़ता। हमें क्या मतलब? कहीं रहें ससुरे।''

''चलो, ये बात भी छोड़ो। घनश्यामजी आपको घर की याद नहीं सताती? धरती की याद नहीं आती? यहाँ भी पीने को मिल रही होगी खूब?''

''यहाँ पीने की परवाह कौन करता है? सुगंध पी-पीकर ही अपन मस्त रहते हैं। वैसे अपने को धरती से क्या लेना-देना? आपकी तरह हम वहाँ नगरसेठ तो थे नहीं।''

''घनश्यामजी, आप मजाक मत करो। सच-सच बताओ। याद तो आती होगी आपको। नहीं आए ऐसा हो नहीं सकता।''

''क्यों आएगी? हाँ, आती है याद पत्नी और बच्चों की।''

''कभी सोचा नहीं कि स्वर्ग से भाग जाऊँ। धरती पर चला जाऊँ, अपनों के पास रहूँ...''

''और सेठ गेंदमलजी को सूद के रुपए चुकाता रहूँ, दारू पीता रहूँ? क्यों गेंदमलजी, यही चाहते हो न।''

''नहीं घनश्यामजी, आप गलत समझ रहे हैं। मगर कोई जाना चाहे स्वर्ग से वापस धरती पर, तो भगवान जाने तो देते ही होंगे। भगवान को क्या दिक्कत है?''

''गेंदमलजी, यह स्वर्ग है। यहाँ से तेरे जैसे खूसट के अलावा कोई क्यों जाना चाहेगा?''

''फिर भी मान लो कोई चाहे तो। कोई सनकी हो तो। पागल हो तो, खूसट हो तो क्या जा सकता है?''

''अपने को क्या मालूम?''

''कभी सुना है इस बारे में?''

''सुना भी होगा तो अपने को याद नहीं।''

''याद करने की कोशिश तो कीजिए?''

''क्यों, तुमको जाना है वहाँ? स्वर्ग में घबरा गए हो? यहाँ ब्याज की रकम खाने को नहीं मिलती है इसलिए परेशानी हो रही होगी। मन नहीं लग रहा होगा यहाँ।''

''नहीं-नहीं घनश्यामजी। मैं क्यों जाऊँगा। बहुत पुण्य किए, तब तो यहाँ मुश्किल से आया हूँ।''

''पुण्य किए और तुमने? सेठ गेंदमलजी ने पुण्य किए? हा-हा-हा-हा।''

''और क्या? मैं ऐसे ही आ गया यहाँ?''

''कुछ तो गड़बड़ी जरूर की होगी, किसी-न-किसी गरीब का हक तो मारा ही होगा। तुम जन्मजात चोर हो। भगवान तो तुम्हें आने नहीं देता। घपला किया होगा

यहाँ भी। कोई मिलीभगत होगी कहीं?''

''अच्छा चलो छोड़ो, घनश्यामजी, इन बातों को। आपका बहुत वक्त लिया। आप कहीं जा रहे थे। शायद जल्दी में थे आप। आपका वक्त बर्बाद किया। क्षमा कीजिए।''

''अपन तो जल्दी में नहीं हैं सेठ गेंदमलजी। यह कहो कि तुम अपना मतलब साधना चाहते थे। वह नहीं सधा तो नमस्ते कर ली। अच्छा नमस्ते।''

''नमस्ते-नमस्ते।''

''अब तो गले मिल लो, सेठ गेंदमल।''

''अरे हाँ, क्यों नहीं, घनश्यामजी। बस एक मिनट में अंदर से आया। जरूरी काम याद आ गया।''

घनश्याम वर्मा ने हँसकर कहा, ''अंदर कलेक्टर का फोन आया होगा, क्यों सेठ? सुन लो, सुन लो। वह आपसे बात करने को तड़प रहा होगा।''

यह कहकर घनश्याम वर्मा खूब हँसे और यह भाँपकर कि यह गले नहीं मिलेगा वह चल दिए, यह कहते हुए, ''गेंदमल, मैं तुमसे गले मिलकर रहूँगा। अच्छा अभी बाई-बाई, टाटा-टाटा, जयहिंद, फिर मिलेंगे और गले-गले तक मिलेंगे।''

गेंदमलजी का हाल बुरा था। स्वर्ग से मुक्ति का कोई उपाय उन्हें नजर हीं आ रहा था। मुसीबत में वे हमेशा भगवान की प्रार्थना करते हैं। अब भी वे करने लगे। हे भगवान, अपने इस स्वर्ग से मुझे बचा। मेरी रक्षा कर इससे प्रभु! मुझे यहाँ से निकाल। हे दयानिधान, हे दीनदयाल, हे दीनानाथ, हे कृपानिधान, हे जगतपति, हे पतितपावन, हे परमपिता परमेश्वर! मुझे बचा ले, किसी भी तरह बचा ले। मैंने ऐसी क्या गलती की थी प्रभो कि तूने इस स्वर्ग में मुझे ला पटका? वहाँ मेरे अपने रो रहे होंगे और यहाँ मैं रो रहा हूँ। पहले ही दिन तूने मेरा हाल बुरा कर दिया। प्रथम ग्रासे मक्षिका पाते। पहले ही ग्रास में मक्खी गिर गई। यहाँ कोई रस्सी भी तो नहीं कि जिससे लटककर मैं मर जाऊँ। कोई ऊँची बिल्डिंग भी तो नहीं कि नीचे कूद जाऊँ। आग भी तो नहीं कि जल जाऊँ। अन्न-जल त्यागकर मरना भी तो यहाँ संभव नहीं। हवा तो मुँह-नाक से शरीर में जाएगी ही और पेट भरता ही रहेगा।

उन्हें याद आया कि यहाँ पानी तो है जिसमें कूदकर मरा जा सकता है। वह अपने इस विचार से बहुत प्रसन्न हुए। असंभव को संभव कर दिखाने का उत्साह उन्हें आया। अपनी इस मौलिक सूझ-बूझ पर उन्होंने खुद को शाबाशी भी दी। अगर पानी में कूदकर मर गए तो हद-से-हद क्या होगा, नरक मिलेगा। तब हमें पता तो होगा कि हम नरक में हैं। छल तो नहीं होगा, जैसा यहाँ हुआ है। यह स्वर्ग किसी नरक से कम है क्या? एक भला आदमी अभी तक यहाँ नहीं मिला। कोई साधु-संत-महात्मा यहाँ नहीं दिखा। वे होते तो यहीं आश्रम होते, भजन-प्रवचन होते।

प्रसाद होता। इस प्रकार मन लगा रहता। यहाँ भीड़-भाड़ होती। चहल-पहल होती। हलवे-पूड़ी-छोले का प्रचलन होता। हवा पर तो गुजारा नहीं करना पड़ता? लेकिन यहाँ तो कुछ है ही नहीं। प्रकृति है बस। प्रकृति के साथ प्रगति भी तो होनी चाहिए। अरे नहीं-नहीं प्रगति तो है यहाँ, तभी तो गड़रिये भी चले आ रहे हैं और गधे भी चले आ रहे हैं। जुआरी, शराबी, कबाबी सभी चले आ रहे हैं। यहाँ गधे हैं तो जाहिर है कि घोड़े भी होंगे और खच्चर भी। लकड़बग्घे भी होंगे, तेंदुए भी और सूअर भी। भालू और बंदर भी होंगे ही क्योंकि इन बेचारों ने धरती पर सिवा अपना पेट भरने के कोई अपराध भी क्या किया होगा? जब मनुष्यों में जुआरी-शराबी तक यहाँ आ गए हैं तब कौन बचा होगा? यहाँ भी लगता है खुला द्वार नीति आ पहुँची है। जिसे आना हो, चला आए। सारी पृथ्वी के सारे प्राणी ही यहाँ आने के योग्य हैं। स्वर्ग क्या हुआ, यह तो भारत हो गया और भारत भी नहीं हुआ। क्योंकि वहाँ तो सब कुछ उपलब्ध है और राम नाम की लूट भी मची हुई है और लूटने का आह्वान भी किया जा चुका है इसलिए जो लूट सकते हैं, वे लूट रहे हैं और जो लुट सकते हैं, लुट रहे हैं। लूट की सेल लगी हुई है। लेकिन यहाँ कुछ भी नहीं है। इस स्वर्गीय प्राणी गेंदमलजी के घर में थाली-कटोरी और गिलास तक नहीं है। दरी, चादर और तकिया तक नहीं है। मरने पर ऐसा स्वर्ग देने से तो बेहतर भगवान यह होता कि तू पुण्य करने के बदले इंसान को सौ-पचास साल सुख से और जीने की अनुमति दे दिया करता। जीते-जी तेरे भक्तों को कुछ तो अतिरिक्त लाभ मिलता, विशेष बोनस मिलता। यहाँ आने के लिए वह वहाँ जिंदगी बर्बाद करता है और यहाँ आता है तो यहाँ बर्बाद करता है और यहाँ एक बार आकर सुनते हैं कि वापस भी जा नहीं सकता। वहाँ भी उपवास, यहाँ भी उपवास, वहाँ भी ब्रह्मचर्य, यहाँ भी ब्रह्मचर्य। वहाँ मैंने व्यंजन खाने के अनेक अवसर इसलिए खोए कि यहाँ मिलेगा। वहाँ अच्छे कपड़े इसलिए नहीं पहने कि यहाँ मुफ्त में मिलेंगे, यहाँ पहनूँगा। वहाँ पैदल इसलिए चला कि यहाँ विमान में घुमूँगा। वहाँ किसी औरत की तरफ इसलिए नहीं झाँका कि यहाँ फिर झाँकने आदि को नहीं मिलेगा। मगर हो सकता है कि स्वयं प्रभु इस तरह तेरी परीक्षा ले रहे हों, गेंदमल। वह शराबी-कबाबी के रूप में आए हों, वह धनसू भी धनसू न हो, मुरलीवाले हों, वे तेरे धैर्य की परीक्षा ले रहे हों। इसलिए हे गेंदमल, तू अभी से हारता क्यों है रे? तू वहाँ नहीं हारा तो यहाँ क्यों हारता है? बाजी को अपने हाथ में रख। तू उसे खो मत।

लेकिन फिर गेंदमलजी के विचार का दूसरा क्रम शुरू हो गया, 'तू परीक्षा ही परीक्षा लेता रहेगा क्या प्रभो? थक गए हम तेरी परीक्षा देते-देते। पास होकर आ गए धरती से स्वर्ग में। अब यहाँ भी परीक्षा। यहाँ तो बंद कर ये सब नाटक। धरती पर सब कुछ उपलब्ध था। जो कुछ मैं छोड़ता था, अपनी मर्जी से छोड़ता था। यहाँ तो

कुछ है नहीं, तो त्याग क्या करूँ? यहाँ तो तूने त्याग का महत्त्व कम कर दिया है। तू छोड़ अपनी जिद और सब कुछ दे मुझे, अपने इस बंदे को, तेरे परम भक्त को। प्रभु, तेरी नजर में मैंने कोई अपराध किया होगा तो वह था सूद का धंधा। लेकिन इसी धंधे की बदौलत तो तेरे इतने मंदिर बने हैं, धर्मशालाएँ निर्मित हुई हैं, प्याऊएँ खुली हैं, फिर मुझसे, मुझ जैसों से कैसी नाराजगी? कैसा गुस्सा? हम जैसे लोग तो आदर्श हैं पृथ्वी के। हमीं से तो लोग पैसा और पुण्य दोनों एक साथ कमाना सीखते हैं! हमीं ने तो सिद्ध किया है कि दोनों में कोई अंतर्विरोध नहीं है बल्कि दोनों एक-दूसरे के पूरक हैं। फिर खेल हमीं से कैसा? छलिया ये छल हमीं से क्यों?

'लेकिन प्रभु, मैं भी गेंदमल हूँ। धीरज और प्रेम से काम लेना जानता हूँ। तेरा मन अब भी न भरा हो तो मैं और दूँगा परीक्षा। तू सताता जा, मैं भी सतने के लिए तैयार हूँ। तू मुझसे छुपाछुपी का खेल खेल ले, मैं खेलने के लिए तैयार हूँ। तू खेल मेरे साथ साँप-सीढ़ी का खेल, मैं सीढ़ी से गिरकर सौ बार फिर से चढ़ने के लिए तैयार हूँ। तेरे साथ मैं भी खेलूँगा ये खेल। तू बड़ा खिलाड़ी ही सही मगर जिसे तू अपने साथ खेलने का सौभाग्य दे रहा है, वह भी कोई छोटा खिलाड़ी नहीं हुआ। मालूम है कि अंततः तू जीतेगा। तेरे साथ कोई जीत नहीं सकता। फिर भी तू खिलाएगा तो मैं खेलूँगा जरूर। भागूँगा नहीं, हार मानकर चुप नहीं बैठूँगा। तू भी देख गेंदमल बनारसी दास का कमाल। तू-तू है मगर तूने मुझे भी तो बनाया है, इसलिए मैं भी मैं हूँ प्रभु, मैं भी मैं हूँ।

'तो कल से शुरू मेरा खेल, मेरा कमाल, मेरा चमत्कार। धरती पर इतना खेल मैंने देखा है, किया है, वह अनुभव यहाँ मेरे काम आएगा। मैं वहाँ आदमी की चाल से ही पता चला लेता था कि इस आदमी को ब्याज पर रकम देनी चाहिए या नहीं। यह अपनी गिरवी की रकम छुड़ा पाएगा या नहीं और इसके नहीं छुड़ाने में ज्यादा फायदा है या कि छुड़ाने में? मेरा अनुमान नब्बे प्रतिशत सही निकलता था। दस प्रतिशत मामले में गच्चा खाता था मैं। लेकिन उनसे निबटने के तरीके मेरे पास थे। मैं उस खेल में हारा नहीं। इसमें मैं जरूर हार सकता हूँ मगर प्रभु! तुझसे हारना भी तो जीतना ही है। तुझसे जीतना चाहता ही कौन है?'

इन खयालों में वे जब तक डूबते-उतराते रहे, तब तक रात हो चुकी थी। आकाश में तारे निकल चुके थे। स्वर्ग के आकाश में उस समय तारे-ही-तारे थे, और इतने तरह के तारे थे और इतने पास-पास होते हुए भी इतने बिखरे-बिखरे थे। वे रचना थे तो रचना का विसर्जन भी थे। वे आकार-प्रकार में ही नहीं, रंगों में भी भिन्न-भिन्न थे। ऐसा लगता था कि जैसे हर तारे का अपना आकार हो और अपना ही कोई रंग हो, जिसे किसी ने पहले न कभी देखा, न सुना। कोई आकार दूसरे आकार के समान नहीं था। हर रंग की अपनी निराली छटा थी। जैसे पेड़ एक हो मगर उसमें

अलग-अलग तरह के फूल हों, अलग-अलग रंगों की पत्तियाँ हों और जैसे उनका रंग और आकार ही अलग न हो, हरेक का अलग-अलग चेहरा भी हो, अलग-अलग पहचान भी हो। कोई मुस्करा रहा हो, तो कोई उदास हो। कोई विचारमग्न हो, तो कोई खिलखिला रहा हो।

आकाश में कुछ भी स्थिर और स्थायी नहीं था, जैसे आकाश आकाश न हो कोई टेलीस्कोप हो और हम उससे नई और अनोखी संरचनाएँ प्राप्त कर रहे हों—बिना किसी विशेष प्रयत्न के, सिर्फ एक छुअन से, एक मामूली से स्पर्श-से, मन के सिर्फ चाहने भर से। चूड़ी के वही टुकड़े। वही उनके रंग। वही आकार। फिर भी हर बार सब कुछ कितना भिन्न, कितना अपरिचित, कितना असीमित! ऐसा था आकाश। कभी लगता था एक बड़ा रंगमंच है और उसके सामने बैठे दर्शकों को एक ही समय में अलग-अलग मंचों पर अलग-अलग पात्र अलग-अलग भूमिका निभाते दीख रहे हों ' और उन तमाम दृश्यों से एक संपूर्ण संरचना बनती हो। कभी लगता है कि यह एक ऐसी फिल्म है जिसकी हर फ्रेम स्वायत्त है मगर परस्पर संबद्ध भी है। इनमें रिश्ता भी है और नहीं भी है। आकाश एक साथ एक अद्‌भुत व्यवस्था है और उतनी ही अपूर्व अव्यवस्था भी है। वह बाजार है और निर्जन द्वीप भी है, शोर है और अद्‌भुत शांति भी है। गेंदमलजी को सब कुछ इतना मनोरंजक और अनोखा लगा कि जैसे आतिशबाजी का यह खेल सिर्फ उन्हें दिखाने के लिए किया जा रहा है। दिन भर की उनकी दुश्चिंता और थकान एकदम काफूर हो गई। वे तरोताजा हो गए।

अब उन्हें याद आया कि धरती पर तो उन्होंने आकाश देखने के लिए तो कभी आकाश देखा नहीं। कभी चली गई नजर तो कुछ पल देख लिया और फिर उसे इस तरह भूल गए कि कुछ देखा न हो। आकाश कभी ठीक से देखा भी होगा तो बचपन में, तब जबकि गर्मियों में वे आकाश के नीचे सोते थे और नजरें बरबस टिक जाती थीं उस पर। तब उसे देखकर कई खयाल भी आते थे मगर बाद में वे भी आने बंद हो गए। आकाश से उनका संबंध कभी बनता तो भी टूट जाता था। फिर कभी उस तरह नजरें आकाश पर टिकीं नहीं। लगा भी नहीं कि नजरें उन जगहों पर भी टिकनी चाहिए, जहाँ कुछ उपयोगी और कुछ फलदायी नहीं हैं। हाँ, एक बार सफर करते समय, उनके पीछे बैठे दो युवक काफी देर तक आकाश, ग्रहों, नक्षत्रों के बारे में बातें कर रहे थे। लेकिन उन्हें कुछ ज्यादा समझ में नहीं आया था, न दिलचस्पी पैदा हुई थी। आश्चर्य जरूर हुआ था कि ये भी चर्चा का कोई विषय हो सकता है! अपने से उन्हें कुछ ग्लानि भी हुई थी। कुछ शर्म भी आई थी। थोड़ी-सी उन युवकों पर हँसी भी आई थी। एक क्षण के लिए यह भी अहसास हुआ था कि आकाश को कभी भरपूर नजरों से देखना चाहिए। फिर वे भूल गए यह सारा प्रसंग। आज ही फिर से सब याद आया है। कितना अद्‌भुत है आज का यह दृश्य! कौन सो सकता है, ऐसे

आकाश के नीचे! गेंदमलजी जागते और देखते रहे। इसी तरह न जाने कब उन्हें नींद आ गई।

लेकिन नींद भी पूरा जागरण थी। सपने की एक पूरी दुनिया। वही चिर-परिचित दुनिया जिसे छोड़कर वे यहाँ आ चुके थे। सपने में वे अपनी दुकान पर थे। इतने में एक इनकम टैक्स इंस्पेक्टर आया और उनके बही-खाते उठाकर ले गया। उन्होंने इंस्पेक्टर की मुट्‌ठी गरम करने की कोशिश की मगर वह नहीं माना। उसने कहा कि आज कोई रियायत नहीं। बही-खाते तो ले ही जाऊँगा। किसी तगड़े आदमी ने आपकी शिकायत की है और मेरे बस में अभी कुछ नहीं है। ऊपर से जबर्दस्त दबाव है। जो कुछ करना है, कहना है, ऊपर कहो। मुझसे जो मदद हो सकेगी, करूँगा। वैसे तो मैं आपका ताबेदार हूँ। लेकिन क्या करूँ नौकरी उनकी करता हूँ इसलिए उनकी बात भी सुननी पड़ती है।

तो आगे-आगे इंस्पेक्टर था और पीछे-पीछे गेंदमलजी। इंस्पेक्टर तेज चल रहा था, गेंदमलजी को दौड़ना पड़ रहा था। दौड़ते-दौड़ते बार-बार धोती में पाँव फँस जाते थे। वे गिरते-गिरते बचते थे। धोती की गाँठ बार-बार ढीली हो जाती थी। वे उसे कसते थे और फिर इनकम टैक्स इंस्पेक्टर के पीछे-पीछे दौड़ने लगते थे। वे कई बार गिरते-गिरते बचे थे। इंस्पेक्टर उनसे दूर और दूर होता चला जा रहा था। वह इतनी दूर जा चुका था कि उसके पास पहुँचने की जल्दी में गेंदमलजी ने नीचे गिर चुकी धोती को भी छोड़ दिया और नंगे ही दौड़ पड़े। लेकिन कुछ देर बाद उन्हें अपनी गलती का अहसास हुआ। गनीमत थी कि आधी रात के बाद का समय था। सड़कें सूनी थीं। इक्के-दुक्के आदमियों ने उन्हें इस हालत में देखा था। धोती वापस पहनने के लिए वे पीछे दौड़े तो उनकी नींद खुल गई। वे उठकर बैठ गए। पसीना नहीं आ रहा था मगर लग रहा था कि वे दौड़-दौड़कर पसीना-पसीना हो गए हैं। हाथ में पंखा होता तो वे झलने लगते। छत पर होता तो उसे चला देते। प्यास नहीं लगी थी मगर प्यास की याद ने उन्हें सताया।

बड़ी मुश्किल से उन्हें दोबारा नींद आई। फिर से सपना आया। इस बार कालूपुरे का असलम उनसे झगड़ने आया था। उसकी आँखें लाल थीं। वह बेहद गुस्से में था, ''ऐ सेठ, मूल से भी सात-आठ गुना ब्याज तुझे दे चुका, फिर भी तेरा पेट नहीं भरा? मेरी बीवी का कमरबंद अभी और आज वापस कर नहीं तो तेरा फैसला आज होकर ही रहेगा।''

गेंदमल जानते थे असलम के गुस्से को। वह सीधा था, तभी तक सीधा था। वह नरम बेंत की तरह झुक जाता था, लेकिन एक बार झुकने की अंतिम सीमा आ जाने पर टूटने की नौबत आ जाने पर उसे सीधे खड़े होकर वार करने में उतनी ही देर लगती थी, जितनी कि हरी बेंत को सीधा होने में लगती है। इसलिए इस मामले में

उससे अड़ना ठीक नहीं था। झुकना ही बेहतर था। लेकिन असलम के गहने वापस किए तो एक दर्जन लोग और आ गए। वे भी मूल से दस-बारह गुना ब्याज गेंदमल को चुकाने का दावा करने लगे और अपनी-अपनी चीजें वापस माँगने लगे। न देने पर दुकान लूट लेने की धमकी देने लगे। पुलिसवाले यह दृश्य देखकर इधर-उधर हो गए। एक पुलिसवाला मौके पर मौजूद रहा मगर या तो हँसता रहा या नकली गुस्सा दिखाता रहा। उसके भी गहने गेंदमल के यहाँ पड़े हुए थे। गेंदमल ने उसे डाँटा, धमकाया कि वह क्यों कुछ नहीं कर रहा है। वे आगबबूला हुए। लेकिन जितना उनका गुस्सा बढ़ता गया, उतनी ही उसकी हँसी भी अट्टहास में बदलती चली गई। गृहमंत्री को शिकायत करने की धमकी दी तो वह और भी जोर से हँसा। आसपास का कोई दुकानदार उनकी तरफ झाँकने के लिए भी नहीं आया। वे डरकर दुकान बंद करने लगे तो उनकी पूरी दुकान इन एक दर्जन लोगों ने लूटकर खाली कर दी। तकिए, जूते-चप्पल तक उठाकर ले गए। जैसे दुकान को खाली करके स्वयं गेंदमल उसे कहीं और ले जा रहे हों। यह सब हो गया मगर कहीं जूँ तक नहीं रेंगी। कहीं हलचल तक पैदा नहीं हुई। जीवन का कार्यव्यापार सामान्य ढंग से चलता रहा।

वे भागे-भागे घर पहुँचे। बेटों को सारा हाल बताया। उनसे कहा कि कुछ करो तुम। मेरी इज्जत दाँव पर लगी है। हम पूरी तरह लुट चुके हैं। मगर किसी ने कुछ नहीं किया। किसी ने सुना तक नहीं, जैसे वे नहीं कोई पागल अलाय-बलाय बक रहा हो। वे ज्यादा चीखने-चिल्लाने लगे तो उनका मँझला बेटा उन्हें मारने दौड़ा। उसने गुस्सा होकर कहा, "बुड्ढे चुप। साला, हमारे आराम में खलल डालता है। जा उधर कोने में चुपचाप बैठ।" बहू ताश खेलने में मगन थी। बस बीवी सारा दृश्य ऐसे देख रही थी, जैसे वह पथरा गई हो। वह फिर भी रोते रहते हैं तो ताश के पत्ते जमीन पर फेंककर उनका बेटा उठता है और उनके हाथ-पाँव पकड़कर उन्हें बॉलकनी से नीचे फेंक देता है। उनकी हड्डियाँ टूट जाती है। उन्हें गहरे घाव हो जाते हैं। वे कराहने लगते हैं लेकिन सड़क चलता कोई आदमी, कोई औरत उनकी ओर देखती तक नहीं। जैसे वे हों ही नहीं। वे पास से गुजरनेवाले किसी के पैर पकड़ते हैं तो भी वो नीचे झुककर नहीं देखता। वह पैर छुड़ाकर आगे बढ़ जाता है।

इसके बाद न जाने कैसे वह मंदिर पहुँच जाते हैं तो उनके उपकारों के बोझ से दबा पुजारी भी उन्हें पहचानने से इंकार कर देता है। हनुमानजी के सामने नमन करने जाते हैं तो मूर्ति पीठ मोड़ लेती है। रोज उन्हें फूल-हार बेचनेवाला माली उन्हें देखकर मुँह फेर लेता है। जिस हलवाई से प्रसाद के लिए वह रोज मिठाई खरीदते हैं, वह दूसरे सभी ग्राहकों को सौदा-सुलूफ देता रहता है मगर न इनकी तरफ देखता है, न इनकी आवाज सुनता है। जैसे सबके लिए वे आदमी न हों, आदमियों में भी गेंदमल न हों, नगरसेठ न हों, खाज भरा कोई कुत्ता हों। अपने एक बजाज दोस्त की दुकान

पर जाते हैं, उससे नमस्कार करते हैं तो वह नमस्कार स्वीकार नहीं करता। इस अपमान के बावजूद वह उसकी दुकान पर बैठ जाते हैं तो वह कहता है कि आज बहुत काम है। कल आना। आज तो दम मारने की फुर्सत भी नहीं है।

यह सुनकर वे रो देते हैं। उनकी रुलाई नहीं थमती, मगर उनके दोस्त पर फर्क नहीं पड़ता। वह कपड़ा नापने, काटने और बेचने में लगा रहता है। सिर्फ एक बच्चे को उनकी यह हालत देखकर दुख होता है। वह उनके पास आता है। पूछता है, बाबा, आप रो क्यों रहे हैं? क्या आपको भूख लगी है? रोटी लाऊँ आपके लिए? प्यास लगी है? पानी लाऊँ? किसी ने मारा है आपको बाबा, चोट लगी है, दवाई लगाऊँ? वह बच्चे को देखकर मुस्करा देते हैं तो बच्चा भी उन्हें देखकर मुस्कराता है। गेंदमल उसे गोद में लेकर प्यार करने के लिए आगे बढ़ते हैं मगर बच्चा उनके पास नहीं आता। वह दूर होने लगता है। वह और पास आते हैं तो वह और दूर हो जाता है। वह जितनी तेजी से उसके पास आने की कोशिश करते हैं, उसे गोद में लेने की उनकी व्यग्रता जितनी बढ़ती है, बच्चा उतना ही उनसे दूर होता जाता है। बच्चे की आकृति धुँधली-से-धुँधली होती जाती है। अंतत: वह एक शून्य में बदल जाती है। वह शून्य को पकड़ने दौड़ते हैं तो वह शून्य भी विलुप्त हो जाता है। वह डरकर चीख पड़ते हैं।

उनका अपना घर होता और वे डर गए होते तो पास में सोई हुई पत्नी घबराकर उठ बैठती और पूछती कि क्या हुआ तुम्हें? एक बार में जवाब नहीं देते तो उनसे दोबारा पूछती। उनके लिए पानी लाती, अपने हाथ से गिलास थामकर उन्हें पिलाती। फिर भी वे जवाब नहीं देते तो गेंदमलजी का सिर अपनी गोद में रख लेती और उसे धीरे-धीरे दबाती। जब तक गेंदमलजी खुद नहीं कहते, अब सो जाओ, वह सिर सहलाना बंद नहीं करती। फिर लेट जाती, मगर जागती हुई उनकी तरफ देखती रहती। वे खर्राटे लेने लगते, तब सोने की कोशिश करती, लेकिन तब भी उसे नींद नहीं आती। अगर सुबह होने को होती तो वह दोबारा नहीं सोती। वह माला फेरती रहती। भगवान से मन-ही-मन प्रार्थना करती कि इन्हें कुछ न हो, भले ही मुझे कुछ हो जाए। बस ये ठीक रहें।

सुबह उठकर वह इनके लिए चाय बनाती। इनके पास आती। इन्हें प्यार से जगाती। इनसे हाथ-मुँह धोने के लिए कहती। फिर दोनों साथ-साथ चाय पीते। गेंदमलजी को रात का स्वप्न याद आ जाता तो वे पत्नी की गोद में लेट जाते। पत्नी उनका थोड़ी देर सिर सहलाती। फिर कहती—अब उठो, बहुएँ उठनेवाली होंगी। कहेंगी कि बूढ़े हो गए मगर इनकी बेशर्मी नहीं गई।

लेकिन यह तो स्वर्ग था। यहाँ कौन था गेंदमलजी का अपना? यहाँ तो सिर्फ जगमग आकाश था, फूल से भी कोमल धरती थी, तरह-तरह के पेड़ थे, पौधे थे, बेलें थीं और फूल थे। आकाश जब भी जगमग और चमकीला था। अब तो आकाश

से सुमधुर संगीत की लहरियाँ भी उठ रही थीं। गेंदमलजी के लिए यह एकदम नया अनुभव था। इस बार उन्होंने उन ध्वनियों को सुना, जैसे वे पूरे आकाश से आ रही हों। इनमें किसी अत्यंत प्राचीन संगीत की स्मृतियाँ थीं तो सुबह के पक्षियों का कलरव भी था। यह लोकसंगीत था, तो शास्त्रीय भी था। पश्चिमी था, तो भारतीय भी था। यह सब संगीतों से परे था और सबका समन्वय भी था। वे ध्वनियाँ परिचित भी थीं और एकदम पराई भी। ये संस्कृतियों को संगम करती थीं, तो उनका लोप भी। इसमें ज्ञेय था, तो अज्ञेय भी। भय था, तो आशा भी। व्याकुलता थी, तो शांति भी। राग था तो विराग भी। हँसी थी तो विलाप भी। यह संगीत मानुषिक और अतिमानुषिक दोनों था। आभिजात्य और भदेस था। काल में अवस्थित था और कालातीत भी था। उसे सुनकर जड़ीभूत रहना असंभव था, मगर सुनकर जड़ीभूत होना संभव था। उसमें एक प्राचीन पुकार थी, एक आत्म-निवेदन था, चेतावनी थी, आश्वासन था।

गेंदमलजी को जैसे पहली बार लगा कि वे संगीत की ओर आकर्षित हुए हों। वैसे कहीं संगीत जबर्दस्ती कान में पड़ गया और ध्यान उस तरफ चला गया तो ठीक, न सुना तो सुनने की कोई उत्सुकता भी उन्हें नहीं होती थी। लेकिन आज पहली बार उन्हें लगा कि उनके भीतर एक अदृश्य लोक है, एक पाताललोक है, जो खुल चुका है, उजागर हो चुका है। इस लोक को देखना-जानना कठिन था। उसे बस अनुभव किया जा सकता था। कहीं कोई गाँठ थी, जो पिघल रही थी, खुल रही थी। कोई परिवर्तन था, जो हो रहा था। कुछ से कुछ बनने का अहसास उनमें जाग रहा था। कुछ ऐसा बनने का, ऐसा हो जाने का, जिसकी कल्पना तक उन्होंने नहीं की थी। उन्हें अच्छा लग रहा था। वह भय गायब होता जा रहा था। वह अब खो गए थे पूरे वातावरण में—आकाश में, तारों में, संगीत में, खुशबू में, प्रकृति में, अपने निपट अकेलेपन में। वह इतने खो गए थे कि वे कुछ गाने लगे थे—एक ऐसा गीत, जिसे कभी गाया नहीं गया था। जिस शख्स ने अपने कंठ को कभी जाना नहीं था, वह देर तक न जाने क्या-क्या गाता रहा। वह क्या गा रहे थे, उन्हें नहीं मालूम था। वह भजन नहीं था। वह लोकगीत भी नहीं था। वह फिल्मी गीत भी नहीं था। वह क्या था, उन्हें नहीं मालूम। उसे उन्होंने कभी कहीं सुना था, उन्हें याद नहीं आ रहा था। वह आकाश में गूँज रहे संगीत से भी भिन्न था।

खुद को गेंदमलजी ने इतना प्रसन्न कभी नहीं पाया था। अँधेरा छँटने लगा था। भोर हो रही थी। पृथ्वी पर भी वह इतनी सुबह जागते रहे हैं। तब चंद्रमा अपनी किरणें समेट रहा होता था और कुछ देर बाद सूर्य का गोला आकाश में उगने की तैयारी कर रहा होता था। लेकिन इस परिवर्तन को एकटक निहारने की इच्छा, एक क्षण के लिए सब कुछ भूलकर इसे देखने का धैर्य उनमें कभी नहीं रहा। अपनी

दिनचर्या में कोई विघ्न उन्हें कभी स्वीकार्य नहीं हुआ लेकिन अब तो कोई दिनचर्या उनके सामने नहीं थी। कोई दुकान नहीं थी, जिसे खोलना था, कोई मंदिर नहीं था, जहाँ उन्हें जाना था।

स्वर्ग के आकाश में गुलाबी रंग का सूर्य नाचता हुआ आ रहा था और रंग-बिरंगे तारे एक-एक कर पृष्ठभूमि में विलीन होते जा रहे थे। कुछ क्षण ऐसे भी थे, जब आकाश में सूर्य भी था और तारे भी। सूर्य का प्रकाश भी था और तारों की झिलमिल रोशनी भी। प्रकाश भी था और अंधकार की धुँधली छायाएँ भी। गुलाबी सूर्य पीला हुआ, फिर नारंगी, फिर चाँदी की तरह चमकीला। इसी के साथ उनके मन में सवाल उठा कि क्या अगर पृथ्वी पर उन्होंने आकाश, सूर्य, चंद्र, तारों, पेड़ों, समुद्रों, नदियों, पहाड़ों, घाटियों और रंग-रंग के, भाँति-भाँति के मनुष्यों को गौर से देखा होता, उनमें दिलचस्पी ली होती, तो क्या वे नगरसेठ हुए होते ? वे धर्म-कर्म, पूजा-पाठ को इतना समय दे पाते ? स्वर्ग के बारे में वे सोच पाते ? लेकिन पहली बार उन्हें यह अहसास हुआ कि पृथ्वी पर भी उन्होंने बहुत कुछ खोया था। और जो कुछ पाया था, वह खोने से बहुत-बहुत कम था। उसका दशमांश भी नहीं, कुछ भी नहीं। इसके विपरीत पहले लगता था कि सब कुछ पाया है, खोया कुछ भी नहीं। उन्हें अपना जीवन पहले कभी इतना निरर्थक नहीं लगा था जितना आज। स्वर्ग में पहले ही दिन उन्हें ऐसा लगा।

अचानक उन्हें महसूस हुआ कि कितना अच्छा है कि यहाँ मंदिर नहीं है, पुजारी नहीं हैं, लाउडस्पीकर नहीं है, आरती नहीं है, भगवती जागरण नहीं है, आश्रम नहीं है, प्रवचन नहीं है। अगर यह सब कुछ यहाँ भी होता तो यह जगह कितनी व्यर्थ होती ? कितनी फालतू होती ? फिर यहाँ भी गेंदमल की एक दुकान होती, एक हवेली होती, सूद होता, सूद देकर पैसे लेनेवाले होते, पुलिस होती, थाने होते, अदालतें होतीं, मुंशी होते, दफ्तर होते, क्लर्क होते, मारुतियाँ होतीं, ट्रक होते, सड़क दुर्घटनाएँ होतीं, बलात्कार होते, हत्याएँ होतीं और भी बहुत कुछ होता। स्वर्ग स्वर्ग न होकर धरती की फोटोकॉपी होता। यह सब सोचते-सोचते अचानक वह उठे। वे एकदम तरोताजा थे। नहाए-से थे।

अब उनकी इच्छा होने लगी थी कि स्वर्ग में दूर-दूर तक सैर करें और देखें कि यहाँ है क्या-क्या ? क्या यहाँ पर कोई उनकी तरह एकाकी और अकेला है ? क्या उनके माँ-बाप भी यहीं होंगे और बाकी पूर्वज भी ? हो सकता है कि किसी की दादी तो स्वर्ग में हो मगर दादा नरक में हो। परदादा यहाँ हो और परदादी नरक में हो। क्या मेरे पूर्वज मेरी भाषा जानते और बोलते होंगे ? क्या उनसे कोई संवाद संभव है ? क्या वे मुझे समझ सकेंगे ? क्या मैं उन्हें समझ सकूँगा ? कैसा लगता होगा, अपने अनजाने-अनपहचाने पूर्वजों से मिलना ? क्या पता हमारे पूर्वज कहाँ के हों ? किस भाषा, किस

प्रदेश, किस देश के हों? इतने भिन्न वातावरण और इतने अलग समयों में रहनेवाले लोग जब अपने अनुभव आपस में बाँटते होंगे तो कैसा लगता होगा उन्हें? हमारे जिस पूर्वज ने चकमक पत्थर से आग निकलते देखकर खुशी जाहिर की थी, इसे चमत्कार माना था, वह क्या हमारे युग की कल्पना भी कर सकता है? क्या हम स्वयं पूर्वजों के युग के प्रकाश और अँधेरों में जा सकते हैं, उनमें रम सकते हैं? उनकी आशाओं और निराशाओं को समझ सकते हैं? उनके विश्वासों और अंधविश्वासों को जान सकते हैं? क्या हम सब साथ मिलकर, एक जगह बैठकर कभी गप्प लड़ा सकते हैं? अपने गमों को बाँट सकते हैं, खुशियों में हिस्सेदारी कर सकते हैं? क्या हम साथ-साथ हँस सकते हैं और साथ-साथ रो सकते हैं?

इस बीच एक बच्चे की किलकारी सुनने पर उनका ध्यान टूटा। पहली बार उन्हें ध्यान आया कि यहाँ बच्चे भी हो सकते हैं और स्त्रियाँ भी। यह किलकता बच्चा किसका होगा? क्या यह बच्चा किसी देवता का होगा या क्या ये उन बच्चों में से होगा, जो पृथ्वी पर जन्म लेने के बाद मर गए और निरपराध तथा मासूम होने के कारण स्वर्ग आ गए? क्या इन बच्चों में लड़कियाँ ज्यादा होंगी, क्योंकि उन्हें तो कई बार गर्भ में ही या जनमते ही मार दिया जाता रहा है? क्या ऐसे तमाम बच्चों से यह स्वर्ग भरा हुआ होगा? चारों तरफ उनकी किलकारियाँ-ही-किलकारियाँ होंगी? बच्चे की किलकारी के साथ ही उन्हें सुनाई पड़ा एक नारी-स्वर। क्या यह एक साधारण बच्चे की साधारण माँ है या क्या यह कोई 'अप्सरा' है, कोई देवप्रिया है? क्या यह स्त्री किलकारते बच्चे की माँ है या कोई और? क्या माँ और बच्चे यहाँ एक साथ आए हैं? क्या प्रसव के दौरान माँ और बच्चे दोनों मर गए? क्या इसका पति भी यहाँ होगा? और नहीं है तो बगैर पति के भी यह स्त्री यहाँ प्रसन्न होगी? क्या इस स्त्री और इस बच्चे से मिला जा सकता है? क्या वह स्त्री मिलना पसंद करेगी? क्या स्वर्ग में किसी से मिलना सहज है? अगर वह स्त्री मेरे जाने पर यह पूछे कि मैं कौन हूँ, क्यों आया हूँ, क्या चाहिए मुझे, तो मैं क्या उत्तर दूँगा?

गेंदमल तमाम प्रश्नों-बाधाओं के बीच उस घर में गए, जहाँ किलकारियाँ गूँज रही थीं। उन्होंने दरवाजा खटखटाया मगर अंदर से दरवाजा खोलने को कोई नहीं आया। माँ-बेटे आनंद मगन थे। गेंदमलजी ने दोबारा खटखटाया। तब किसी बच्चे के दौड़ने और किसी के उसके पीछे आने की आहट हुई।

अंदर से पूछा गया, "कौन है?"

उन्होंने कहा, "मेरा नाम गेंदमल है। मैं स्वर्ग का नया वासी हूँ। आपसे मिलना चाहता हूँ। परिचय करना चाहता हूँ।" इसके बाद उनसे कुछ नहीं पूछा गया। मुस्कराहट के साथ दरवाजा खुला। बच्चा माँ की टाँगों से लिपटकर गेंदमल को उत्सुकता और भय से देख रहा था। उसकी आँखें चमकीली और बड़ी थीं। शैतानी उनमें झाँक रही

थी। उसका रंग गोरा था। बाल घुँघराले थे। कपाल छोटा था। छोटी और नरम नाक थी। गुलाबी होंठ थे। सुंदर, छोटे पाँव थे। विस्मित-मुस्कराती आँखें थीं। अतिथि के मुस्कराने और गालों पर हल्की थपथपी देने से बच्चे का संकोच कुछ टूटा मगर विस्मय फिर भी बना रहा।

माँ थी अपूर्व सुंदरी। घने-काले-लंबे बाल। तीखी भौंहें। उन्नत ललाट। कोमल, तीखी नाक, गोल चेहरा, मुस्कराने पर गाल पर बना गड्ढा, खिले हुए होंठ। उभरे और कसे हुए वक्ष। लंबे पतले हाथ। पतली-कोमल उँगलियाँ। खूब गुलाबी नाखून। शरीर पर कोई श्रृंगार नहीं। सूखी-हल्की गुलाबी साड़ी। बस।

गेंदमल स्तब्ध भाव से दोनों को देखते रहे। स्त्री ने उन्हें आने के लिए न्योता। बैठने का इशारा किया। खुद वह भी कुछ दूर पर बैठ गई।

स्त्री क्या बोले और स्वयं गेंदमलजी को भी तत्काल कुछ सूझ नहीं रहा था कि क्या पूछें? मतलब के लोगों से मिलकर उनसे मतलब की बातें करना ही उन्हें अब तक आता था, इसलिए यहाँ प्रश्नहीन, मौन हो गए। उन्हें कुछ समझ में नहीं आया। क्या कहें कि आपका सौंदर्य अद्‌भुत है? किसी पराई स्त्री की इस तरह प्रशंसा करने का संस्कार उनमें नहीं था। अपनी स्त्री तक के किसी कामकाज की, किसी बात तक की उन्होंने कभी प्रशंसा नहीं की थी—यहाँ तक कि जवानी में भी उसके सौंदर्य की नहीं। उसके हर काम को उसका सहज कर्तव्य माना था। जो कुछ उसने किया, उसे पत्नीयोचित माना था और जो कुछ स्वयं ने किया था, उसे पतियोचित माना था। उसने कभी खाने की कोई अच्छी चीज बनाई तो उससे कभी नहीं कहा कि अच्छी है। उसने भी कभी नहीं पूछा कि कैसी लगी? तो अब इस स्त्री के रूप की प्रशंसा भी कैसे करें? क्या यह उचित होगा? क्या वह सहज भाव से ऐसा कह पाएँगे? क्या वह भी सहज भाव से इसे ले पाएगी? क्या किसी स्त्री से पहली ही भेंट में ऐसा कहा जा सकता है? तब वे क्या पूछें? क्या यह पूछें कि आप कोई अप्सरा हैं? तो क्या अप्सराओं की संतानें भी होती हैं? क्या धरती पर ऐसी सुंदरियाँ होंगी और क्या यह वहीं से यहाँ आई है? क्या इससे यह पूछें कि इसके पति कौन हैं और कहाँ हैं? पहले क्या यही सवाल करें? उसका अपूर्व सौंदर्य उन्हें अपनी तरफ खींच रहा था। मन चाहता था कि लगातार उसे देखते रहें और वह उन्हें देखने की इजाजत देती रहे। वह ऐसी ही बैठी रहे। इसी तरह मुस्कराती रहे। दोनों में से कोई कुछ न बोले। या शायद बोले। एक-दूसरे से बोलने पर एक-दूसरे को देखना भी सहज हो जाता है, अपराध-बोध नहीं होता। लेकिन अभी तो गेंदमलजी को आँखों-से-आँखें मिलाते हुए भी शर्म आ रही थी। आँखें नीचे किए, जितना कुछ वह देख सकते थे, देख रहे थे। ऐसी चोरी करते हुए भी संकोच हो रहा था। भय लग रहा था, पाप-बोध हो रहा था।

जब गेंदमलजी कुछ न बोले तो वही बोली, ''कहिए, आप तो आए और चुप

होकर बैठ ही गए?''

स्त्री की इस संकोचहीनता से वह हतप्रभ भी हुए क्योंकि इस तरह की स्त्रियों से उनका सामना कभी पृथ्वी पर हुआ नहीं था मगर उन्हें यह अच्छा लगा। उन्हें निगाह उठाकर जवाब देने का एक अवसर मिला, ''ऐसे ही आ गया था—बच्चे की किलकारियाँ सुनकर।'' फिर बच्चे की ओर मुखातिब होकर बोले, ''क्या नाम है बेटे आपका?''

बच्चा जवाब देने की बजाय बाहर भाग गया। अभी तक बच्चा संवाद का एक माध्यम था। उनकी उपस्थिति को सहज बनाए हुए था। उसके चले जाने से उनकी दुविधा बढ़ गई कि यहाँ और रुकें या चल दें। मगर अंततः बात को बढ़ाते हुए गेंदमलजी ने कहा, ''मेरा नाम गेंदमल है। मैं कल ही यहाँ आया हूँ। अभी किसी से परिचय नहीं है। किलकारी सुनकर मुझे बहुत अच्छा लगा। मन हुआ बच्चे से मिलूँ। मुझे पता नहीं था कि आप अकेली हैं वरना मैं शायद नहीं आता। अब आ ही गया हूँ तो आपके बारे में कुछ जानने की इच्छा भी है?''

''मेरे बारे में?'' इतना कहकर वह खिलखिलाई, ''मैं पृथ्वी से आई हूँ। बस इतना ही परिचय है। वह मेरा बेटा है। बस और क्या!''

मगर इतना कहने के बाद उसके चेहरे पर एक फीकी मुस्कराहट खिली। इसका अर्थ यह था कि इसके पीछे एक कहानी लंबी है। वह जानना चाहेंगे, तो वह कहेगी वरना यूँ ही मौन रहेगी। गेंदमलजी इस बात को समझ गए, ''यही परिचय है आपका। बस इतना ही? आप पृथ्वी से यहाँ इतनी कम उम्र में कैसे आईं, कुछ बताएँगी नहीं?''

''आप सुनेंगे?'' उसने उदास मुस्कराहट के साथ पूछा, ''मैंने कोई धर्म-कर्म नहीं किया। मैं खाते-पीते घर की लड़की थी। जब मैं तेरह साल की थी, मेरी माँ कैंसर से मर गई। मैं अपने माँ-बाप की अकेली संतान थी। घर में कोई देखने-सुननेवाला नहीं था। पिता भी घर से, मुझसे विरक्त से हो गए थे। ज्यादातर बाहर ही रहते थे। घर पर कोई उनसे मिलने आता, तो मैं चाय-नाश्ता देने जाती तो सब मुझे देखकर मेरे सौंदर्य की प्रशंसा करते। सौंदर्य की अकेले प्रशंसा करना शायद उचित नहीं था, इसलिए 'शील' की भी तारीफ करते। उनके कई मित्र-परिचित मेरे सामने ही शायद मजाक में कहते थे कि इसे तो हम अपने घर की बहू बनाएँगे। यह सुनकर मेरा मन गर्व से जरूर फूलता था मगर मैं अपने चेहरे पर कोई भाव आने नहीं देती थी।

''इन्हीं में से मेरे पिता का एक दोस्त बार-बार हमारे घर आने लगा। वह आने लगा तो ताश की बाजी जमने लगी। बार-बार वह चाय मँगवाता, पानी मँगवाता। मैं उससे चिढ़ती थी मगर क्या करती, सब लाकर देना पड़ता था। वह दरअसल बार-बार मुझे बुलाकर मुझे, मेरे सौंदर्य को देखना चाहता था। उसकी नजरों को मैं बच्ची होकर भी पहचान रही थी लेकिन पिता की नजरें इसे पहचान नहीं पा रही थीं। अधेड़

होने पर, बुढ़ाने पर कुछ बातें समझ में आना शायद बंद हो जाती हैं। उन्हें शायद लगता होगा कि अगर मैं उनकी बेटी हूँ तो वह भी मुझे बेटी समझकर ही बार-बार इस तरह के आदेश देता है। वह मुझे 'बेटा-बेटा' कहता भी था। उससे दूर जाओ तो भी पास बुलाता था और लाड़ लड़ाता था। गाल थपथपाता था। उन्हें सहलाता था। नितंबों को थपथपाता था, पिता के सामने मगर वे कुछ नहीं समझते थे। कई बार वह अपने पास मुझे बैठाता था, सिर पर हाथ फेरता था, सिर चूमता था। वह पिता से ज्यादा पिता बना होने का अभिनय करता था। पिता यह सब देखते और शायद खुश होते थे। मेरे चेहरे की परेशानी को वह नहीं भाँपते थे। वह यह भी नहीं देखते थे कि क्यों मैं कई बार-बार-बार बुलाए जाने पर भी आती नहीं हूँ। व्यस्तता का बहाना करके अंदर ही क्यों रह जाती हूँ। लेकिन जब मैं बाहर आने से कतराने लगती तो वह पिता से कहता आप बैठिए, मैं पानी पी आता हूँ, बिटिया से चाय के लिए कह आता हूँ। पिता रोकते मगर वह न रुकता। मैं उसके डर से बाथरूम में छिप जाती। कई बार लेकिन उसकी गिरफ्त में आ जाती और वह मुझे चूमने लगता।

''फिर वह अक्सर पिता की अनुपस्थिति में आने लगा। वह मुझे अपने पास बुलाता। गोद में बैठाता। मेरे स्तनों को छूता। मेरी जाँघों पर हाथ फेरता। मैं कसमसाकर छूटने की कोशिश करती तो कहता, 'क्या एक बाप अपनी बेटी को इतना प्यार भी नहीं कर सकता? मेरी भी तुम बेटी ही हो।'

''एक दिन उसने मुझे कसकर पकड़ लिया और लगातार चूमने लगा। मैंने कहा, 'अंकल आपको शर्म नहीं आती? आपकी बेटियाँ तो मुझसे भी बड़ी हैं। क्या आप अपनी बेटियों को इसी तरह चूमते हैं?' यह सुनकर उलटा मुझ पर बरस पड़ा।

''क्या कहा तुमने? मुझे शर्म नहीं आती? पिता को अब बेटी से भी शर्म करनी होगी?'' मैंने कहा, 'आप कमीने हो। मेरे पिता से परिचय का फायदा उठा रहे हो।'

''यह सुनकर वह रोने लगा। अपना सिर दीवार से फोड़ने लगा। कहने लगा—ये दिन भी देखने थे मुझे प्रभो, अब तो उठा ले। बहुत हो गया।

''कुछ देर तो मैं इस सबको नाटक समझकर देखती रही और प्रभावित नहीं हुई। मगर मैं बच्ची ही थी, थोड़ी देर बाद डर गई। पता नहीं मुझे क्यों लगने लगा कि मैं कहीं गलत हूँ। मैंने ही उनके प्रेम को गलत समझा है। अपने पिता के अधेड़ दोस्त पर शक करना ठीक नहीं। उसने कुछ उलटा-सीधा पिता से कह दिया तो और भी मुश्किल होगी। मेरी यह कायरता थी या नासमझी, मैंने उससे माफी माँग ली। लेकिन उसने रोना बंद कर दिया। जब मैं अपराधिनी-सी खड़ी रही, तो वह मेरे पास आया। उसने मुझे छाती से लगाया। अपने दोनों हाथों से कसकर बाँधा। मुझे तड़ातड़ चूमने लगा। इतना करके वह चला गया।

''इस तरह उसका आना जारी रहा। वह कहता मेरे पिता से कि अपनी अकेली

संतान के लिए भी तुम बाजार से कुछ लेकर नहीं आते? कितने निर्दयी हो? कितने कंजूस हो? आजकल सब लोग अपने बच्चों को ट्यूशन पढ़ाते हैं। तुम वह भी नहीं पढ़ाते। वह मेरे लिए उपहार लाने लगा। मैं लेने से मना करती तो पिता से सिफारिश करवाता। पिता कहते कि बेटा, चाचा लाए हैं। उनकी चीज पर तुम्हारा पूरा हक है, ले लो। एक दिन उसने कहा कि अब मैं तुम्हें पढ़ाने आया करूँगा। मैंने मना किया। मैंने उससे बचने के लिए पिता से कहा कि दूसरी सहेलियाँ जिस टीचर के घर जाती हैं, वहीं मैं पढ़ने चली जाऊँगी। लेकिन मेरे तथाकथित चाचा का आग्रह इतना प्रबल था कि पिता उसे टाल नहीं पाए। मेरे कारण वह पिता के भी बहुत नजदीक आ रहे थे। उनका भी वह बहुत खयाल रखते। जरा-सी तबीयत बिगड़े तो डॉक्टर के पास ले जाते थे। उनके लिए कभी कुछ खरीद लाते, कभी कुछ। पिता भी उन पर इतने निर्भर हो गए थे कि उनकी जुबान पर हमेशा अपने इस तथाकथित दोस्त का ही नाम होता।

"मैं जानती थी कि पढ़ाना तो बहाना है। वह इस बहाने कई ऐसी बात कहते, जिन्हें सुनकर मेरी नजरें झुक जातीं। मैं उनकी तरफ देख नहीं पाती। कभी गुस्सा भी आता। कभी कल्पना कर गुदगुदी भी होती। कुछ दिनों बाद वे अश्लील उपन्यास मेरे पास रखकर जाने लगे। उन्हें एकांत में पढ़ना मुझे अच्छा लगता। मैंने इसका कोई प्रतिरोध नहीं किया। होते-होते एक दिन उसने मुझसे संपूर्ण समर्पण करा लिया। मैं जाल में फँसती चली गई। वह डराने-धमकाने भी लगा। मुझे गर्भ रह गया। उल्टियों के दौर को मैं किसी तरह छुपा गई। कुछ मैं समझ रही थी, कुछ नहीं। मेरा पेट फूलने लगा तो वह 'अंकल' चार धाम यात्रा पर चला गया। गर्भ को छह महीने से ज्यादा हो गए थे।

"अंततः पिता को सच्चाई पता लगी तो वह क्रोध से उन्मत्त हो गए। उन्हें अपने दोस्त पर बेहद गुस्सा आया। भद्दी-भद्दी गालियाँ दीं उसे। अपनी नासमझी पर वे रोए भी खूब मगर सारा दोष मुझ पर मढ़ दिया। कहा कि ऐसा वह था तो कभी मुझसे कहा क्यों नहीं? मुझसे क्यों छिपाया? अब मेरे जवाब देने का कोई मतलब भी नहीं था। उन्हें मुझ पर इतना क्रोध था कि उन्होंने बार-बार दीवार से मेरा सिर फोड़ा, फिर मुझे जमीन पर गिराकर मेरे पेट पर लातें मारीं। इससे बच्चा भी मर गया और मैं भी। यही वह बच्चा है अनिंद्य और मैं उसकी माँ हूँ।"

जिन गेंदमलजी ने उसे एक सुंदरी के रूप में देखना शुरू किया था और संकोच से उसे देख नहीं पा रहे थे, अब वह उसे लगातार देख रहे थे—एक पिता की तरह। वह भी उसकी बेटी की तरह उन्हें देख रही थी।

यह किस्सा सुनकर गेंदमलजी कुछ कह नहीं पाए। उन्होंने इतना ही पूछा, "यहाँ तो खुश हो?"

उसने एकाएक जैसे उस अतीत को झाड़ू दिया था। वह अपनी पुरानी दुनिया से

उबर गई थी। उसने कहा, ''हाँ, बहुत खुश हूँ। यहाँ कोई 'अंकल' नहीं हैं।'' यह कहकर वह खिलखिलाई।

गेंदमलजी को आश्चर्य हुआ कि तकलीफ के उस बयान के बाद औरत फिर से अपनी इस सामान्य दुनिया में कितनी सहजता से लौट आई है। फिर भी उन्होंने उसे अतीत में ले जाते हुए कहा, ''मगर यहाँ आकर भी तुम अतीत को पूरी तरह भूल नहीं पाई हो। जरा-सा कुरेदने पर ही वह सामने आ गया।''

उसने स्वीकार करते हुए कहा, ''हाँ। क्या अपने अतीत को कोई चाहने भर से भूल सकता है? ऐसा लगता है कि अतीत बहुत पीछे छूट चुका, हम भूल चुके हैं। हम वो नहीं हैं, जो अपने अतीत में थे। हम भविष्य के यात्री हैं। लेकिन ऐसा होता नहीं। फिर भी यहाँ एक फर्क है। यहाँ मेरा जीवन नए सिरे से शुरू हुआ है। मेरा अतीत मेरे भविष्य को तय नहीं कर रहा है। मैं जो यहाँ हूँ, वही मैं हूँ। मेरा बच्चा जो यहाँ है, वही वह है। न वह लगभग बलात्कार से उत्पन्न हुई संतान है, न मैं वह औरत हूँ जिसका जीवन एक बूढ़े ने बर्बाद कर दिया था। यहाँ मेरे पिता नहीं हैं, न उनकी दुनिया है और सबसे बड़ी बात कि मेरे गर्भ में पला यह बच्चा—जो कि उस दुनिया में मेरे साथ ही मर चुका था—आज यहाँ है, मेरे पास है। दुनिया के इस सुंदरतम बच्चे को, जिसे मैं न देख पाई थी, न देख सकती थी कभी—वह स्वस्थ और प्रसन्न है यहाँ। ऐसा लगता है मेरे अतीत का एक रेशा भी उसके जीवन को नहीं छू गया है। वह समूचा वर्तमान है—एक सुंदर वर्तमान। हम दोनों मिलकर एक संपूर्ण दुनिया हैं। हमें बाहर की दुनिया से कुछ नहीं चाहिए। अच्छा, अब मैं चलूँ। अनिंद्य न जाने कहाँ भाग गया। कहीं छुपा होगा मेरी प्रतीक्षा में। पहले तो मुझे हैरान करेगा वह। मेरी आवाज नहीं सुनेगा। उसे ढूँढ़ते-ढूँढ़ते जब घबराकर मैं दूर निकल जाऊँगी, तब पीछे से वह खिलखिलाएगा। मैं दौड़ी-दौड़ी उसके पास आऊँगी। उसे नकली-नकली डाँटूगी। वह हँसेगा। वह जानता है कि माँ का गुस्सा बनावटी है। सच्ची है तो सिर्फ उसकी खिलखिलाहट। फिर हम दोनों घूमेंगे। वह मेरे आगे-आगे भागेगा। कहूँगी कि बेटा साथ चलो, दौड़ो मत, मुझे दौड़ाओ मत मगर वह नहीं सुनेगा। वह सुनेगा तो क्या मुझे भी अच्छा लगेगा? मैं भी कभी उसके साथ दौड़ूँगी, कभी साथ चलूँगी। हम पहाड़ों पर जाएँगे। हम बादलों के बीच घुस जाएँगे। हम नदी किनारे जाएँगे। किनारे पर पानी में पैर डालकर हम बैठ जाएँगे। हम पैर हिलाएँगे। वह बहुत अच्छा गाता है। वह कहता है कि मैं उससे अच्छा गाती हूँ। कभी हम साथ-साथ गाएँगे, तो कभी अलग-अलग। कभी मैं उसका गाना सुनूँगी, कभी वह मेरा। कभी हम एक-दूसरे को चिढ़ाएँगे। जुबान दिखाएँगे। गाल फुलाएँगे। आँखें नचाएँगे, एक-दूसरे पर पानी छींटेंगे, शोर मचाएँगे। फिर कहीं बैठकर तारे गिनेंगे। वह कहेगा, माँ तुम गिनो। मैं झूठमूठ गिनूँगी। अरब-खरब में कुछ भी संख्या बता दूँगी। वह कहेगा एकदम

गलत। तुम्हें गिनना नहीं आता। फिर वह गिनेगा, फिर मैं। कभी मैं हार मान लूँगी, कभी वह। मन होगा तो कोयल की तरह हम कूकने लगेंगे। चिड़िया की तरह चहचहाने लगेंगे। शेर की तरह दहाड़ने लगेंगे। नाचने लगेंगे। दिन और रात नहीं देखेंगे। जब मन भर जाएगा, तब वहाँ से लौटकर आएँगे। फिर सो जाएँगे। सोएँगे तो सोते ही रहेंगे। कभी मैं उठाऊँगी तो वह नहीं उठेगा। कभी वह उठाएगा तो मैं नहीं उठूँगी। इस तरह उल्टा-सुल्टा जीवन है हमारा। आपको पसंद नहीं आया न हमारा जीवन मगर इससे सुंदर जीवन भी कोई है भला?''

इतना कहकर मुस्कराकर वह चल दी। गेंदमलजी को यह सुनकर अच्छा लगा। सुनते-सुनते इस जीवन से उन्हें ईर्ष्या हुई। फिर उनके मन में सवाल पैदा हुआ कि क्या यह ठीक है स्त्री के लिए? उनके संस्कारों ने कहा कि नहीं, मगर मन ने कहा, हाँ, यही ठीक है। वह कुछ प्रसन्न, कुछ खिन्न आगे बढ़े।

वह थोड़ा आगे बढ़े ही थे कि एक चींटे महाशय ने उनके पाँव में जोर से काट लिया। वह तिलमिला उठे। उधर नीचे देखा तो चींटे साहब नाराज थे, ''देखकर नहीं चलते? इतने बड़े इंसान हो, क्या आँखें फूट गई हैं तुम्हारी? तुम्हारे पैर के नीचे मैं आ जाता तो?''

स्वर्ग में चींटा भी बोल उठेगा, इसका विश्वास गेंदमलजी को नहीं था। ''घूर क्या रहे हो? यह मैं चींटा ही बोल रहा हूँ। क्यों, तुम्हें आश्चर्य हो रहा है? धरती पर मैं भी मनुष्य हुआ करता था कभी, तुम्हारी तरह।''

''और तुम्हें स्वर्ग मिला चींटा बनकर?'' गेंदमलजी ने उसकी हँसी उड़ाने की कोशिश की।

''हाँ, ताकि तुम जैसे दुष्टों को यहाँ भी काट सकूँ।'' चींटा बोला।

''मुझ जैसा दुष्ट?'' गेंदमलजी बोले, ''मैंने तो 25 साल तक रोज चींटे-चींटियों को आटा-चीनी खिलाई है।''

''और आदमियों को?'' चींटे ने पूछा।

''क्या आदमियों को भी चीनी मिला आटा खिलाता?'' गेंदमलजी ने प्रश्न किया।

''कुछ तो खिलाते,'' चींटा गेंदमलजी से बहस करने पर उतारू था।

''ब्राह्मणों को खिलाई खूब खीर-पूड़ी।''

''सिर्फ ब्राह्मणों को? स्वर्ग में आरक्षण कराने के लिए।''

''हाँ।''

''जहाँ के चींटे ने तुम्हें अभी काट खाया है।'' इतना कहकर चींटा हँसा। गेंदमलजी उसे आश्चर्य से देखते रहे। फिर पूछा, ''तुमने मुझे काटा क्यों?''

''तुमने मेरा गाना नहीं सुना? अब सुनो, मैं गेंदमल को काटूँ मेरी मरजी।''

गेंदमलजी का दर्द अब काफी कम हो गया था। बस एक क्षण के लिए दर्द की तेज लहर उठी थी, जिसे वह भूल चुके थे। ''चींटे भाई, तुम वहाँ आदमी थे। यहाँ चींटे क्यों बना दिए गए? इसका मतलब तुम गड़बड़ हो।''

''कहा न मेरी मरजी। मैं आदमी से चींटा बन जाऊँ मेरी मरजी।'' चींटे ने भी हँसकर ही जवाब दिया।

''मजाक छोड़ो। सच-सच बताओ।''

''मैं आपको क्या बताऊँ ईश्वर की मरजी को मैं क्या जानूँ!'' चींटे ने फिर गाने की तर्ज पर जवाब दिया।

लेकिन गेंदमलजी ने गंभीरता नहीं छोड़ी। उन्होंने कहा, ''तो तुम पृथ्वी पर नास्तिक रहे होंगे। इसकी सजा मिली है यह।''

''मैं और नास्तिक? हाँ था तो नास्तिक ही मगर पेट पालने के लिए मंदिर का पुजारी भी था।''

''तब तो खूब मीठा खाते होंगे।''

''सो तो सबसे बड़ा आकर्षण था पुजारी होने का,'' चींटे ने जवाब दिया।

''तभी तुम यहाँ चींटा बना दिए गए हो।''

''मगर यहाँ चीटा बनने का क्या फायदा? यहाँ तो मिठाई नामक वस्तु है ही नहीं,'' गेंदमलजी मुस्कराए।

चींटे ने कहा, ''मुझ पर हँसते क्या हो? मेरी मदद करो। मुझे चींटे से आदमी बनवाओ।''

''बनवा तो दूँ,'' गेंदमलजी ने आत्मविश्वास से कहा, ''मगर बनानेवाला अर्थात् भगवान तो मिले! मिलते ही उसे पटा लूँगा कि भई, हमारे पुजारीजी को चींटे के जीवन से मुक्ति दिलाओ।''

''भगवान?'' चींटे ने आश्चर्य से कहा, ''उसका पता चले तो। मैं खुद भी उसे ही ढूँढ़ रहा हूँ। उसने मुझे चींटा बनाया तो उसे भी तो एक बार काटकर दिखाऊँ कि क्यों गुरु कैसा लगा? इतनो को काटा मगर कोई उनमें से भगवान नहीं निकला, तुम भी नहीं।''

इतना कहकर वह जाने लगा। गेंदमलजी भी आगे चल दिए। इतने में उसे न जाने क्या शैतानी सूझी। वह लौटा। उसने फिर से गेंदमलजी के पैर में काटा और सरपट भागकर कहीं छुप गया। गेंदमलजी को इस बार बहुत गुस्सा आया था। उसे पैरों से कुचलने की इच्छा हुई थी। इस बार दर्द भी ज्यादा था। उसने काटा इतनी जोर से था कि दर्द के मारे गेंदमलजी को जमीन पर बैठना पड़ा था। राहत मिलने में उन्हें कुछ समय लगा।

वे बैठे ही थे कि देखा कि सामने से मोटा, तगड़ा और ऊँचा कुत्ता चला आ रहा

है। बचपन से ही गेंदमलजी को कुत्तों से डर लगता था। कुत्ता देखकर उनकी रूह काँप जाया करती थी। फिर यह तो खूँखार भी नजर आ रहा था। वे उठे और सरपट भागे। उन्होंने एक बार पीछे मुड़कर भी नहीं देखा।

गेंदमलजी को भागता हुआ देखकर कुत्ते को भी आनंद आया। वह एक खास तरह की हँसी हँसा, जिसे धरती का आदमी सिर्फ कल्पना में ही सुन सकता है। गेंदमलजी और तेज भागे। कुत्ता और ज्यादा हँसा। वह भागते रहे। भागते-भागते वह बिल्कुल थक गए तो पीछे देखा, कुत्ता नहीं था। वह निश्िंचत हुए। वह थककर बैठ गए। लेकिन कुत्ते को वे भूल नहीं पा रहे थे।

जिस स्वर्ग के मोह ने कल रात ही उन्हें बाँधा था, वह टूटने-बिखरने लगा। वे कोमल तंतु जो कल ही विकसित हुए थे, आज छिन्न-भिन्न होने लगे थे। पहले चींटे ने काटा, फिर कुत्ते के कारण भागना पड़ा था। उनका मन फिर से स्वर्ग से उचाट होने लगा। भागने की इच्छा फिर से प्रबल होने लगी।

इतने में वह कुत्ता चुपचाप उनकी बगल में आकर बैठ गया था। इसका पता भी उन्हें तब चला जब उसने कहा, ''कहिए जनाब, मुझे देखकर भागे क्यों? डर गए थे क्या?''

गेंदमलजी ने कुत्ते को देखा तो उनकी हवा निकल गई। अब भागने की स्थिति भी नहीं रही थी। सामने मौत दिख रही थी। कंठ से आवाज फूट नहीं रही थी।

कुत्ते ने कहा, ''डरिए मत। हम स्वर्ग के कुत्ते हैं। खतरनाक लगते हैं मगर हैं नहीं। आपने हमें समझा गली का कुत्ता और भागे। है न!''

गेंदमलजी की घबराहट कुछ कम हुई थी, मगर पूरी नहीं। उन्होंने कहा, ''जी हाँ।''

''हम काटते नहीं। अलबत्ता कुत्ते तो हैं हम। वैसे चाहें तो काट भी सकते हैं। कहें तो काट लें?''

डर के कारण गेंदमलजी उठकर खड़े हो गए।

कुत्ते ने ही फिर से कहा, ''बैठिए, नहीं काटेंगे। लगता है कि आपको कुत्ते से बेहद डर लगता है। ज्यादा डर लगता हो तो मैं कुछ दूर बैठ जाऊँ। मगर डरिए मत। हम काटते भी नहीं और भौंकते भी नहीं। आप जैसे डरपोकों को देखकर बस हँस लेते हैं।''

गेंदमलजी ने जवाब दिया, ''डरूँ क्यों नहीं? अभी-अभी चींटे ने मुझे काटा है। चमड़ी पर लाल निशान अभी भी हैं। फिर तो आप कुकुरजी हैं।''

''कुकुरजी नहीं, कुत्ते। वैसे संस्कृत भी जानते हैं क्या आप?'' कुत्ते ने कुछ-कुछ व्यंग्य से पूछा, ''पाठशाला में पढ़ी होगी?''

''नहीं, जानता कहाँ हूँ! आपको ज्ञान है क्या संस्कृत का?''

''हमें?'' यह कहकर कुत्ता फिर अपने ढंग से हँसा, ''कुत्ते का संस्कृत से

क्या वास्ता? हमें तो हिंदी से भी क्या वास्ता? हमारी भाषा तो अंतरराष्ट्रीय है—भौं-भौं। फिर हम गली के वफादार कुत्ते थे मात्र। हममें इतनी योग्यता कहाँ से आती?''

''वफादारी का यह पुरस्कार मिला आपको कि आप स्वर्ग आ गए?'' गेंदमलजी ने आश्चर्य से पूछा।

''हाँ, आप चकित क्यों हैं? हमारा आना बुरा तो नहीं लगा आपको? आप कहें तो हम वापस अपनी गली में चले जाएँ!'' कुत्ते ने मुस्कराकर कहा। गेंदमलजी को बुरा तो लगा था कि गली का कुत्ता भी स्वर्ग में है। लेकिन हिम्मत नहीं पड़ रही थी। पता नहीं कहीं काट न ले। काटना तो जानता है। मगर उन्होंने कहा, ''नहीं-नहीं, हमने तो सिर्फ जानकारी के लिए पूछा था।''

''हाँ, हम तो स्वर्ग-नरक जानते नहीं थे। गली के लोग रोटी खिलाते थे तो वफादारी निभाते थे। हम तो जिंदगी और मौत के बारे में भी नहीं जानते थे। लेकिन स्वर्ग आ गए तो पता चला कि एक नरक भी हुआ करता है। इसलिए हमें स्वर्ग बहुत अच्छा लगा है। शुरू-शुरू में रोटी और हड्डी न मिलने का दुख हमें होता था। अब नहीं होता है। हम तो इसी से खुश रहते हैं कि दिन में आप जैसे दो-चार सज्जन टकरा जाते हैं, जो हमारी कद-काठी देखकर सरपट भागते हैं। हमें इसी में आनंद की प्राप्ति हो जाती है।'' कुत्ते ने मुस्कराकर जवाब दिया।

''कब से हैं यहाँ?'' गेंदमलजी का सवाल था।

''अरे, अभी सिर्फ एक साल पहले ही तो यहाँ आए हैं और कितने ऊँचे-लंबे-तगड़े हो गए। हमारी धाक जम गई है यहाँ।''

''बस-ट्रक से कुचलकर आए होंगे?'' गेंदमलजी ने जिज्ञासा प्रकट की।

''अरे नहीं। हम इतने बदकिस्मत नहीं रहे। हम तो एक पतली गली के निवासी थे। वहाँ तो स्कूटर भी मुश्किल से चलता था। वो तो पता नहीं किसने बासी-जहरीला खाना बाहर फेंक दिया। हम बेहद भूखे थे। खाया नहीं जा रहा था, मगर भूख भी बर्दाश्त नहीं हो रही थी, इसलिए खा गए और परिणामस्वरूप यहाँ आ गए।'' कुत्ता कुछ-कुछ फिर मुस्कराया।

''आपका स्वर्ग-आगमन सिर्फ वफादारी का पुरस्कार तो नहीं होगा। किसी मंदिर के पास बैठकर कुछ कथा-कीर्तन भी सुनते रहे होंगे।'' गेंदमलजी ने जिज्ञासा प्रकट की।

''अरे, हम क्या जानें क्या कथा और क्या कीर्तन! किसी ने बुलाया तो पास आ गए, दुत्कारा तो चले गए। किसी ने दे दी तो रोटी खा ली, नहीं तो सूँघते-साँघते घूमते रहे और जो मिला, जब मिला, जैसा भी मिला खा लिया। गू मिला तो वह भी खा लिया। क्या करें पेट तो भरना ही है!''

"छी-छी कैसी बातें करते हैं।" गेंदमलजी ने नाक पर हाथ रख लिया।

"सही बातें करते हैं। यह तो नंगा यथार्थ है।" कुत्ते ने फिर हँसकर जवाब दिया।

फिर से गेंदमलजी ने कहा, "कुछ तो पुण्यकर्म आपने किए ही होंगे।"

"बच्चों के साथ खूब खेले। अपनी पूँछ उनसे खूब खिंचवाई।"

कुत्ते ने जवाब दिया, "मानना चाहें तो इसे ही आप मेरा पुण्यकर्म कह सकते हैं।"

"यह कोई पुण्यकर्म थोड़े ही हुआ। राम का नाम आपके कानों में पड़ता होगा, इसलिए आपको मिल गया स्वर्ग।"

"पड़ा होगा तो पड़ा होगा। अपने को कुछ पता नहीं। अपन क्या जानते थे कि क्या होते हैं राम और क्या होते हैं कृष्ण और क्या होता है इनका नाम लेने से या इनका नाम सुनने का फल! लेकिन आप तो जानते ही हैं कि कुत्ते अपने कान कभी बंद नहीं रखते।"

अब गेंदमलजी ने विषय बदला अर्थात् वे मूल विषय पर आए, "यहाँ कैसा लग रहा है?"

कुत्ते ने कहा, "बताया न आपको, लगता है, रौब है अपना यहाँ। कुत्ते होकर भी मनुष्यों से वार्तालाप करने का सुअवसर यहाँ सुलभ है। वैसे आप यहाँ कैसे पहुँच गए?"

"पहुँच क्या गए? संयोग से थोड़े ही पहुँचे हैं यहाँ, बहुत प्रयत्न किए हैं। पूरा जीवन होम किया है।" गेंदमलजी ने जवाब दिया।

"ओ हो! तभी न आप हमसे इस बारे में बार-बार पूछ रहे थे। आपने बहुत प्रयत्न क्यों किए?"

"क्योंकि यह स्वर्ग है।"

"अच्छा यहाँ भूख-प्यास नहीं लगती, खाने-पीने के लिए जगह-जगह मुँह नहीं मारना पड़ता है, इसलिए?" कुत्ते ने उनका मूल्यांकन भी कुत्ते की तरह किया, इस पर उन्हें गुस्सा भी आया और हँसी भी।

"बिलकुल नहीं। भूखा तो मैं वहाँ भी नहीं था, नगरसेठ था। भगवान की दया से खाने-पीने की कोई कमी नहीं थी। यहाँ आया हूँ अनंतकाल तक जीवन के समस्त सुख भोगने।"

"यहाँ क्या सुख है? सूखी रोटी तक तो है नहीं यहाँ।" कुत्ते ने कहा।

"तुम कुत्ते हो न? तुम्हें सिर्फ रोटी की चिंता है। तुम रोटी के सिवा क्या जानो कि सुख क्या होता है?" गेंदमलजी की हिम्मत अब कुछ खुल गई थी।

इस बात से कुत्ते को गुस्सा आ गया। उसने कहा, "और तुम मनुष्यों को? तुम लोग तो शायद भूखे पेट ही भजन करते रहते हो? है न?"

"नहीं-नहीं, यह बात नहीं। भोजन तो हमें भी चाहिए लेकिन सिर्फ भोजन नहीं। भोजन मिलने पर हम भजन करने लगते हैं। तुम भोजन मिलते ही या तो भोजन देनेवाले के प्रति वफादारी निभाने की सोचते हो या झपकी लेने की।"

"तुम मनुष्य महान हो न ? तुम लोग कुछ खा लेते हो तो उससे बेहतर खाने की चिंता में डूबे रहते हो। बेहतर से और भी बेहतर खाना चाहते हो। तुम लोग खाते ही चले जाते हो। कभी यह खाते हो, कभी वह और हमें उपदेश देते हो, जिन्हें हर पल सिर्फ पेट भरने की चिंता करनी पड़ती है। हर समय खाने की तलाश में भटकना पड़ता है। हम आज की चिंता आज करते हैं और कल की कल। हम सुबह की चिंता सुबह करते हैं, शाम की चिंता शाम को। हम संग्रह नहीं करते। हम संग्रह करना नहीं जानते।"

गेंदमलजी को कुत्ते का यह प्रवचन सुनकर आश्चर्य हुआ, "तुम तो कुकुर होकर भी बहुत समझदार हो जी ?"

"समझदार हैं तभी तो तुम जैसों के साथ भी जिंदा रह लेते हैं, अपमान और दुत्कार आसानी से सह लेते हैं। भौं-भौं करके थोड़ा प्रतिकार भी कर लेते हैं। भूले-भटके कभी काट भी लेते हैं। जो बासी रोटी तुम भूखे आदमी को भी नहीं दे सकते, वह हमें दे देते हो, तो उसे भी हम खा लेते हैं। हमने कोई अकारण तो नहीं सीखी है वफादारी। हम न सीखते तो तुम हमारी सारी कौम को मरवा डालते। हमारा तो पता तक नहीं चलता! हम डायनासोर तो थे नहीं कि हम गायब हो गए होते तो भी तुम हमारे बारे में जानने की कोशिश करते।"

"शायद तुम्हारी बात सही है।" गेंदमलजी ने मंजूर किया।

कुत्ते ने तमककर कहा, "शायद नहीं, पूरी तरह सही है। हम कुत्ते मनुष्यों को खूब जानते हैं। हमसे ज्यादा कोई उन्हें जानता भी नहीं। इसलिए तो तुम हमसे चिढ़ते भी हो और कहते हो कि कुत्ते की पूँछ को बारह साल तक भी सीधी रखो तो वह टेढ़ी की टेढ़ी रहती है। माफ करना, आदमी भी किसी कुत्ते से कम नहीं है।"

"देखो-देखो, ऐसी फालतू बातें मेरे सामने मत करो। कहाँ कुत्ता और कहाँ आदमी!" गेंदमलजी ने चेतावनी दी।

"क्यों न करें, हम तो करेंगे। सही बात कहेंगे। जो भी सीखा है, आदमी से ही तो सीखा है। जो रोटी दे, उसके सामने पूँछ हिलाओ, वह चाहे दुनियाभर का चोर ही क्यों न हो। जो न दे, उस पर शक करो, चाहे ईमानदारी के लिए वह मर मिटनेवाला क्यों न हो। भौंको और भौंकते रहो, मगर हो सके तो काटो मत। काटोगे तो पागल करार दिए जाओगे। फौरन मार दिए जाओगे।"

गेंदमलजी ने चेहरे को गंभीर बनाते हुए कहा, "तुम्हारी बातें मेरी समझ में नहीं आ रही हैं।"

यह सुनकर कुत्ता मुस्कराया। फीकी-सी हँसी-हँसा। हँसता रहा, ''कुत्ते की बात भी अब आदमी को समझ में नहीं आती। वाह भई, वाह!'' यह जपता हुआ कुत्ता अदृश्य हो गया।

गेंदमलजी ने राहत की साँस ली ही थी कि वह फिर से प्रकट हो गया। उसने गेंदमलजी से उनका नाम पूछा। फिर यह रटता हुआ वापस चला, ''वाह भई वाह, वाह भई वाह, कुत्ते की बात गेंदमलजी को समझ में नहीं आती। कुत्ते की बात गेंदमल की समझ में नहीं आती। क्या जमाना आ गया, कुत्ते की बात आदमी को समझ में नहीं आती।''

गेंदमलजी को अब तो वाकई समझ में नहीं आया कि कुत्ते ने ऐसा क्यों किया। कुछ देर बाद उन्हें सुनाई दिया, ''कुत्ते की बात भी गेंदमल को समझ में नहीं आती, जबकि वह भी एक कुत्ता है। कुत्ते की बात भी गेंदमल को समझ में नहीं आती, जबकि वह भी एक कुत्ता है।''

यह सुनकर गेंदमल की तबीयत तो हो रही थी की कुत्ते की गरदन मरोड़ दें, मगर क्या करते? कुत्ता कुत्ता था और उससे निबटने की सोचना भी गेंदमलजी के लिए नामुमकिन था। इसलिए बस सुनते रहे कि वे भी कुत्ते हैं, और कुत्ते होकर भी वह कुत्ते की बात समझ नहीं पा रहे हैं। 'क्या मैं कुत्ता हूँ?' यह सवाल उन्होंने अपने आपसे किया। उनका उत्तर था कि नहीं, 'मैं कुत्ता नहीं हूँ।' मैं आदमी के रूप में भी कुत्ता होता तो कभी स्वर्ग नहीं पहुँचता। यहाँ मेरा पहुँचना ही अपने आपमें मेरे कुत्ता न होने का सबूत है। इस तर्क से वह काफी आश्वस्त हुए और उन्होंने कुत्ते को 'कुत्ता की औलाद' कहकर और गाली दी, जिसे कि कुत्ते ने नहीं सुना, जो कि अपनी धुन में मस्त काफी आगे जा चुका था।

पता नहीं कैसे उन्हें कल रात के उस सपने की याद फिर से आई, जिसमें उनकी दुकान लुटी थी। जीते-जी उन्हें यह सपना कई बार आया था और उन्हें विश्वास हो चुका था कि एक दिन उनके साथ यह हादसा होकर रहेगा—दुकान भी लुटेगी और उनकी हत्या भी होगी। बस पुलिस का भरोसा उन्हें था। उन्होंने एस.पी. से दोस्ती गाँठ रखी थी, जिसने एक दरोगा उनकी दुकान के आसपास तैनात करवा रखा था और जिसे खास हिदायत थी कि वह सिर्फ गेंदमलजी की दुकान का खयाल रखे। उन्होंने तमाम स्थानीय नेताओं को भी गाँठ रखा था। इसके साथ ही अपना सार्वजनिक महत्त्व बार-बार स्थापित करने के लिए वह तमाम कार्यक्रमों और समारोहों में भाग लेते थे। कहीं वह मुख्य अतिथि होते थे, तो कहीं अध्यक्ष। अगर मंच पर विराजमान हो पाना संभव नहीं होता था, तो वह मंच के सामने रखे सोफे पर बैठने का जुगाड़ जरूर फिट रखते थे। इसमें कहीं कोई बाधा उपस्थित न हो जाए, इसलिए समय से पहले वह ऐसे कार्यक्रमों में पहुँच जाते थे ताकि अफसर, नेता वगैरह यह जगह न

हथिया लें और उन्हें दूसरी-तीसरी कतार में न बैठना पड़े।

वह अपनी स्वेच्छा से हर समारोह और हर कार्यक्रम के मुख्य अतिथि की अगवानी करते थे—चाहे कोई उनसे कहे या न कहे। उसके साथ-साथ मंच पर पहुँच जाते थे और वहाँ विराजित हो जाते थे। वह अपनी जाति के संगठन के अध्यक्ष के नाते मुख्य अतिथि और अध्यक्ष का स्वागत भी अवश्य करते थे। धार्मिक समारोहों में आगे की पंक्ति में रहना वह अपना परम दायित्व मानते थे। शहर के बड़े गुंडों को वह स्वयं प्रणाम करते थे और छोटे गुंडों से प्रणाम करवाते रहते थे। वक्त-जरूरत उनकी मदद कर देते थे और जहाँ जरूरत होती उन्हें छूत लगा देते थे और फिर उन्हें मनाने का नाटक करके सामनेवाले की सहानुभूति भी हासिल करते थे। इतना पुख्ता इंतजाम होने के बावजूद उनके मन से लूट लिये जाने का डर जाता नहीं था। उन्हें बुरे-बुरे सपने आते थे और वे पसीना-पसीना हो जाते थे।

पुण्य अर्जन के तमाम प्रयासों में लीन होने के बावजूद गेंदमलजी को नरक जाने का भय भी बहुत सताया करता था। वे कई बार रात-रात भर सो नहीं पाते थे। वे निरंतर करवटें बदलते थे या कमरे में चक्कर काटते रहते थे। कई बार उन्होंने स्वप्न में अपना स्वर्ग प्रयाण स्वयं देखा था। यह भी देखा कि उन्हें विदा करने के लिए पूरा शहर उमड़ पड़ा है। वह उड़ते हुए स्वर्ग जा रहे हैं। मन खुशी से फूला नहीं समा रहा है। धरती का हर जीव उन्हें कीड़ा-मकोड़ा नजर आ रहा है और हर कोई उनकी तरफ प्रशंसा की नजरों से देख रहा है। तभी नीचे उन्हें नरक की धधकती हुई आग दिखाई देती। उसकी आच इतनी तेज होती कि उनके पंख गल जाते और वह उस आग में एक पत्थर की तरह गिर जाते और स्वाहा हो जाते।

ऐसे दुःस्वप्न के बाद उनके होशो-हवास गुम हो जाते थे। पूरा शरीर पत्ते की तरह काँपने लगता था। वह पत्थर बन जाते थे या चीख पड़ते थे। एक बार वे चीख रहे थे तो पत्नी सोमवती ने उन्हें झकझोरकर जगाया तो कह उठे, ''सोमवती, मैं तो मर गया। तू विधवा हो गई।''

इतना सुनना था कि सोमवती को भी होश नहीं रहा और उसने जीवन में पहली बार अपने पति के मुँह पर जोरदार तमाचा जड़ दिया। इससे गेंदमलजी होश में आ गए और गाल सहलाने लगे मगर सोमवती रोने लगी। उसे अपने पति को चाँटा मारने का अपराध-बोध भी था और उसके पति ने उसके विधवा होने का जो स्वप्न देखा था, इससे उसे डर भी था। पति-पत्नी दोनों साथ मिलकर रोने लगे। सारे घर के लोग उनके आसपास इकट्ठा हो गए। उनसे पूछने लगे कि क्या हुआ मगर उनमें से कोई जवाब देने की स्थिति में नहीं था। दोनों रोते चले गए। पड़ोसी भी जाग गए। वे दरवाजा खटखटाने लगे। किसी तरह दोनों को शांत किया गया मगर गेंदमलजी अभी भी घबरा रहे थे। सीने में दर्द की शिकायत कर रहे थे। डॉक्टर बुलाया गया। पता चला कि उन्हें

दिल का हल्का दौरा पड़ा है। उन्हें एक महीने घर में आराम करने की सलाह दी गई।

एक दिन उसी दौरान सोमवती ने बात-बात में उनसे कह दिया कि तुम गरीबों को सताकर दान-कर्म, पूजा-पाठ करते हो, इसका क्या फायदा? तुम सोचते हो कि हमसे ईश्वर खुश होगा? उसकी आँखें नहीं हैं क्या? वह क्या अंधा है?

यह सुनकर गेंदमलजी को गुस्सा तो बेहद आया था। पूरा शरीर अपमान से जलने लगा था। उनको अपनी पत्नी के मुँह से यह बात सुनने की उम्मीद कभी नहीं थी। एक क्षण के लिए तो उन्हें इतना क्रोध आया था कि मार-मारकर उसका कचूमर निकाल दें। मगर पता नहीं क्यों वे रुक गए। हाथ का काम उन्होंने बात से किया—"चुप रह हरामजादी। तू खा-खाकर मुटिया रही है इसलिए ऐसी बातें कर रही है। तुझे क्या मालूम कि मेहनत क्या होती है, धंधा किसे कहते हैं? तुझे ईमानदारी का इतना ही शौक था तो मुझसे शादी क्यों की? तब तो तेरा बाप मुझ पर जान छिड़क रहा था। कह रहा था कि दूँगा तो मैं इसी को अपनी बेटी दूँगा और किसी को नहीं। ऐसा दामाद हमें कहाँ मिलेगा, और आज तू करमजली, मुझे ईमानदारी का पाठ पढ़ाने आई है? इतने दिन से तो तूने कभी नहीं कहा, अब कह रही है? जरा एक दिन तुझे खाना नहीं मिलेगा, तब पता चलेगा कि ईमानदारी क्या होती है! अरे, मैं तो अपनी कमाई का पैसा धरम के काम में भी लगाता हूँ। देखा है दूसरों को इस तरह करते? वे इस पैसे से रंडीबाजी करते हैं, शराब पीते हैं, जुआ खेलते हैं...और मैं किसी को अपने घर बुलाने जाता हूँ कि आओ अपने घर की चीजें मेरे पास गिरवी रखने आओ। जिसे जिसके पास जाना होता है, जाता है। बैंक से क्यों नहीं ले लेते लोग कर्ज? क्यों आते हैं मेरे ही पास? मुझमें कुछ तो भलाई होगी? कुछ तो दया-ममता होगी? किसने तुझे यह सब सिखाया-पढ़ाया है रंडी...तुझसे हजार बार कहा है कि मेरे काम में टाँग मत अड़ाया कर। मुझे भी स्वर्ग-नरक दिखता है। मैं तो तुझसे नहीं कहता कि दाल में ऐसे बघार लगाया कर, सब्जी में इतना नमक मिलाया कर, चाय में इतनी पत्ती डाला कर। फिर तू मेरे काम में दखल क्यों देती है? औरत है तो औरत की तरह रह वरना अपना रास्ता नाप। ज्यादा चू-चपड़ करेगी तो राँड़ को इस बुढ़ापे में कान पकड़कर घर से निकाल दूँगा, कोई कुतिया को पानी पिलानेवाला भी नहीं मिलेगा। दिमाग खराब कर दिया है हरामजादी ने मेरा। ऐसे में आदमी क्या आराम करेगा? साली ने सिर दुखा दिया। जा चाय ले के आ। यहाँ बैठी क्यों है? जब देखो तब यहाँ बैठी रहती है, करती-धरती कुछ है नहीं, इसीलिए तुझे आजकल ज्यादा भाषण देना आ गया है।"

सोमवती जब चाय बनाकर लाई, तब भी उसकी सिसकियाँ जारी थीं। चाय लेकर गेंदमलजी ने सोमवती का हाथ पकड़ा और कहा कि यहाँ बैठ। लेकिन रूठी हुई सोमवती जब वापस जाने लगी तो गेंदमलजी ने कहा, "तेरे से कहा न, यहाँ बैठ। सुनती है या नहीं?"

सोमवती बैठ गई तो गेंदमलजी ने अचानक रुख बदला। अपनी आवाज को मुलायम बनाते हुए उन्होंने समझाया, ''देख, तू रो मत। मुझे बुरा लगता है। पागल, क्या तुझे मैं इस बुढ़ापे में छोड़ सकता हूँ? नरक में जाना है मुझे? लेकिन कोई-न-कोई तेरे कान जरूर भर रहा है। कोई दुश्मन मेरे पीछे पड़ा है। कहीं मेरा यह दुश्मन घर में तो नहीं है? बेटे-बहुओं ने तो तेरा दिमाग नहीं बिगाड़ा? लगता है कि औलादों के कॉलेज में पढ़ाने का कुफल है यह। इससे तो अच्छा था कि आठवीं क्लास पढ़ाकर इन्हें धंधे में लगा देता। इनके दिमाग में फालतू बातें तो न आतीं? मगर तू किसी की बात मत सुना कर और ऐसी बातें मुझसे मत किया कर। मेरा दिमाग पहले ही खराब रहता है। आजकल बुरे-बुरे सपने आते हैं मुझे...अच्छा जा रबड़ी ले आ। खाकर देव-दर्शन कर आऊँ।''

सोमवती प्लेट में रबड़ी ले आई मगर उसने अपना मौन व्रत नहीं तोड़ा। इससे गेंदमल परेशान हो गए। उन्होंने दुलार से कहा, ''मुझसे बोलेगी नहीं?'' इतना कहकर वह मुस्कराए।

अब सोमवती बोली, ''मरद जात की बात मरद जात जाने। मैं क्या जानूँ? मैंने कौन-सी दुनिया देखी है। आपको जो ठीक लगे, वही करो। मेरी अकल में जो आता है कह दिया।''

यह सुनकर गेंदमल मुस्कराए, हालाँकि सोमवती के इस संपूर्ण समर्पण ने उन्हें विचलित भी कर दिया था, क्योंकि इसमें उसकी सिर्फ मजबूरी जाहिर हो रही थी। वह चाहती वही थी, जो उसने कहा था। फिर भी बहस को आगे न बढ़ाना उन्हें फायदेमंद लगा और वे मंदिर के लिए रवाना हो गए।

अपने बीते हुए जीवन की याद करते-करते गेंदमलजी का एक घंटा खर्च हो चुका था। वह कुछ दूर तक चलते चले गए और एक छोटी-सी पहाड़ी पर खड़े होकर नीचे का नजारा देखने लगे। साथ-साथ आसपास के कंकर बीनकर किसी अनजान निशाने को साधते रहे। वह बार-बार एक ही जगह कंकर फेंक रहे थे। फिर इससे ऊबकर वह एक पेड़ के नीचे लेट गए। उसकी डालियों और पत्तियों को देखते हुए वह सोचने लगे कि क्या स्वर्ग में भी पतझड़ आता है? मौसम बदलते हैं? क्या वहाँ भी पेड़ों के पुराने पत्ते झड़ते हैं और नए आते हैं? फिर उन्होंने अपनी तोंद पर हाथ फेरा, जो धरती से स्वर्ग आने के बावजूद यथावत् थी। उन्होंने अपनी तोंद को हथेली से बजाया। इससे उन्हें आनंद की प्राप्ति हुई, हालाँकि इससे पहले उन्होंने ऐसा करके कभी नहीं देखा था। फिर वे अपनी नाभि में उँगली डालकर उसके अंदर छुपा मैल निकालने लगे मगर मैल तो पृथ्वी पर छूट गया था। नाभि में था नहीं। उन्हें यह

कुछ विचित्र-सा लगा। लेकिन वे इसे जल्दी भूल गए। वह अपने पेट पर उगे बालों को सहलाने लगे। वे वैसे ही कठोर थे, जैसे कि पृथ्वी पर हुआ करते थे। फिर उन्होंने करवट बदली और सोने की इच्छा करते ही खर्राटे भरने लगे। ऐसा करते ही बुरे सपनों ने फिर से उन्हें आ घेरा।

शहर के छुटभैया साहित्यकारों, कई भूतपूर्व और कई नकली स्वतंत्रता सेनानियों, कई राजनीतिक नेताओं और कई सामाजिक कार्यकर्ताओं के नागरिक अभिनंदन हो चुके थे, लेकिन किसी को उनका खयाल तक नहीं आया था। इसकी गहन वेदना उन्हें हमेशा सताती रहती थी, जबकि हर बार हर किसी के अभिनंदन समारोह के लिए उन्होंने चंदा दिया था, इस आशा के साथ कि बिना कहे कभी उनसे भी कहा जाएगा कि सेठजी हम आपका अभिनंदन करना चाहते हैं। लिहाजा हारकर अपना खयाल उन्हें खुद ही रखना पड़ा। उन्होंने शहर के कुछ 'सामाजिक कार्यकर्ताओं' को यह मौलिक विचार प्रदान किया और धन की कमी आड़े न आने देने का पूरा आश्वासन भी दिया। उनकी कल्पना थी कि 'सेठ गेंदमल सार्वजनिक अभिनंदन समारोह समिति' के संयोजन में होनेवाले इस समारोह में प्रदेश के मुख्यमंत्री स्वयं कम से कम आधा दर्जन मंत्रियों के साथ पधारेंगे। उन्होंने अपने शहर के सर्वाधिक 'प्रतिभाशाली कवि' को अभिनंदन पत्र तैयार करने का ठेका भी 551 रुपए में स्वयं दिया था और उसे 151 रुपए पेशगी भी दे दिए थे। वह चाहते थे कि अभिनंदन समारोह के दिन शहर में उत्सव का-सा माहौल हो। शहर झंडियों और तोरणद्वारों से हर तरफ सजा हो। जगह-जगह उनके अभिनंदन समारोह के पोस्टर लगे हों, जिनमें उनकी फोटो प्रमुखता से हो और साथ में मुख्यमंत्री की छोटी तस्वीर भी हो। बाकी मंत्रियों के बस नाम हों। उन्हें सेठ के साथ दानवीर तथा धर्मवीर भी बताया जाए। उस दिन प्रदेश के तमाम अखबारों में उनके इंटरव्यू छपें। रेडियो पर भेंटवार्ता आए। संभव हो तो टी.वी. पर भी इंटरव्यू आए या कम-से-कम अभिनंदन की रिपोर्ट अवश्य आए, जो मुख्यमंत्री की उपस्थिति के कारण आ सकती है।

गेंदमलजी ने अभिनंदन समारोह के लिए उपयुक्त स्थान का चयन और निरीक्षण भी स्वयं कर लिया था। मंच, कनात, कुर्सियाँ, लाउडस्पीकर, फूल-मालाएँ, चाय-पान, भाड़े पर लाए गए दर्शकों आदि पर संभावित व्यय का हिसाब भी उन्होंने लगवा लिया था। जिला कलेक्टर से हामी भरवा ली थी लेकिन विधायक साथ देने को राजी नहीं था। कारण यह था कि चुनाव के समय गेंदमलजी ने उसे चंदा देने में आनाकानी की थी क्योंकि उनका अनुमान था कि वह किसी भी हालत में जीतेगा नहीं। लेकिन वह जीत गया था और उसने गेंदमलजी को सबक सिखाने का निश्चय कर लिया था। गेंदमलजी ने बाद में उसे मनाने की कोशिश की थी, लेकिन वह विधायकी के मद में था और बार-बार कहता था कि इस सेठ ने मेरा अपमान किया

है, मैं इसे सबक सिखाकर रहूँगा। वह किसी भी तौर पर इस कार्यक्रम में मुख्यमंत्री के लाए जाने के खिलाफ था और इस बात के भी विरुद्ध था कि उसकी पार्टी इस कार्यक्रम से अपने को किसी भी तरह संबद्ध करे। विधायक मुख्यमंत्री के गुट का था। वह न मानता तो काम बन सकना मुश्किल था। गेंदमलजी ने फिर से विधायक की काफी खुशामद की, थैली थमाने की कोशिश की मगर उसने इसे लौटा दिया। नतीजा यह हुआ कि गेंदमलजी के अथक प्रयास असफल हुए और अभिनंदन समारोह सपना बनकर रह गया था।

लेकिन सपने में आज उनका सपना पूरा होने जा रहा था। मुख्यमंत्री क्या, स्वयं प्रधानमंत्री आ रहे थे, क्योंकि वह भी इसी प्रदेश और पास ही के जिले के थे। शहर की खूब साफ-सफाई की गई थी। बरसों से टूटी-फूटी सड़कें ठीक कर दी गई थीं। जगह-जगह तोरणद्वार लगाए थे। लाउडस्पीकर से शहनाई के स्वर पूरे शहर में गूँज रहे थे। जगह-जगह चहल-पहल थी, दौड़-भाग थी, रेलमपेल थी, गेंदमलजी की महिमा की चर्चा थी। जीपें और कारें दौड़ रही थीं। शहर भर में जगह-जगह पोस्टर लगे थे। झंडियाँ लगी थीं। बच्चे-बच्चियों ने नए कपड़े पहने थे। आयोजन स्थल पर भीड़ जमा हो रही थी। शहर-भर में समारोह की मुनादी हो रही थी। देशभक्ति के गीत बज रहे थे। जगह-जगह पुलिस तैनात थी। बंदूकें और पिस्तौल चहुँओर नजर आ रही थीं।

गेंदमलजी के घर में भी धूम मची थी। रेलमपेल थी, धकापेल थी। कोई चीखकर किसी को बुला रहा था, कोई दौड़ रहा था, कोई कुछ ला रहा था, कोई कुछ किसी को दे रहा था। कहीं गीत गाए जा रहे थे, कहीं खाना चल रहा था। कहीं चाय पी जा रही थी, कहीं हँसी-मजाक हो रहा था और कहीं विवाद। गेंदमलजी को बधाई देनेवालों को ताँता लगा हुआ था। घर से कुछ दूर, गली के मुहाने पर वायरलेसयुक्त एक गाड़ी सुबह से खड़ी थी। सोमवती के लिए पहले पसंद की गई साड़ी को महिलाओं ने सर्वसम्मति से रद्द कर दिया था। नई साड़ी पसंद की जा रही थी और कई रद्द की जा चुकी थीं। महँगी-से-महँगी साड़ी भी सोमवती के लिए ठीक नहीं मानी जा रही थी। बहुओं को कोई साड़ी पसंद नहीं आ रही थी। तब एक बहू ने सास को अपनी सबसे महँगी साड़ी लाकर दी। दूसरी ने अपनी दी। दोनों सास से अपनी-अपनी साड़ी पहनाने को जिद कर रही थीं। सोमवती खुद भी बहुत प्रसन्न थीं। आज उन्हें पहली बार पति की बगल में मंच पर बैठने का मौका मिलेगा। आज गेंदमलजी अपनी सभी 'सद्वृत्तियों' का श्रेय सोमवती को देनेवाले थे।

शाम होने लगी थी। अभिनंदन समारोह शुरू होने में मात्र डेढ़ घंटे का समय बाकी था। मुख्यमंत्री प्रधानमंत्री की अगवानी के लिए शहर में आ चुके थे। प्रधानमंत्री की अगवानी के लिए स्वयं गेंदमलजी को भी नई-नई बनी हवाई पट्टी पर जाना

था। मुख्यमंत्री ने उन्हें लिवाने के लिए एक सरकारी कार भिजवाई थी। इधर घर में इस बात पर सहमति नहीं बन पा रही थी कि गेंदमलजी कौन-सी पगड़ी पहनें। कभी एक पगड़ी पहनाई जा रही थी तो कभी दूसरी। एक पगड़ी एक को जँच रही थी तो दूसरे को नहीं। कभी उनके दोनों बेटे एक राय से कह देते कि उन्हें फलाँ पगड़ी पसंद नहीं है। गेंदमलजी उन्हें समझा रहे थे कि बेटो, अब बस करो, यही ठीक है। सी.एम. की गाड़ी आ चुकी है। पी.एम. की अगवानी के लिए उन्हें तुरंत जाना है। उनका हेलीकॉप्टर भी बस आता ही होगा, सी.एम. की गाड़ी का ड्राइवर बार-बार हॉर्न दे रहा है। अब मुझे जाने दो बेटे, जाने दो।

लेकिन गेंदमलजी के लड़कों ने उनकी एक नहीं सुनी। वे कहते रहे, ''बाबूजी, आज के हीरो आप हैं। आपके बिना आज एक पत्ता भी इस शहर में खड़क नहीं सकता। आप किसी सी.एम.-पी.एम. की चिंता मत करो। आज आप ही सी.एम.-पी.एम. हो। हमारा आज का हीरो अच्छा दिखना चाहिए, चमकना चाहिए। यह दिन बार-बार तो आएगा नहीं।'' बल्कि उनका एक बेटा जाकर ड्राइवर को डाँट भी आया, ''क्यों नाक में दम किए हुए हो। बाबूजी अभी आते हैं। ऐसी भी क्या जल्दी मचा रखी है। हमें भी खयाल है कि पी.एम. आ रहे हैं मगर इसलिए बाबूजी धोती-बनियान में चल पड़ें क्या?''

थोड़ी देर सी.एम. का ड्राइवर और इंतजार करता रहा। फिर वह बिना कुछ बताए वहाँ से चला गया। बाहर आकर देखा तो कार और ड्राइवर दोनों नदारद थे। गेंदमलजी बेहद घबराए। दूसरी कार से वह डाकबँगले पहुँचे, जहाँ मुख्यमंत्री रुके थे। लेकिन अपना परिचय देने के बावजूद उन्हें डाकबँगले के अंदर नहीं जाने दिया गया। उन्होंने बहुत कहा कि उनके नागरिक अभिनंदन के लिए ही सी.एम. साहब यहाँ आए हैं और पी.एम. अभी आने वाले हैं। अभी स्वयं सी.एम. ने मेरे निवास पर कार भेजी थी। आप लोग मुझे अंदर नहीं जाने देंगे तो मुख्यमंत्रीजी आप पर नाराज होंगे लेकिन इसका असर नहीं हुआ। उन्हें सूचना दी गई कि प्रधानमंत्री अब नहीं आ रहे हैं और मुख्यमंत्री भी तुरंत राजधानी जा रहे हैं। उन्हें किसी से मिलने की एक मिनट की भी फुर्सत नहीं है। सुना यह है कि वे आपसे बहुत नाराज हैं। आप पीछे हट जाइए। सी.एम. की सेक्युरिटी का सवाल है। गेंदमलजी ने फिर भी सुरक्षाकर्मियों से बहुत अनुरोध किया कि उन्हें अंदर जाने दिया जाए। वे इतने दीन हो गए कि एक छोटे अधिकारी के पैर भी पकड़ लिये मगर बात नहीं बनी। इतने में मुख्यमंत्री का कारवाँ निकला। सुरक्षाकर्मियों ने खींचकर उन्हें अपने पीछे कर दिया। दो सुरक्षाकर्मियों ने उन्हें कसकर पकड़ लिया ताकि कोई ड्रामा न हो जाए। उन्होंने चिल्लाकर अपनी बात पहुँचानी चाही मगर मुख्यमंत्री तो मुख्यमंत्री, कलेक्टर, जिला पार्टी अध्यक्ष और विधायक तक ने उनकी तरफ नहीं देखा। सिर्फ धूल उड़ती रही और कारें भागती रहीं।

बाद में विधायक तथा जिला पार्टी अध्यक्ष ने उन्हें बदतमीजी करने और उनकी नाक कटवाने के लिए बुरी तरह डाँटा। दोनों ने श्रेय लिया कि उन्हीं के प्रयत्नों से 'पी.एम.' और 'सी.एम.' यहाँ अभिनंदन समारोह में शामिल होने आ रहे थे और आप हैं कि पी.एम. और सी.एम. से भी बड़े आदमी बन गए। सी.एम. ने आपके घर कार भिजवाई कि आप प्रधानमंत्री की अगवानी के लिए साथ चलिए और आपको फुर्सत नहीं थी? आपके लड़के की यह हिम्मत हुई कि उसने मुख्यमंत्री के ड्राइवर और अर्दली को डाँट दिया? इतनी हिम्मत तो हमारी भी कभी नहीं हुई। आप हैं क्या चीज? सी.एम. के सामने नगरसेठ होता क्या है? आपको मालूम नहीं कि सी.एम. कितने गुस्सैल आदमी हैं? चीफ सेक्रेटरी तक उनके सामने थर-थर काँपते हैं। अब सहिए आप भी मुख्यमंत्री का गुस्सा। कल से देखिए, आप पर क्या आफत बरपा होती है। कृपा करके हमारे पास बचाने की पुकार लेकर अब मत आइएगा। हमें भी आपने मुसीबत में डाल दिया है। वह हमें भी डाँटकर गए हैं। उन्होंने कह दिया है कि कभी दोबारा इस शहर में नहीं आएँगे। जिस शहर का नगरसेठ इतना बदतमीज हो, उस शहर में क्या पाँव धरना? पार्टी हार जाए तो हार जाए। उन्हें परवाह नहीं है।

यह सुनकर गेंदमलजी थर-थर काँपने लगे। वह गश खाकर गिर पड़े। उनके कपाल से खून बहने लगा।

इसी के साथ उनका सपना टूटा लेकिन शरीर में जैसे जान नहीं थी। वह बहुत देर तक चाहकर भी उठ नहीं पाए। कुछ स्वस्थ होने पर वह सोचने लगे कि सपने में हर बार उनका काम बिगड़ता क्यों है? कभी सुधरता क्यों नहीं? क्या वाकई उनका अभिनंदन समारोह होता तो ऐसा ही होता? वे प्रदेश के गुस्सैल मुख्यमंत्री को पगड़ी बाँधने में देरी होने के कारण नाराज होने देते?

कितना सुंदर अभिनंदन पत्र लिखा था—शहर के उस सबसे प्रतिभाशाली कवि ने। रमेश भैया ने कहा था कि वे 551 रुपए लेंगे। दिए गए थे उन्हें 651 रुपए। सौ रुपए ज्यादा। कविजी ने लिखा था, "हे महा आत्मा, हे महात्मा, हे धर्मध्वजा रक्षक, हे हिंदूहित संरक्षक, हे महात्मा गांधी के सत्य-अंहिसा के सिद्धांतों के सजग-प्रहरी, हे माँ सरस्वती के पुजारियों के अनन्य प्रशंसक, कवि न होते हुए भी कवि-सुलभ-हृदय के स्वामी, हे संयम और वैराग्य की सच्ची प्रतिमूर्ति, हे उदारचित्त-उदारमना, हे समुद्र के समान धीर-गंभीर, नीलाकाश जैसे विशालहृदयी, हे गुणग्राहक, हे धर्ममार्ग से विचलित प्राणियों को पुनः अध्यात्म के सुमार्ग पर लानेवाले नायक, हे मानव सेवाव्रती, हे मानवता के उन्नायक, हे कीचड़ में कमल की तरह निष्कलुष-निष्कलंक, हे दानियों के दानी, हे गृहस्थ के वेश में संन्यासी, हे ज्ञानमार्ग तथा प्रेममार्ग के समन्वयक, हे धर्मनिरपेक्षता के प्रतिपालक, हे मनीषी, हे सत्यवती, हे इस घोर कलियुग में सतयुग लाने के प्रयासी, हे गुणज, हे परमव्रती, हे परमपिता परमात्मा के

परमसेवक...'' एक-एक शब्द फूल की तरह चुनकर रखा था प्रतिभाशाली कवि रमेश भैयाजी ने। गेंदमलजी को अपना अभिनंदन पत्र कंठस्थ हो गया था। कवि ने खुद उन्हें पढ़कर सुनाया था। उसका पढ़ने का ढंग अत्यंत प्रभावशाली था। उसका कहना था कि उसने इस जीवन में इससे अधिक प्रभावशाली अभिनंदन पत्र आज तक नहीं लिखा है और न वह कभी लिख सकेगा। उसने कलम तोड़कर रख दी है। सुनकर उन्हें आनंद आ गया था। जब भी एकांत में वह आवाज, वे शब्द गूँजते थे उनके कानों में, तो उनका मन प्रसन्नता से भर जाता था।

गेंदमलजी ने गुस्से में अगले चुनाव में कांग्रेस और उस विधायक का जबर्दस्त विरोध किया था। अपनी थैलियाँ उस विधायक के विरोध में और दूसरे उम्मीदवार के समर्थन में खोल दी थीं। लेकिन बदकिस्मती से साम-दाम-दंड-भेद से वह फिर से जीत गया था। मुख्यमंत्री ने दो जगह से चुनाव लड़ा था। वह भी एक जगह से जीत गए थे और पुनः जोड़-तोड़ कर मुख्यमंत्री बन गए थे। इस बार उनके शहर का वह विधायक भी तिकड़म लगाकर मंत्री बन गया था। गेंदमलजी के लिए यह सबसे बड़ी चोट थी लेकिन वह क्या कर सकते थे?

गेंदमलजी ने सोचा कि चलो उनका अभिनंदन समारोह तो खैर नहीं हो सका था, लेकिन उनकी अंतिम यात्रा जरूर धूमधाम से निकली होगी। कम-से-कम तीन हजार लोग तो उसमें जरूर आए होंगे। मुख्यमंत्री और मंत्रियों ने शोक-संदेश जरूर भेजे होंगे। बारहों महीने-बत्तीस घड़ी सूट-टाई चढ़ानेवाला बूढ़ा कलेक्टर भी शायद अंतिम यात्रा में शामिल हुआ होगा। एस.पी. और तमाम अफसर तो आए ही आए होंगे। काफी बड़ी शोक-सभा हुई होगी। उसमें नेता, अफसर, साधु, व्यापारी, विभिन्न जातियों के संगठनों के अध्यक्षों, पत्रकारों आदि ने भाषण दिए होंगे। उनकी तारीफों के ऐसे पुल बाँध दिए होंगे कि कोई भला आदमी उन पर चलने की कोशिश करे तो निश्चित रूप से धड़ाम से गिरेगा और उसके हाथ-पैर अवश्य टूट जाएँगे।

शोकसभा में सर्वसम्मति से प्रस्ताव पारित हुआ होगा कि शहर के मुख्य मार्ग का नाम 'सेठ गेंदमल मार्ग' रख दिया जाए। मगर गेंदमलजी को फिर याद आया कि उसका नाम तो पहले से ही 'महात्मा गांधी मार्ग' है। यह नाम बदल नहीं सकता। महात्मा गांधी की जगह सेठ गेंदमल को मिल जाए, इस समाज का अभी इतना 'विकास' नहीं हुआ है।

फिर उन्होंने कल्पना की कि वे जिस गली में निवास करते थे, उसका नाम उनके नाम पर रखने का प्रस्ताव पारित हुआ होगा। मगर उन्हें याद आया कि जीवन में जो एकमात्र सफल संघर्ष उन्होंने किया था, वह अपनी गली का नाम अपने स्वर्गीय पिताजी के नाम पर रखवाने के लिए ही था। तीन वर्ष के सतत संघर्ष, कलेक्टर से लेकर मुख्यमंत्री तक के यहाँ दौड़ लगाने और सभी दलों-जातियों के नेताओं को

पटाने के बाद उनकी गली का अभी-अभी ही नाम 'सेठ धन्नालाल मार्ग' रखा गया था। लोगों को अब भी मेरा यह संघर्ष याद है। अत: उस गली का नाम भी नहीं बदलेगा। फिर शहर के किस मार्ग का नाम उनके नाम पर हो सकता है? पहले से ही किसी का नाम जवाहरलाल नेहरू मार्ग था, तो किसी का नाम पंत मार्ग, तो किसी का तिलक मार्ग था, किसी का नाम भगत सिंह मार्ग, किसी का चंद्रशेखर आजाद मार्ग था, तो किसी का नेताजी मार्ग, किसी का लाल बहादुर शास्त्री मार्ग था तो, किसी का इंदिरा गांधी मार्ग। कोई मार्ग उनके लिए बचा नहीं था।

शहर की एकमात्र गौशाला का नाम उनके नाम पर हो सकता था क्योंकि उन्होंने जीवनभर अपने को 'गौ सेवक' के रूप में भी प्रस्तुत किया था मगर गौशाला का नाम उन्होंने खुद 'श्रीकृष्ण गौशाला' रखवा दिया था। श्रीकृष्ण का स्थान भी स्वर्गीय गेंदमल को नहीं मिल सकता था। स्वजाति की धर्मशाला का नाम पूरे देश में स्वजाति का नाम रोशन करनेवाले एक बड़े उद्योगपति के नाम पर था और इसके बदले वह घराना धर्मशाला के उन्नयन-विकास के लिए समय-समय पर पर्याप्त धन भी प्रदान करता रहता था।

अंतत: उक्त धर्मशाला के एक नवनिर्मित कक्ष पर लगी संगमरमर की पट्टिका पर काले अक्षरों से उभरा हुआ उन्हें अपना नाम नजर आया। लेकिन यह तभी संभव हो सकता था जब उनके बेटे भी उतने ही कल्पना प्रवीण होते, जितने कि वे स्वयं थे और उतने ही धार्मिक होते, जितने वे स्वयं थे। उन्हें शक था कि उनके बेटे इतने काबिल थे।

स्थिति का तटस्थ मूल्यांकन करने के उपरांत उनका मन कड़ुवाहट से भर गया। उन्हें ऐसा लगने लगा कि उनकी मृत्यु के उपरांत उनके त्याग, तपस्या, बलिदान, दान इत्यादि का कोई कद्रदान धरती पर बचा नहीं है। उन्हें इसके बदले स्वर्ग मिल गया है मगर जंगल में मोर नाचा, किसने देखा? किसे मालूम कि गेंदमलजी कहाँ गए? ज्यादातर तो मानते होंगे कि नरक गए होंगे। अपने पिता के नाम के आगे स्वर्गीय लगानेवाले उनके बेटों को भी क्या सचमुच विश्वास होगा कि हमारा पिता स्वर्ग के सिवा कहीं और हो नहीं सकता? आदमी का नाम धरती से भी मिट जाए, यह अच्छा नहीं है। कुछ-न-कुछ उनकी स्मृति में शहर में होना ही चाहिए था।

अलबत्ता उन्हें अपना फोटो अपने घर के ड्राइंगरूम में सजा जरूर नजर आया, जिस पर कुछ दिनों तक ताजा फूलों की माला चढ़ती रहेगी। फिर कई-कई दिनों तक माला सूखी रहेगी, मगर नई नहीं आएगी। फिर शायद किसी बेटे को खयाल आए और वह चंदन की माला ले आएगा, ताकि रोज-रोज का झंझट मिटे और अपराध-भावना भी पैदा न हो। चंदन की माला सूखती नहीं, बस जिस पर रोज धूल चढ़ती रहती है और धूल का क्या, जिस तरह दूसरी चीजों पर चढ़ती है, उसी तरह इस पर

भी चढ़ती रहेगी।

कुछ दिन बाद यह फोटो भी पत्नी के शयनकक्ष में चला जाएगा और उसकी जगह बेटे-बहुओं और उनके भी बेटे-बहुओं के चित्र आ जाएँगे। एक दिन पत्नी के शयनकक्ष में जिस दीवार पर यह तस्वीर टँगी होगी, उसकी कील अचानक ढीली हो जाएगी और तस्वीर नीचे गिर पड़ेगी। थोड़ी देर पत्नी घर में हाय-हाय करेगी। तस्वीर का शीशा और फ्रेम टूट चुकी होगी। तय होगा कि नया शीशा और नई फ्रेम लगाई जाएगी। फिर यह काम कई दिनों तक टलता रहेगा। कई दिनों तक कोई फ्रेम कराने नहीं ले जाएगा। और ले जाएगा तो वापस नहीं लाएगा और लाएगा तो अब यह तस्वीर दीवार से पत्नी के छोटे से मंदिर में आ चुकी होगी और समय के साथ खराब होती जाएगी। दोबारा उस तस्वीर का 'निगेटिव' नहीं मिलेगा, जिससे तस्वीर को दोबारा बनवाकर नई फ्रेम के साथ टाँगा जा सके। गेंदमलजी को याद आया कि यही उनके पिता के साथ हुआ था, जिसमें उनकी पूरी-पूरी सहमति थी। यही उनके साथ होगा। तब जमाने की रफ्तार धीमी थी। उनके पिता की तस्वीर का यह हाल होते-होते लगभग दस वर्ष लग गए थे। हो सकता है उनकी तस्वीर एक-दो वर्ष में ही इस अवस्था को प्राप्त कर ले।

गेंदमलजी काफी हद तक यथार्थवादी थे। उनका यथार्थ उनके साथ स्वर्ग तक चला आया था। उनके यथार्थवाद से उनके निराशावाद को निरंतर प्रोत्साहन मिल रहा था। उन्हें याद आ रहा था कि वह कहे जरूर जाते थे नगरसेठ मगर पिछले 10-15 सालों में शहर के नए-नए उद्योग-धंधे खुल गए थे और उनसे कई बड़े-बड़े उद्योगपति पैदा हो गए थे। उन धनपतियों ने एक क्लब बनाया था। उसकी सदस्यता उन्होंने ले रखी थी मगर वहाँ जाने की उनकी हिम्मत न जाने क्यों नहीं होती थी। यह तो ईश्वर ही था, जो उन्हें भूला नहीं था। उसे याद था कि गेंदमल सूदखोर है तो क्या हुआ, है तो अपना खास बंदा, पुण्यात्मा है। वह अचानक ईश्वर के प्रति अत्यंत भावुक हो गए—'कितना कृपालु है ईश्वर तू, तू कितना भक्तवत्सल है, कैसा अद्‌भुत दयानिधान है कि जिसकी ओर से दुनिया ने नजर फेर ली, उसका ईश्वर ने पूरा ध्यान रखा। उसने मेरी बुराइयाँ नहीं देखीं, कमजोरियों पर ध्यान नहीं दिया, मेरी अच्छाइयाँ देखीं और स्वर्ग की नागरिकता प्राप्त करा दी।'

उनकी आँखें भर आईं और उनकी नाक से रंगहीन पानी भी बहने लगा।

तभी भोर भई। चिड़ियों का कलरव शुरू हो गया। वे पेड़ से नीचे उतरने लगीं, उड़ने लगीं, दाने ढूँढ़ने लगीं। फिर उन्हें न जाने क्या सूझा कि गेंदमलजी को शायद पेड़ समझकर उनके सिर, कंधे, नाक, तोंद यानी जहाँ जगह मिली, वहाँ बैठने लगीं। गेंदमलजी को पहले तो शक हुआ कि क्या वे स्वर्ग के पेड़ हैं? मगर उनके हाथ-पैर हिल रहे थे। उनकी नाक से साँस आ-जा रही थी। उन्हें विश्वास हो गया कि वे

आदमी हैं, पेड़ नहीं। और जब उन्हें यह विश्वास हो गया तो उन्हें अपने ऊपर चिड़ियों का इस तरह बैठना सुखद लगा। उन्होंने अपने हाथ फैला दिए। अब चिड़ियाँ दोनों हाथों पर भी बैठने लगीं।

कुछ देर बाद गेंदमलजी को सूझा कि स्वर्ग में तो सब मनुष्य की भाषा में बात करते हैं तो चिड़ियाँ भी क्यों नहीं करती होंगी?

उन्होंने कहा, ''अरे चिड़ियो, तुमने मुझे पेड़ समझा है या लकड़ी का ठूँठ, जो आ-आकर बैठ गई हो। मैं तो वह आदमी हूँ जिसकी आहट पाकर भी तुम उड़ जाती हो।''

एक चिड़िया ने कहा, ''हमें पता है कि तुम आदमी हो।''

दूसरी चिड़िया ने कहा, ''हमें पता है कि तुम पेड़ नहीं हो।''

तीसरी चिड़िया ने कहा, ''हमें पता है कि तुम ठूँठ नहीं हो।''

चौथी चिड़िया ने कहा, ''और हमें यह भी पता है कि तुम पत्थर या चट्टान भी नहीं हो।''

पाँचवीं ने कहा, ''और हमें भी मालूम है कि तुम अभी-अभी पृथ्वी से आए हो।''

तो गेंदमलजी ने खुशी से आँखें मटकाते हुए कहा, ''तब तो तुम्हें यह भी पता होगा कि आदमी से तुम्हें डरना चाहिए।''

इसका जवाब देने की बजाय सारी चिड़ियाँ एक साथ मिलकर चहचहाने लगीं।

जब वे रुकीं तो गेंदमलजी ने कहा, ''तुमने मेरी बात का जवाब नहीं दिया? झटपट जवाब दो।''

एक चिड़िया ने कहा, ''हमने इसलिए जवाब नहीं दिया कि कोई बुद्ध ही हमसे कह सकता है कि तुम आदमी से डरो। तुम तो बुद्धू हो। हम तुमसे क्या बात करें!''

वे फिर उसी तरह एक साथ, एक स्वर में चहचहाने लगीं।

गेंदमलजी ने अपने हाथ के इशारे से चिड़ियों से कहा कि चहचहाना छोड़ो और मेरी बात सुनो, ''बात करो भई! बुद्धुओं से क्या कोई बात नहीं करता?''

''हम नहीं करतीं।'' एक चिड़िया इतराकर बोली।

''तुममें से कोई बुद्धू नहीं हैं?'' गेंदमलजी ने जरा मुस्कराकर पूछा।

सारी चिड़िया एक साथ बोलीं, ''नहीं।''

''तुम बुद्धिमान हो?'' गेंदमलजी ने मुस्कराकर फिर पूछा।

फिर सारी चिड़ियाँ एक साथ बोलीं, ''नहीं।''

''तो तुम क्या हो?''

''चिड़ियाँ हैं।'' उन्होंने एक साथ गेंदमलजी को जवाब दिया।

''मैं भी बेवकूफ नहीं हूँ आदमी हूँ।'' गेंदमलजी ने उसी हास्यभाव से कहा।

''आदमी ही बेवकूफ भी होते हैं, जैसे तुम।'' सब चिड़ियों ने कहा।

''अच्छा छोड़ो इन बातों को।'' गेंदमलजी ने अपनी हार स्वीकार कर ली, ''मैं बेवकूफ ही सही।''

सब चिड़ियाँ ऐसे चहचहाईं जैसे यह बात सुनकर एक साथ खुश होकर हँसी हों।

गेंदमलजी ने इस पर ध्यान नहीं दिया, ''बात यह है कि मैं अहिंसक इंसान हूँ जीव-हत्या का विरोधी। अगर तुम धरती पर भी मेरे सिर, मेरे कंधे, मेरे पैर पर बैठ जातीं तो मैं कुछ न कहता। हद-से-हद तुम्हें भगा देता। मुझ पर हग देती तो तुम्हारी टाँग पकड़कर जरूर पूछता—बदतमीज, तुमने ऐसा क्यों किया? तुम तड़पने लगती तो फौरन छोड़ देता। तुम्हें मालूम है कि मेरे घर में चिड़ियाँ अक्सर घोंसला बनाती हैं। मेरी पत्नी घास के तिनके उठाते-उठाते तंग आ जाती है मगर घोंसला तोड़ती नहीं। मेरे घर में तो लगातार चिड़िया की चूँ-चूँ लगी रहती है। इसलिए मुझसे तो किसी चिड़िया को यहाँ डरने की जरूरत नहीं थी। लेकिन मैं पृथ्वीवासी हूँ। मूर्खता की एक लंबी विरासत मुझे मिली है।''

एक चिड़िया ने कहा, ''हम भी धरती की हैं। वहाँ से यहाँ आई हैं। हम तो धरती को भी बड़ी प्यारी जगह मानती हैं। उड़ो, चुग्गो, और चहचहाओ। हाँ, वैसे कई बार हमारे घोंसले वहाँ उजड़े हैं, कई बार आँधी में उड़े हैं। पेड़ की डाल के साथ गिर गए हैं। कई बार हमारे अंडे फूटे। कई बार हमारे अंडों को बच्चों ने छू लिया। कई बार हमारे अंडे खाए गए। कई बार हमारा शिकार भी हुआ। हममें से कई स्वाभाविक मौत मरीं। कई भूख-प्यास से मर गईं। लेकिन मृत्यु तो पृथ्वी का साधारण तथ्य है।''

इस पर दूसरी चिड़िया बोली, ''लेकिन मृत्यु बहुत बुरी चीज है न।''

इस पर तीसरी चिड़िया ने कहा, ''पृथ्वी पर सब मरते हैं चाहे वह कोई भी हो। कुछ तो मरे हुए ही पैदा होते हैं और कुछ जन्म लेते ही मर जाते हैं। कुछ मार दिए जाते हैं। ऐसा क्यों होता है वहाँ?''

सवाल गेंदमलजी से था।

गेंदमलजी के लिए यह भारी सवाल था। यह सवाल गलत आदमी से पूछा गया था। फिर भी गेंदमलजी को जवाब तो देना ही था। उन्होंने कहा, ''जन्म और मृत्यु सब कुछ पूर्वजन्मों का फल है। जिसने पूर्वजन्म में पुण्य किए हैं, वह धरती पर आनंद पाता है। धरती पर स्वर्ग का उपभोग करता है। जिसने पूर्वजन्म में पुण्य नहीं किए, वह या तो जन्म ही लाश के रूप में लेता है या जन्म लेकर भी ज्यादा जी नहीं पाता।''

इस पर एक चिड़िया ने कहा, ''एक दिन एक आदमी कह रहा था कि पूर्वजन्म की बात बकवास है।''

''कौन कह रहा था?'' जैसे गेंदमलजी घबरा गए हों यह सुनकर।

''कोई भी हो। क्या तुम उसे सजा दोगे?'' चिड़िया ने कहा। फिर मुस्कराकर बोली, ''था बिलकुल तुम जैसा। बस उसकी नाक लंबी थी, तोते जैसी। तुम्हारी तो गेंद जैसी है न।''

इतना कहकर वह चिड़िया उड़कर गेंदमलजी से कुछ दूर चली गई। बाकी खूब चहचहाईं।

मगर गेंदमलजी को जैसे वाकई मालूम हो कि उनकी नाक गेंद जैसी है, यह मानकर इस मजाक पर गौर नहीं किया। मगर पूर्वजन्म वाली बात का जवाब देते हुए उन्होंने पूछा, ''लेकिन यह बात तो शास्त्रों में लिखी है। क्या स्वर्ग में ऐसे लोग भी आ जाते हैं जो शास्त्रों में लिखी बातों को बकवास कहते हैं?''

ऐसा लगा उनकी बात से कि जैसे स्वर्ग से उनकी आस्था डिग रही हो। एक चिड़िया ने इसमें उनकी और मदद की, ''शास्त्र? ये क्या होते हैं? हम भी तो नहीं जानतीं शास्त्र, फिर भी हम यहाँ हैं।''

गेंदमलजी ने कहा, ''खैर, तुम चिड़िया हो। तुम्हारा शास्त्रों से क्या काम? तुम्हारे लिए तो सब माफ है। लेकिन शास्त्र विरोधी मनुष्य को तो यहाँ नहीं आना चाहिए।'' फिर उन्हें न जाने क्या सूझी। उन्होंने इस बात को वहीं छोड़ते हुए कहा, ''छोड़ो इन बातों को। यह बताओ कि तुम मेरे पास, मेरे ऊपर क्या सोचकर आई थीं?''

एक चिड़िया बोली, ''ऐसे ही। हम तो उड़कर कहीं भी बैठ जाती हैं। स्वर्ग में तुम मनुष्य भी हमारे पेड़ हो। तुम यहाँ नए-नए आए हो, यह सोचकर तुम्हें थोड़ा छेड़ने का मन भी था। गप्प लगाने की इच्छा भी थी।''

''लेकिन मैं तो गप्पी नहीं हूँ। गप्प करना तो पृथ्वी पर मेरे लिए अपराध था। लेकिन मैं यहाँ तुमसे खूब गप्प करूँगा। तुम जो भी पूछोगी, उसका जवाब दूँगा।''

तो एक शैतान चिड़िया ने गेंदमलजी से पूछा, ''अच्छा यह बताओ कि तुम्हारा पेट इतना फूला हुआ क्यों है कि इस पर 10-12 चिड़ियाँ आराम से बैठ सकती हैं।''

गेंदमलजी को मजाक करना आता नहीं था मगर उन्होंने मजाक करने की कोशिश की, ''मेरा पेट इसलिए फूला है कि इसमें बहुत-सा माल है। सेव है, चिवड़ा है, चपाती हैं, लड्डू-पेड़े हैं, गुलाबजामुन हैं...''

एक चिड़िया ने पूछा, ''सब पेट में जमा है?''

गेंदमलजी ने कहा, ''हाँ है।''

''दिखाओ!'' दूसरी चिड़िया ने कहा।

''नहीं दिखाऊँगा, तुम खा गईं तो!'' गेंदमलजी ने हँसकर उत्तर दिया।

इस पर एक चिड़िया ने मासूमियत से कहा, ''हम तो कुछ भी नहीं खातीं। हम स्वर्ग की चिड़िया हैं।''

''अरे बुद्धू,'' गेंदमलजी ने कहा, ''तो मेरे पेट में भी लड्डू-पेड़े कहाँ हैं? सब

हजम हो गए।''

''तब पेट तुम्हारा इतना फूला हुआ क्यों है?'' चिड़िया बोली।

''क्योंकि मैंने धरती पर जमकर लड्डू-पेड़े-गुलाबजामुन खाए थे।''

''क्या खूब खाने से खूब पेट मोटा हो जाता है?'' एक चिड़िया ने पूछा।

''हाँ, बिलकुल।'' गेंदमलजी ने स्वीकार किया।

''तो तुम्हें अपना मोटा पेट करने का शौक था?'' एक चिड़िया ने पूछा।

''हाँ क्यों नहीं, ताकि स्वर्ग की चिड़ियाँ उन पर आ-आकर बैठा करें।'' गेंदमलजी ने मुस्कराते हुए कहा।

''इसीलिए तुम वहाँ खूब खाते थे?'' चिड़िया का सवाल था।

गेंदमलजी का जवाब था, ''हाँ, क्यों नहीं खाता?''

''क्या स्वर्ग में आने के लिए आदमियों को खूब खाना पड़ता है?'' चिड़िया ने आश्चर्य प्रकट करते हुए अगला सवाल किया।

गेंदमलजी यह सवाल सुनकर चकरा-से गए। उन्होंने कहा, ''नहीं।''

''तब तुम क्यों खाते थे? पैसे का कुछ और उपयोग नहीं कर सकते थे?'' फिर गेंदमलजी चकराए। जवाब नहीं दिया मगर चिड़िया ने पूछना जारी रखा, ''तुम्हारे पास पैसा खूब क्यों था?''

इसका जवाब गेंदमलजी ने दिया, ''क्योंकि मैं सूद पर खूब पैसा चढ़ाता था।''

उस पर एक चिड़िया को मजाक सूझा, ''तुम्हारा सूद तो यहाँ आया नहीं, मूल भी नहीं आया। तब तोंद क्यों आ गई?''

इस पर सारी चिड़िया चहचहाने लगीं। अंततः गेंदमलजी भी मुस्करा दिए। अब तो चिड़ियों की शैतानी बढ़ गई। एक ने पूछा, ''आपके कान छोटे क्यों हैं? खाने से सिर्फ तोंद ही बढ़ती है, कान नहीं? आपके कान बड़े-बड़े होते तो हमारा वहाँ एक अच्छा-सा घोंसला बन जाता।''

गेंदमलजी को कोई जवाब सूझता, इसके पहले एक और शैतान चिड़िया ने कहा, ''लेकिन इनके पेट में तो बहुत जगह है। तू वहाँ अपना घोंसला बना ले न!''

इस बार चिड़ियाँ चहचहाईं, गेंदमलजी बोले नहीं। तब एक चिड़िया ने भोलाभाला बनते हुए कहा, ''आपको हमारी कोई बात बुरी तो नहीं लगी? लगी हो तो क्या हम सब माफी माँग लें?''

इतना कहकर सब चिड़ियों ने गेंदमलजी के आगे अपने सिर झुका दिए और मौन हो गईं। इतने में गेंदमलजी को एक बात सूझ गई। ''बुरा मुझे नहीं लगा, मेरे पेट को लगा होगा। चाहो तो उससे माफी माँग सकती हो।'' इतना कहकर गेंदमलजी हँस दिए।

गेंदमलजी का इतना कहना था कि चिड़ियों ने आ-आकर उनके पेट पर चोंच

मारना शुरू कर दिया। चोंच मार-मारकर वे उड़ती गईं। एक बार लगा कि फिर वापस आ रही हैं। कुछ दूर तक आईं भी मगर फिर वे एक साथ दूर आकाश में उड़ गईं। गेंदमलजी को यह अनुभव अच्छा लगा।

स्वर्ग भी उन्हें अब कुछ-कुछ अच्छा लगने लगा था। उन्हें यह अब अच्छा लगने लगा था कि यहाँ आकर कोई भी, किसी से भी बात कर सकता है, कोई भी किसी से मजाक कर सकता है, कोई भी आपको डाँट-फटकार सकता है, कोई भी किसी की उपेक्षा कर सकता है, कोई भी अपना दर्द आपसे कह सकता है। सबका दर्जा बराबर-सा है।

वह स्वर्ग पर और भी मुग्ध होने जा ही रहे थे कि सामने एक तोता दिखा। चिड़ियों से बात करने के आनंद के नशे में वे थे ही, उन्होंने तोते से कहा, ''ऐ रट्टू तोते, इधर आ। आ हम-तुम बात करें।''

तोते ने जैसे इस बात का बुरा माना। उसने कहा, ''मैं रट्टू नहीं हूँ जी, मैं कभी स्कूल नहीं गया।''

''क्यों, क्या तू जयरामजी की नहीं कहता?''

''मैं नहीं कहता।'' तोते का जवाब था।

गेंदमलजी ने मजाक किया, ''तो तू क्या जय श्रीराम कहता होगा?''

तोते ने करारा जवाब दिया, ''मैं तोता हूँ और तोता हरा होता है, आदमी की तरह कभी हरा, कभी सफेद, कभी भगवा नहीं होता। सुना है न आपने, हरे रंग का है यह तोता। जाने कब जगता कब सोता!''

गेंदमलजी ने आश्चर्य से कहा, ''अच्छा तो तू भी मजाक करता है! बहुत होशियार है। हरी मिर्च खाएगा?''

''हरी मिर्च और स्वर्ग में?'' तोते की आँखों में एकाएक एक चमक आ गई।

हरी मिर्च के प्रति तोते की यह उत्सुकता देखकर गेंदमलजी ने तोते से कहा, ''तब तो तू भी धरती से ही आया है। आया है न, सच-सच बता।'' गेंदमलजी ने हँसकर कहा।

तोते को तो इस समय सिर्फ हरी मिर्च दिख रही थी। वह गेंदमलजी की हर बात में हामी भरने को तैयार था। उसने कहा, ''हुजूर, ठीक फरमाया आपने। अब लाइए मेरी हरी मिर्च।''

गेंदमलजी ने झूठमूठ त्योरियाँ चढ़ा लीं, ''तू स्वर्ग के नियमों का उल्लंघन करना चाहता है? मिर्च खाकर सीधे नरक में जाएगा।''

तोते को जल्दी थी, ''आप तो मुझे हरी मिर्च दे दो। उसके लिए तो मैं नरक भी चला जाऊँगा।''

''तुझे जाना है तो जा। मुझे क्यों ले जाना चाहता है? तुझे मिर्च खिलाकर मैं

नरक क्यों जाऊँ? बेवकूफ समझ रहा है मुझे।'' गेंदमलजी की नकली त्योरियाँ अभी भी चढ़ी हुई थीं।

''मुझे हरी मिर्च खिलाकर आप नरक नहीं जाओगे। अरे, आपको इससे पुण्य मिलेगा पुण्य और स्वर्ग में रहोगे। लाओ मेरी हरी मिर्च।'' तोता उतावला हो रहा था।

''जैसे तुझे पता है कि मैं नरक नहीं जाऊँगा।''

तोते का तो हरी मिर्च का नाम सुनकर रोयाँ-रोयाँ जागा हुआ था। वह गेंदमल से उलझना नहीं चाहता था। उसने कहा, ''अच्छा आपको नरक जाने का डर है तो खिलाना मत, बस दिखा देना। सिर्फ देखने से ही मेरा मन भर जाएगा।''

गेंदमलजी अपनी नकली त्योरियाँ अभी तक ढीली नहीं होने दे रहे थे। वे बोले, ''बड़ा चालाक है तू। हरी मिर्च को देखने की बात करके मुझे धोखे में रखना चाहता है? हरी मिर्च देखते ही तू उसे झट से चोंच में दबाएगा और उड़ जाएगा। तू उधर मिर्च खा रहा होगा और मैं उधर नरक में जा रहा होऊँगा।''

तोते ने कहा, ''आप नरक से इतना डरते क्यों हो जी।''

यह सुनकर गेंदमलजी का नकली गुस्सा हवा हो गया, ''तो तू मुझे नरक भेजना चाहता है?''

तोते ने बिगड़ती बात को सँभाला। उसने कहा, ''मैं आपको नरक नहीं जाने दूँगा। किसी ने कोशिश की तो नरक का रास्ता रोक दूँगा। मगर मेरी हरी मिर्च मुझे दो।''

अब गेंदमलजी कुछ नरम पड़े, ''अरे यार तोते, मैं तो तुझे यूँ ही बहला रहा था। अपने पास हरी मिर्च कहाँ? आदमी धरती से यहाँ कुछ भी नहीं ला सकता और अगर मैं कुछ ला सकता तो बेवकूफ तेरे लिए क्या मैं हरी मिर्च लेकर यहाँ आता?''

लेकिन तोते को तो अभी भी हरी मिर्च नजर आ रही थी। उसे लगा कि गेंदमलजी अभी भी मजाक कर रहे हैं। उसने कहा, ''अच्छा मजाक छोड़ो, हरी मिर्च तो लाओ।''

तब गेंदमलजी ने आखिरकार कहा, ''अरे तोते, बनिया क्या खाकर मजाक करेगा!''

लेकिन जब तोता नहीं माना और उसे विश्वास नहीं हुआ तो गेंदमलजी को फिर मजाक सूझा। उन्होंने सोचा जब यह जबर्दस्ती बेवकूफ बनना ही चाहता है तो क्यों न इसका मजा लिया जाए। उन्होंने कहा, ''अच्छा, तू यह बता कि मैं तुझे एक हरी मिर्च दूँगा, तो तू मुझे क्या देगा?''

तोते ने गेंदमलजी को फँसा जानकर चारा डाला, ''मेरे पास एक रुपया है। वह दूँगा।''

अब गेंदमलजी की बारी थी, ''एक हरी मिर्च का तू एक रुपया देगा?''

"हाँ और क्या? क्या इससे कम दूँगा?"

"यानी एक मिर्च का तू एक रुपया देगा?"

"हाँ-हाँ भई, एक मिर्च का एक रुपया दूँगा।"

"सचमुच देगा न एक रुपया?"

"सचमुच दूँगा। रुपया मेरे किस काम का? आप लेना और सूद पर चढ़ा देना। एक से हजार बना लेना।"

गेंदमलजी यह निश्चित कर लेना चाहते थे कि तोता सच कह रहा है इसलिए उन्होंने इस बात की पुष्टि के लिए कहा, "सच कह, तू मजाक तो नहीं कर रहा है?"

तोते ने कहा, "तोता क्या जाने क्या होता है मजाक?"

"तो ला एक रुपया।" गेंदमलजी ने सिक्का लेने के लिए हाथ फैलाया।

"पहले हरी मिर्च दो।"

"पहले रुपया दो।"

"नहीं, पहले हरी मिर्च।"

यह सिलसिला बहुत देर तक चला। अंततः गेंदमलजी ने स्वीकार कर लिया कि उनके पास हरी मिर्च नहीं है तो तोते ने भी कह दिया कि उसके पास रुपया भी नहीं है। "लेकिन मैं एक दिन हरी मिर्च लाकर जरूर दूँगा।" गेंदमलजी ने तोते को आश्वासन दिया।

तोते ने जवाब दिया, "उस दिन मैं भी आपको एक रुपया जरूर लाकर दूँगा।" फिर कुछ रुककर कहा, "सेठ गेंदमल, मैं तेरी नस-नस जानता हूँ।"

"तू कौन है रे?" अब बारी चकित होने की गेंदमलजी की थी।

"तोता और कौन?"

"क्या तू मेरे पिंजड़े का तोता था?"

"और क्या?"

"फिर तो तुझे मैंने खूब हरी मिर्च खिलाई है!"

"तो मैंने भी खूब जयरामजी की कही है।"

"तू कहता है कि तू मेरी नस-नस को जानता है।"

"क्यों नहीं जानूँगा? आपके पिंजड़े में मेरा शरीर जरूर था मगर आँखें तो नहीं थीं, दिमाग तो नहीं था!"

"तू क्या जानता है मेरे बारे में? और जानता है तो यूँ अकड़ क्यों रहा है? मैं कुछ भी करता था मगर तुझे तो पिंजड़े में पड़े-पड़े सब कुछ मिलता था। तुझे क्या कमी थी?"

"जैसे आप मुझ पर एहसान करते थे! मैं कौन-सा अपने आप आपके पिंजड़े

में चला आया था, आपका माल खाने के लिए? मैं तो स्वतंत्र होता तो ज्यादा खुश रहता। मुझे पिंजड़े में बंद किसने करवाया था—तुम्हीं ने!''

''अच्छा अब तू बहस मत कर। मेरा दिया खाता था और अब मुझी से जुबान लड़ाता है?''

''फिर वही बेवकूफी की बात! पिंजड़े में तोता पालने का शौक किसे था?''

''बस कहा न, बहस मत कर मुझसे। मुझे बहस करना अच्छा नहीं लगता।''

''लगेगा क्यों? अपने ही जाल में फँस गया है न तू!''

''तेरे हाथ भी जोड़ता हूँ और पैर भी पकड़ता हूँ। बस अब जा और मेरा माथा मत खा।''

''सेठ गेंदमल अकड़ छोड़। भूल जा कि तू धरती पर है। भूल जा कि तू सेठ है। अच्छा राम-राम।''

गेंदमलजी ने भी चिढ़कर कहा, ''हाँ, राम-राम।'' फिर कुछ सोचकर कहा, ''अच्छा बुरा मत मानना तोते। आदत छूटते ही छूटेगी। अच्छा सुन, स्वर्ग में तो अप्सराएँ भी रहती हैं न!''

तोते ने जवाब दिया, ''हाँ, रहती हैं मगर तुम्हें उनसे क्या मतलब?''

गेंदमलजी तोते के इस जवाब से सकुचा गए। बोले, ''बस जानना है कि कहाँ रहती हैं। जिस शहर में रहो, उसमें कौन कहाँ रहता है, यह तो पता होना चाहिए न!''

तोता यह सुनकर मुस्करा दिया। उसे गेंदमलजी को बेवकूफ बनाने का सुनहरा अवसर हाथ लग गया था। इसका वह भरपूर उपयोग करना चाहता था। उसने कहा, ''ऐसा कीजिएगा पहले आप सीधे चलते चले जाइए। कैसे जाएँगे? हाँ, सीधे। आगे जाकर आपको बहुत बड़ा-सा वट वृक्ष दिखेगा। क्या दिखेगा—वट वृक्ष। कैसा है वह? बहुत बड़ा। वहाँ से आप बाएँ मुड़ जाइए। हाँ बाएँ, दाहिने नहीं, मैंने कहा है बाएँ। फिर चलते जाइए, चलते जाइए। मैंने क्या कहा, क्या करना है? चलते चले जाना है। किधर? बाएँ। वहाँ देखेंगे तो पीपल का वृक्ष दिखेगा। क्या दिखेगा? पीपल का वृक्ष। उसके पास से एक रास्ता जाता है। समझे न आप! क्या जाता है? रास्ता जाता है। हाँ, तो पीपल के वृक्ष के पास से रास्ता जाता है और वहाँ से आप जाएँ बाएँ। उस रास्ते पर चलते चले जाएँ। रुकें मत। आप क्या करेंगे? चलते चले जाएँगे। बाई तरफ देखेंगे। नहीं-नहीं भूल गया, बाईं तरफ नहीं, दाईं तरफ देखेंगे। किस तरफ देखेंगे? दाईं तरफ। तो नीम का एक विशाल पेड़ दिखेगा। क्या दिखेगा? नीम का विशाल वृक्ष। वही जिसकी पत्तियाँ कड़ुवी होती हैं। कैसी होती हैं? याद है न, कड़ुवी। नीम के वृक्ष से कोई दस कदम या पंद्रह कदम आप आगे जाओगे तो इस बार बाईं तरफ रास्ता जाएगा। किस तरफ जाएगा-बाईं तरफ। चलते-चलते, चलते-चलते, फिर देवदार का एक पेड़ आएगा। क्या आएगा? भूले तो नहीं न देवदार का पेड़।

पहचानते हैं न देवदार का पेड़। किधर आएगा–देवदार का पेड़–बाएँ चलकर दाहिनी तरफ आएगा। फिर कोई एक कोस चलेंगे तो चंदन वन आएगा। क्या आएगा? चंदन वन। वहाँ साँप बहुत मिलेंगे। मिलते ही हैं। आप तो विद्वान हैं ये सब बातें तो आपको मालूम ही हैं। और साँपों से क्या घबराना? बिलकुल भी घबराने की जरूरत नहीं है। घबराना भी हो तो थोड़ा–सा घबराना। कितना घबराना? थोड़ा–सा। काफी लंबा है चंदन का वन। काफी साँप भी हैं वहाँ। मगर मैंने क्या कहा आपसे कि घबराना मत। डर लगे तो भगवान का नाम ले लेना। किसका नाम लोगे? भगवान का। इंपार्टेंट बात है, इसे भूल मत जाना। डर लगेगा तो, भगवान का नाम तो लेना ही पड़ेगा। इस तरह डरते–घबराते आप चलते चले जाएँगे। क्या करेंगे? चलते चले जाएँगे। तो वहाँ एक भव्य महल दिखेगा। एक के बाद दूसरा, दूसरे के बाद तीसरा यानी कि आपको महल–ही–महल दिखेंगे। उन्हीं में रहती हैं अप्सराएँ। आप समझ गए न! रिपीट करने की जरूरत तो नहीं? तो जाइए। रवाना हो जाइए।''

गेंदमलजी बौराए हुए थे। उन्होंने तोते से पूछा, ''रास्ता ठीक तो बताया है न!''

''हंड्रेड परसेंट करेक्ट है जी। आप तो फिकर ही मत करो। बेखटके चले जाओ।''

इधर गेंदमलजी आँखों से ओझल हुए, उधर तोते ने पेड़ों पर इधर–उधर बैठे पक्षियों को बुलाया और समस्त कथा सुनाई। सबने सम्मिलित रूप से पर्याप्त आनंद की प्राप्ति की। तोते ने कथा के अंत में कहा, ''देखो–देखो, इस तरह का मूर्ख गेंदमल किस तरह भागा जा रहा है। उससे अपनी धोती सँभल नहीं रही है मगर भागता ही जा रहा है। इसकी इस विकट मूर्खता का कुछ आनंद लिया जाए।''

और वाकई गेंदमलजी के पैर जमीन पर नहीं पड़ रहे थे। वे चल नहीं रहे थे, उड़ रहे थे। उन्हें लग रहा था कि उनके पंख उग आए हैं।

अप्सराओं का दर्शन, दर्शन नहीं अवलोकन, नहीं, प्रेमालिंगन करने की गेंदमलजी की उत्कंठा अत्यंत तीव्र हो उठी थी। आँखों के आगे कल्पना की अप्सराएँ नाचने लगी थीं। थोड़ी देर बाद उन्हें लगता कि अरे, यह नारी तो भारत की कोई सुंदरी है! अप्सरा के सामने तो यह कुछ भी नहीं। फिर वह उस सुंदरी की आँखों को इतना मादक बनाते कि देखते ही आदमी बेहोश हो जाए, उसके कपोलों को इतना गुलाबी बनाते कि पँखुड़ियाँ भी लजा जाएँ, उसकी नासिका को इतनी तीखी बनाते कि कई बार वह छुरी–सी बन जाती, उसके उरोजों, उसके कटिप्रदेश, उसकी जंघाओं को कल्पना से इतना रंगीन बनाते कि उनकी अप्सराओं को पाने की उत्कंठा बढ़ती चली जाती और उनके चलने की गति भी बढ़ती जाती। दो बार वह गिरते–गिरते बचे थे और एक बार वाकई वह गिर भी गए थे।

गेंदमलजी फिर पीछे लौट गए, पुरानी यादों में खो गए। गेंदमलजी अपने शहर के परम धर्मात्मा पुरुषों में थे। कम–से–कम अपनी नजर में तो थे ही। उनकी नजर

में उनका चरित्र आदर्श था। फिल्में देखने को उनका मन बहुत करता था मगर फिल्में देखने को वह चरित्रहीनता की निशानी मानते थे। किसी को गाना गाते देखते थे तो कान पकड़कर 'शिव-शिव' करने लगते थे।

अपनी पतिव्रता पत्नी के बार-बार आग्रह पर उन्होंने 'रामराज्य', 'संत तुलसीदास', 'हर-हर महादेव', 'जय-जय अंबे' फिल्में देखी थीं। इनमें पर्याप्त नारियाँ थीं। एक-से-एक सुंदरी थीं। वे सीता माता होकर भी सीता माता नहीं थीं। पार्वती होकर भी पर्वती नहीं थीं। अंबे माँ होकर अंबे माँ नहीं थीं। वे उन सुंदरियों को देखकर आकर्षित होते, मोहित होते। बाद में छी-छी करते, पापनाशम्-पापनाशम् करते हुए बाहर निकलते। हर फिल्म के बाद, यही होता। एक बार एक फिल्म में सीता उन्हें बहुत भा गई। सीता, जिन्हें वह माता कहते थे अपनी। अपनी फिल्मी माँ पर वह मोहित हो गए। रातभर उन्हें नींद नहीं आई। अगले दिन मनशुद्धि के लिए उन्होंने उपवास किया। तब जाकर कुछ-कुछ राहत मिली मगर पेट में खाना पड़ते ही मन फिर से मैला होने लगा। आज भी अप्सरा की कल्पना करते ही वही फिल्मी 'सीता माता' ध्यान में आई थीं।

सीता माता के प्रति उनका मोह कुछ धूमिल हुआ था कि कहीं पढ़ा कि कोई 'स्वप्न-सुंदरी' है। इस नाम की एक फिल्म भी है। उसे देखना हर पुरुष के लिए जरूरी है। उनका धार्मिक मन स्वप्न सुंदरी के लिए विचलित होने लगा। होते-होते 'स्वप्न-सुंदरी' फिल्म शहर में भी आ गई। मन होता कि खड़े होकर कम-से-कम उसका पोस्टर तो ध्यान से देख लें, मगर चरित्र की चिंता सताती थी क्योंकि सज्जन पुरुष के पास अपने चरित्र के अलावा और होता क्या है? उनका मन करता खड़े होकर देख लें मगर उनके पैर आगे भागते थे। कभी वह उसकी नाक ही ठीक से देख पाए, कभी सिर्फ आँखें। कभी निगाहें उसके बालों के आगे नहीं बढ़ीं। वे कभी उसे संपूर्ण नहीं देख पाए। उनकी मन-की-मन में रह जाती थी। मन करता सिनेमाघर के अंदर चले जाएँ। फिल्म के स्टिल फोटो देख लें, लेकिन चरित्र-चिंता के कारण यह संभव नहीं हो पाता था। लिहाजा उनका चरित्र तो निष्कलंक रह गया, मगर मन विचलित होता चला गया।

एक बार 'दूरदर्शन' पर 'चित्रहार' कार्यक्रम आ रहा था। उनकी रोकथाम के बावजूद उनकी पत्नी समेत घर के समस्त प्राणी 'चित्रहार' देख रहे थे। इस मामले में कोई उनकी सुनता नहीं था, वे सिर पटक-पटककर रह गए थे। अचानक वे उस कमरे में पहुँचे, जहाँ टी.वी. चल रहा था। 'स्वप्न-सुंदरी' नाच रही थी। उन्होंने पूछा कि यह कौन 'पतुरिया' नाच रही है। वह पतुरिया नहीं, 'स्वप्न-सुंदरी' थी। वह मुग्ध भाव से उसका लास्यपूर्ण नृत्य देखने लगे। यह दृश्य देखकर घर के समस्त प्राणी मुँह पर हाथ रखकर मुस्कराने लगे। वह देख-समझकर भी अनजान बनकर देखते ही रहे, घबराए नहीं। इतने में एक बहू की हँसी जोर से छूट गई तो उन्हें वहाँ से भागना

पड़ा। जाते-जाते कह रहे थे, ''क्यों हँस रहे हो तुम ? क्या मैं उसे देख रहा था ? मैं तो देख रहा था कि क्या है इस नाच-गाने में, जो कि भारत के हर नागरिक के चरित्र का पतन हो रहा है। शिव-शिव ! क्या होगा हमारे देश का !'' इतना कहकर वह पलटे और उन्होंने टी.वी. बंद कर दिया। जिस सुंदरी को वह नहीं देख सकते, दूसरे क्यों देखें ? जो सुख उन्हें नसीब नहीं, दूसरों को क्यों नसीब हो ? लेकिन बहू-बेटों के आगे ही नहीं, पत्नी सोमवती के आगे भी उनकी नहीं चली। टी.वी. फिर चालू कर दिया गया।

इसी के साथ उन्होंने कसम खाई कि वह अगली बार बड़े शहर में जाकर 'स्वप्न-सुंदरी' की कोई फिल्म जरूर देखेंगे और 'स्वप्न-सुंदरी' की नहीं तो किसी 'धरा-सुंदरी' की फिल्म तो जरूर ही देखेंगे, देखकर ही रहेंगे।

और सिर्फ इसी कल्पना को पूरा करने के लिए वह बरसों बाद पचपन किलोमीटर दूर अवस्थित दूसरे बड़े शहर के लिए प्रस्थित हुए। वहाँ 'स्वप्न-सुंदरी' की फिल्म भी संयोग से लगी हुई थी। उनके चरण सिनेमाघर की ओर दृढ़ संकल्प से मुड़े मगर इतने में देखा कि उनका भानजा एक सुंदरी के साथ उन्मुक्त भाव से सिनेमाघर के बाहर टहल रहा है। वह भी यह 'शो' देखने आया था। गेंदमलजी उसे देखते ही वहाँ से रफूचक्कर हो गए और फिर उधर फटके भी नहीं। उन्हें अहसास हुआ कि परमात्मा ने उनके भानजे को सिनेमाघर में भेजकर एक बार फिर उनके चरित्र की रक्षा कर ली है और यह शुभ संकेत किया है कि उन्हें अपना चरित्र नहीं बिगड़ने देना चाहिए, उसकी रक्षा करते रहना चाहिए।

वह जिस तरह 'सच्चरित्र' अपने शहर से गए थे, उसी तरह 'सच्चरित्र' लौट भी आए।

मगर यह स्वर्ग था। न यहाँ बीवी थी, न बच्चे, न भानजे, न सिनेमा था, न टी.वी., न चरित्र था और न चरित्रहीनता थी। कुल मिलाकर स्वर्ग भारतवर्ष नहीं था। अलबत्ता गेंदमलजी वहाँ जरूर थे। अतः गेंदमलजी विकलतापूर्वक अप्सरा-दर्शन के लिए उड़े जा रहे थे। उनके 'पंखों' से ज्यादा उनकी 'कल्पना' तीव्रता से उड़ रही थी और वह उस कल्पना के पीछे-पीछे भाग रहे थे। वह 'उड़कर' एक जगह पहुँचते, तो उनकी कल्पना उनसे सौ मील दूरी जा चुकी होती थी। यह बड़ा भारी संकट था।

लेकिन संकटों पर विजय पाने का गेंदमलजी को पुराना अभ्यास था। उनका विजय-अभियान जारी था। वह काफी दूर आ गए थे मगर वहाँ वह वृक्ष नजर नहीं आया था, जिससे उन्हें बाईं तरफ मुड़ना था। एक वट वृक्ष मिला तो उसके पास क्या, दूर-दूर तक कहीं कोई रास्ता नहीं निकलता था—न दाएँ, न बाएँ। वह चलते चले गए, बढ़ते गए, उड़ते गए। 'नर हो न निराश करो मन को' कविता अचानक उन्हें याद आ गई। वह इस पंक्ति को दोहराते-दोहराते आगे बढ़ते रहे। आगे एक के बाद

एक पाँच-छह वट वृक्ष मिले। एक वट वृक्ष के पास से रास्ता जाता था मगर वह दाईं ओर था, बाईं ओर नहीं। फिर वे आगे बढ़े। कहीं कोई वट वृक्ष नहीं आया। उन्हें तोते पर शक हुआ, अपने आप पर भी संदेह हुआ। फिर भी वे उड़ते चले गए। रुकना उन्हें पसंद नहीं आ रहा था, उनके अंदर से कोई पुकार रहा था—बढ़े चलो, बढ़े चलो, वीर पुत्र बढ़े चलो, बढ़े चलो। उन्हें समझ में नहीं आ रहा था कि यह पुकार किसकी है-आत्मा की या किसी और की ? मगर उन्होंने निश्चय किया कि पुकार किसी की हो, वह बढ़ना नहीं छोड़ेंगे।

अंततः उस वट वृक्ष को आना ही पड़ा, जो सड़क की बाईं ओर था और जहाँ से एक रास्ता जाता था।

अब तो एकाएक गेंदमलजी का तोते पर और तोते से ज्यादा अपने पर विश्वास बढ़ गया। कोई बात नहीं, जो सुबह से रात तक चलने पर ऐसा वट वृक्ष आया। आखिर मिलना भी तो अप्सराओं से है। मार्ग में बाधाएँ तो आएँगी ही। रास्ता लंबा है, मगर रुक मत गेंदमल, हताश मत हो, परेशान मत हो, पथ की बाधाओं से मत डर, कंकड़-पत्थर आएँगे ही, चट्टानें-पर्वत श्रृंखलाएँ आएँगी ही। रास्ते में कुत्ते भी दिखेंगे और साँप भी।

रास्ते में उन्होंने देखा कि किसी पेड़ का तना दूधिया था तो पत्ते गुलाबी, किसी का तना गुलाबी था और पत्ते दूधिया थे। कई पेड़ थे, जिनके पत्ते अलग-अलग रंगों और आकारों के थे। किसी पेड़ के पत्ते गोल थे, तो किसी के चौकोर, किसी के तिकोने, तो किसी के शंखाकार। फूल इतने रंगों, इतने आकारों, इतने गंधों के थे कि मन होता था कि उनके पास रुकें, उन्हें देखें, उन्हें सूँघें, उन्हीं के पास रह जाएँ, ठहर जाएँ। अपनी मंजिल उन्हीं को मान लें।

कोई पेड़ रात में जुगनू की तरह चमक रहा था, तो कोई तारे जैसा, तो कोई चाँद जैसा। कोई पेड़ सफेद आकाश में काले बादलों की तरह लग रहा था, तो कोई नीले आकाश जैसा। कोई आँधी-पानी में झूम रहा था तो कोई फिर भी स्थिर था, मौनव्रती था। कोई झूमता ही रहता था—हवा हो या न हो। एक पेड़ से लगातार पत्ते झड़ रहे थे मगर इसके बावजूद उस पर खूब पत्ते थे। वे कभी खत्म ही नहीं होते थे। उतने ही नए आते जाते थे, जितने गिर रहे थे।

रात थी मगर अँधेरा नहीं था। रास्ते में सिर्फ पेड़ थे मगर अकेले होने का अहसास नहीं था। वह साँय-साँय नहीं थी, जो आदमी को डराती है।

गेंदमलजी गाव-तकिए पर बैठनेवाले जीव थे। देवदर्शन के लिए थोड़ा-बहुत चलते थे मगर वह चले जा रहे थे। वे थके नहीं थे, निराश नहीं थे। वह चले जा रहे थे मगर वांछित पीपल का वृक्ष नहीं आ रहा था।

अचानक उन्होंने पाया कि वह किसी विशाल नदी के पास—जो समुद्र भी हो

सकती थी—पहुँच गए हैं। चारों तरफ पानी-ही-पानी है। आदि से अनंत तक पानी ही पानी है। पूर्व से पश्चिम तक, उत्तर से दक्षिण तक पानी ही पानी है। दिशाएँ पानी में डूबी हुई हैं। गेंदमलजी कुछ देर के लिए इस दृश्य में खो गए। दृश्य ही ऐसा था कि गेंदमलजी जैसे आदमी को भी पिघला दे। थोड़ी देर तक तो वह भूल ही गए कि वे अप्सराओं की खोज में निकले हैं। पानी की गहराई, विस्तार, व्यापकत्व में अप्सराओं के सौंदर्य की कल्पना घुल-मिल गई थी। वह पानी के यथार्थ में डूब गए थे। कुछ देर बाद उन्हें 'होश' आया और उन्होंने अपने को तड़ातड़ झापड़ मारे और कहा कि क्या गेंदमल तुझे स्वर्ग आकर मुग्ध होने की बीमारी हो गई है! तू तो पेड़ को देखकर भी मुग्ध हो जाता है और पानी को देखकर भी। यह तेरे लिए ठीक नहीं है। तू इतना मुग्ध मत हुआ कर। अप्सराओं की कल्पनाओं में मुग्ध होना ही काफी है। तू तो पानी को देखकर अप्सराओं को भूल गया है! क्या हुआ अप्सराओं के महल तक जाने के रास्ते का! तोते के नक्शे में न कोई नदी थी, न समुद्र था। यह कहाँ से आ टपकी? समुद्र पर तो अप्सरा रह नहीं सकती। तो क्या समुद्र के भीतर कोई अप्सरालोक हो सकता है?

इस खयाल का आना गेंदमलजी के लिए काफी था। उनके कानों में पायल की झनकार सुनाई देने लगी, संगीत की ध्वनियाँ लहराने लगीं। उनका मन-मयूर नृत्य करने लगा। मन-मयूर नाचने लगा, तो वह स्वयं भी नाचने लगे। गेंदमलजी, धंधा-सूदखोरी का, उम्र साठ से अधिक, संस्कार धार्मिक, तोंद विशाल, वस्त्र धोती-कुर्ता। उस पर नृत्य। गेंदमलजी और नृत्य? प्रकृति ने भी गेंदमल—नृत्य का नजारा पहली बार देखा था। वह हाथ नचाकर, कूल्हे मटकाकर नाच रहे थे, गा रहे थे।

अचानक उनका आत्ममोह टूटा। वह गेंदमल हो गए। उनकी आत्मा चीख उठी, 'गेंदमल, हे नीच प्राणी, तुझे हुआ क्या है? नाच रहा है पगले, गा रहा है? पगला गया है बुड्ढे। स्वर्ग में क्या आया, सभी शर्म पानी की तरह पी गया है? अरे, तू यहाँ भी तो गेंदमल ही है। बस स्थान बदल गया है। पर्यावरण बदल गया है। लेकिन क्या तू भी संपूर्ण बदल गया है?'

अचानक वहाँ बादल छा गए और मूसलाधार वर्षा होने लगी। वहाँ दूर-दूर तक छिपने-बचने की कोई जगह नहीं थी। गेंदमलजी ने छिपने-बचने की चिंता भी छोड़ दी। वह वर्षा जल का आनंद लेने लगे। बचपन के बाद ऐसा उनके साथ पहली बार हो रहा था। वह इस कदर भीग चुके थे कि उन्हें अपना शरीर ही नहीं, अपना मन-प्राण सब कुछ भीगा-भीगा, नहाया-नहाया, बदला-बदला लगा। ताजगी और स्वच्छता आ गई।

लेकिन वर्षा बंद नहीं हो रही थी। उसकी गति और उसका आवेग कम नहीं हो रहा था। अतः इस ताजगी, इस आनंद की भी एक सीमा जल्दी ही आ गई। गेंदमलजी

घबरा गए। उन्हें लगने लगा कि यह वर्षा अब कभी थमेगी नहीं। यह भीगना अनंतकाल तक चलता रहेगा। इतना भीगने से वह डरते थे। वह बारिश से बचाव चाहने लगे। चारों ओर सुरक्षित जगह ढूँढ़ने लगे, जहाँ बचाव हो सके। मिट्टी और रेत में उनके पैर गहराई तक धँस रहे थे। किसी तरह वह एक पेड़ के नीचे पहुँचे। पूरा पेड़ भीग चुका था। वर्षा से वहाँ भी बचाव नहीं था लेकिन पेड़ का फिर भी उन्हें भरोसा था।

अंततः वर्षा थमी।

अब गेंदमलजी दुविधा में थे कि आगे क्या करें! आगे रास्ता नहीं था। लौटने की इच्छा हो रही थी। लेकिन लौटकर क्या करेंगे? जहाँ लौटेंगे, वहाँ लौटने के लिए क्या है? उन्हें खयाल आया कि फिर क्यों न अप्सराओं को खोजा जाए? वह समुद्र से विपरीत दिशा में चल पड़े।

इस बार उन्होंने तोते द्वारा बताए गए नक्शे की परवाह नहीं की। दरअसल उन्होंने नक्शे की परवाह करना छोड़ दिया। जहाँ पैर ले जाते, वे चल देते। जहाँ जी चाहता, मुड़ जाते। कुछ दूर जाकर लगता कि इस रास्ते पर आगे जाना व्यर्थ है तो चौराहे पर वापस आ जाते और फिर से तय करते कि अब किधर जाएँ, कहाँ जाएँ, कितनी दूर, किस रास्ते पर जाएँ। कहाँ मुड़ें और कहाँ न मुड़ें।

अब उनमें वह विकलता नहीं थी, एक निश्चिंतता आ चुकी थी, हालाँकि यह पता नहीं था कि कहाँ पहुँचेंगे या कहाँ नहीं पहुँचेंगे।

मगर यह बात दूर-दूर तक फैल चुकी थी कि गेंदमलजी नामक कोई सज्जन हैं जो अप्सराओं की खोज में भटक रहे हैं। उन्हें अप्सराएँ मिल नहीं रही हैं और वे उनके पीछे पगला रहे हैं। वे कभी इधर जा रहे हैं, तो कभी उधर। वे कभी पहाड़ पर चढ़ रहे हैं तो कभी गड्ढे में उतरते चले जा रहे हैं। फिर किसी तरह ऊपर आ रहे हैं। बस एक ही धुन है कि अप्सराओं को पाना है। वे कभी पूरब में जा रहे हैं तो कभी पश्चिम में। कभी उत्तर में जा रहे हैं, तो कभी दक्षिण में। कभी आकाश की ओर देखकर सोचते हैं कि शायद वहाँ अप्सराएँ होंगी, कभी समुद्र के नीचे अप्सरा-लोक होने की कल्पना करते हैं। उनकी मानसिक दशा दिनोदिन बिगड़ती जा रही है।

गेंदमलजी चले जा रहे थे कि एक प्रौढ़ा सुंदरी उनके पास आई। वह गेंदमलजी से लिपट ही जाती, मगर वह सँभल गए। फिर भी उसने गेंदमलजी के दोनों हाथ अपने हाथों में ले लिये। गेंदमलजी अचंभित भी थे और उससे ज्यादा प्रसन्न भी थे। उसने कहना शुरू किया, ''जिसकी खोज में आप भटक रहे हैं गेंदमलजी, वहीं मैं अप्सरा हूँ रंभा। आप मुझे खोज रहे थे और मैं आप जैसे किसी सज्जन को खोज रही थी। देखिए, कितनी सुंदर हूँ न मैं आज तक! बिलकुल आपकी मधुबाला या कहिए हेमा मालिनी या कहिए रेखा की तरह। हूँ न मैं बिलकुल रेखा! आइए मेरी इन सुंदर आँखों में डूब जाइए। आइए न मेरे होंठों पर रख दीजिए अपने होंठ। मैं रंभा हूँ रंभा।

वही जिसके सपने आप देखते थे। आइए न मैं आप ही के लिए तरस रही थी। मुझे मालूम था कि एक-न-एक दिन आप अवश्य आएँगे। आइए सीधे मेरी बाँहों में चले आइए। रुकिए मत, झिझकिए मत। आइए मैं ही थी कभी देवताओं की लेकिन अब मैं केवल आपकी हूँ। देवताओं को चाहिए नित-नित, नई-नई अप्सराएँ, जबकि मुझे नित नई बन जाने की कला भी आती है। कल मैं जितनी ताजी थी, आज उससे ज्यादा हूँ। लेकिन देवता फिर भी मुझे नहीं चाहते, अतः मुझे अब मनुष्य भाने लगे हैं। भरे-पूरे मनुष्य। मेरे लिए तड़पते तुम जैसे आदमी। आओ भी अब और मत भटको, जिसके लिए भटक रहे थे, वह तुम्हारे बिलकुल सामने है। आओ डरो मत, रुको मत। आनंद का उपभोग करो। स्वर्ग है यह। भोग करने वाला ही यहाँ भोग कर पाता है वरना यहाँ भी रह जाता है। आओ-आओ।''

इतना कहकर 'रंभा' उनके सामने रो दी। रोते-रोते भी वह कुछ कह रही थी। उसकी भावुकता से गेंदमल एकदम स्वप्न जैसी स्थिति से निकल आए। गेंदमलजी को लगा कि मामला गड़बड़ है। गड़बड़ न भी हो तो उनके बस का नहीं है। जो धरती पर खतरा नहीं उठा सका, वह यहाँ भी क्या उठा पाएगा। इसलिए भाग लें यहाँ से, इसी में तेरी कुशल है। तू किसी के दुख से कभी नहीं भीगा, तो अब क्यों भीगता है पगले! मत भीग। यह प्रौढ़ा वास्तव में तेरी कल्पना की साकार मूर्ति है मगर फिर भी भाग। तू भाग। तू और तेरी सोमवती भली। वह यहाँ आएगी, तो किसके पास जाएगी? धरती पर तूने उसे दुख दिए, यहाँ भी देगा क्या? भाग रे गेंदमल, भाग।

और वह सचमुच भागे। उन्हें डर था कि रंभा उन्हें पकड़ लेगी, उन्हें अपनी बाँहों में जकड़ लेगी, तो वह छोड़ेगी नहीं और छोड़ेगी नहीं तो वह छूट भी नहीं पाएँगे अपने आप। इसलिए वह पूरी ताकत से भागे। लेकिन रंभा अपने आप और अकेली रो रही थी। वह गेंदमल को भूल चुकी थी। वह अपने गमों में मुब्तिला थी।

गेंदमल भागते-भागते ही अपनी कुटिया में पहुँचे। उन्हें उम्मीद हो चली थी कि अब तक सोमवती वहाँ पहुँच चुकी होगी मगर वह नहीं आई थी। पहले भी ऐसा उनके साथ कई बार हुआ है। उन्हें लगा कि आज वह जरूर आ जाएगी, मगर वह नहीं आई।

वास्तव में यहाँ आते ही गेंदमलजी को सोमवती के आने का इंतजार रहने लगा था लेकिन वह अब तक नहीं आई थी। वह पति की मृत्यु के बावजूद गली के अपने घर में मस्त थी। गेंदमलजी उसके नाम काफी जायदाद कर गए थे। इसका शुभ परिणाम यह हुआ कि बेटे-बहू उनका ठीक से खयाल रखते थे, बल्कि एक-दूसरे से प्रतियोगिता करते थे। एक साथ दो-दो बहुएँ चाय लेकर आतीं, नाश्ता ले आतीं, खाना ले आतीं। सोमवती के चरण रोज छुए जाने लगे, आशीर्वाद लिये जाने लगे। बहुएँ उनकी पूर्ण आज्ञा में रहने लगीं। उन्हें बताकर घर से बाहर जाने लगीं। सोमवती को घर में यह

सम्मान अपने पति के रहते नहीं मिला था। पहले डर और सम्मान गेंदमलजी का था। अब सोमवती का था।

गेंदमलजी की सेवा से अवकाश मिल जाने के कारण सोमवती को अब पूजा-पाठ, व्रत-त्योहार, निंदा-स्तुति के लिए पर्याप्त समय मिलने लगा था। इससे उसका स्वास्थ्य सुधरने लगा था, मानसिक संतुष्टि ज्यादा हासिल होने लगी थी। उसे अब मृत्यु का डर कम लगने लगा था।

सोमवती इसे अपने पति का आशीर्वाद मानकर सुखपूर्वक जीवन व्यतीत कर रही थी। उसे स्वर्गीय पति के साथ स्वर्ग में साथ रहने का खयाल भी अब नहीं आता था। उसके लिए यह धरती ही स्वर्ग थी और पति, देवता का स्थान ले चुके थे और देवता तो स्वर्ग में रहते ही हैं। सोमवती के पैर अब धरती पर ज्यादा विश्वास के साथ पड़ते थे। उसके चेहरे पर अब ज्यादा संतुष्टि और आत्मविश्वास था।

उधर सोमवती के दिनोदिन अच्छे होते स्वास्थ्य से बहू-बेटे चिंतित रहने लगे थे। लेकिन करते भी क्या? उसके पास काफी 'माल' था। वे दिल से चाहने लगे थे कि वह दिन जल्दी आए, जब स्वर्गीय पिताजी के साथ माताजी का फोटो भी लग जाए और चंदन-अगरबत्ती की सुगंध दोनों को बराबर-बराबर मिले। उधर स्वर्ग में पिताजी भी अकेलापन महसूस न करें।

उधर स्वर्ग में रहते-रहते गेंदमलजी को समझ में आ चुका था कि स्वर्ग से छुटकारा संभव नहीं है। यह श्रीनगर या गोवा नहीं है, यह बदरीनाथ या रामेश्वरम भी नहीं है कि जहाँ से लौटा जा सके। यह जेल नहीं है कि यहाँ से वे फरार हो सकें या रिहा हो सकें। इससे तो वही रिश्ता बनाना पड़ेगा, जो धरती से था। 'जीना यहाँ, मरना यहाँ, इसके सिवा जाना कहाँ' वाला मामला यहाँ भी है। इसलिए गेंदमलजी को अब स्वर्ग रास आने लगा था। उन्हें अब यहाँ कई खूबियाँ नजर आने लगी थीं। अब वह जलेबी-पोहे का स्वाद भूलने लगे थे। सुगंधित वायु का समय-समय पर आनंदपूर्वक पान करना सीख चुके थे। स्वर्ग में लघुशंका या दीर्घशंका की व्यवस्था न होने से वे अब परेशान नहीं होते थे। उन्हें गधों, गड़रियों या शराबियों समेत यह स्वर्ग अच्छा लगने लगा था।

एक दिन उन्हें एकदम काला और बहुत लंबा आदमी दिखाई दिया। वह बहुत मजबूत नजर आ रहा था। गेंदमलजी उसे दूर से देखकर ही डर गए थे, क्योंकि अपने शहर में ऐसा आदमी उन्होंने पहले कभी नहीं देखा था। उसे देखकर गेंदमलजी को तनिक आश्चर्य भी हुआ कि तो क्या ये भी अब स्वर्ग में मिलेंगे? मगर यह भी सच है कि गेंदमलजी अब तक स्वर्ग में आकर आश्चर्यों के अभ्यस्त हो चुके थे। मान लो, उनसे कल आकर कोई कहता कि आप मरे नहीं हैं और यह स्वर्ग नहीं है, बल्कि स्वर्ग का 'सेट' है तो वह मान लेते कि ऐसा भी हो सकता है।

स्वर्ग में हर कोई था। अब कोई उनसे 'गुडमॉर्निंग' कहता था, कोई 'सलाम वालेकुम', कोई कुछ और कहता और कोई कुछ और। गेंदमलजी को इससे परेशानी होती थी, अच्छा नहीं लगता था। उन्होंने तय किया कि वह सबसे 'नमस्कार' कहेंगे और इतने साफ ढंग से तथा जोरदार तरीके से 'नमस्कार' कहेंगे कि सामनेवाला भी 'गुडमॉर्निंग' वगैरह छोड़कर उनसे 'नमस्कार' करने को मजबूर हो जाए। और अगर कोई 'नमस्कार' न कहे, तो भी उसके मुँह से जबरदस्ती 'नमस्कार' निकलवाया जाए। जब तक सामनेवाला 'नमस्कार' न कहे, तब तक उससे 'नमस्कार' कहना जारी रखना है।

इस प्रकार स्वर्ग में गेंदमलजी ने सबसे 'नमस्कार' करके धूम मचा दी। जो, जहाँ भी, जब भी, जिस भी हालत में मिलता, उससे नमस्कार करते और उससे भी कहते, नमस्कार करो। फिर उसे समझाते कि वेदों-पुराणों में लिखा है कि नमस्कार कहने से पुण्य-फल की प्राप्ति होती है। कल्पकल्पांतर तक मनुष्य स्वर्ग में रहता है। देवता भी आपस में एक-दूसरे को 'नमस्कार' ही करते हैं। उन्होंने यहाँ तक कहा कि वे स्वयं भी इसलिए स्वर्ग पहुँचे हैं कि वे नियमपूर्वक दिन में कम-से-कम सौ व्यक्तियों को नमस्कार जरूर करते थे।

उन्हें 'नमस्कार' करने-कराने का ऐसा नशा चढ़ गया कि नींद में भी वह 'नमस्कार-नमस्कार' बड़बड़ाते रहते। उन्हें खुशी थी कि उनका 'नमस्कार-आंदोलन' चल गया था। अब तो हर कोई उनसे नमस्कार ही कहता था। लेकिन धीरे-धीरे उन्हें जब यह अहसास हुआ कि लोग उनका मजाक उड़ाने के लिए भी उनसे 'नमस्कार' कहते हैं और स्वर्ग में अब उनका नाम ही 'नमस्कार' हो गया है, तो वे चौंके। नमस्कार-आंदोलन के प्रति उनका उत्साह मंद पड़ने लगा। उन्हें अब नमस्कार करने-कराने से इतनी वितृष्णा होने लगी थी कि गेंदमलजी ने बाहर निकलना ही छोड़ दिया था, क्योंकि कुछ लोग उनसे एक की बजाय छह-छह बार नमस्कार करते थे और कुछ लोग तो उनके आगे जाकर फिर पीछे मुड़ते और नमस्कार करते। फिर आगे बढ़ जाते, फिर पीछे मुड़ते और फिर नमस्कार करते। जब तक वह निगाहें नीची करके, आगे नहीं बढ़ जाते, लोग उन्हें नमस्कार ही करते रहते। उन्हें इस तरह चिढ़ाने लगे थे लोग।

फिर भी 'नमस्कार-आंदोलन' आसानी से मरा नहीं, हालाँकि उन्हें इससे चिढ़ और ऊब होने लगी थी। जब भी लोग उन्हें देखते अपनी ओर से उनसे 'नमस्कार' करना भूले नहीं थे। हालत यह हो गई थी कि लोग उनसे 'नमस्कार' करते और वह बदले में 'गुडमॉर्निंग', 'गुड इवनिंग' या 'सलाम वालेकुम' कहते तो लोग मुस्कराते। धीरे-धीरे स्थितियाँ सुधरीं। उनका नमस्कार-आंदोलन आखिर ठंडा पड़ा, उनकी परेशानियाँ घटीं।

जब 'नमस्कार-आंदोलन' ठंडा पड़ गया तो गेंदमलजी को न जाने क्या सूझा

कि वे अपना गर्वपूर्वक परिचय 'नमस्कार-आंदोलन' के प्रणेता के रूप में देने लगे। जिन्हें नहीं पता था, उन्हें 'नमस्कार-आंदोलन' का महत्त्व नए सिरे से बताने लगे। अपनी प्रशस्ति स्वयं गाने लगे और कहने लगे कि देखा कि भारतीय संस्कृति के बड़े-बड़े प्रचारक, संत-महात्मा, ऋषि-मुनि, ज्ञानी-ध्यानी यहाँ आ गए मगर एक सेठ गेंदमल को छोड़कर किसी को यह विचार नहीं आया कि यहाँ भी भारतीय संस्कृति का प्रचार-प्रसार करें। कुछ नहीं तो एक-दूसरे से 'नमस्कार' ही करें। हमीं क्यों दूसरों के रंग में रँगें? हम अपने रंग में दूसरों को क्यों न रँगें?

'नमस्कार-आंदोलन' की सफलता के दिनों में गेंदमलजी ने तो 'नमस्कार संप्रदाय' चलाने तथा 'नमस्कार आश्रम' की स्थापना करने का संकल्प भी कर लिया था। इस दिशा में कुछ लोगों से उन्होंने आरंभिक विचार-विमर्श भी किया था। वे भी तैयार थे। इस आंदोलन की सफलता से उनकी मान्यता हो चली थी कि धरती के सारे धंधे यहाँ फल-फूल सकते हैं बशर्ते कि धंधा जमानेवाले में 'दूर-दृष्टि और पक्का इरादा' हो। मगर जब 'नमस्कार' के कारण उनका मजाक बनने लगा तो उन्होंने अपनी यह योजना बीच में छोड़ दी, हालाँकि इस बीच कई लोग उनके 'नमस्कार-आंदोलन' के साथ हो गए थे और वे समझा रहे थे कि 'गेंदमल तुम संघर्ष करो, हम तुम्हारे साथ हैं।' लेकिन गेंदमल संघर्ष करने को तैयार नहीं थे। उन्हें लोगों ने ईसा मसीह की तरह सूली पर चढ़ जाने की प्रेरणा भी दी मगर उन्हें पता चल चुका था कि यहाँ सूली नहीं है, इसलिए उनके ईसा मसीह बनने की कोई संभावना भी नहीं है।

जब वे नहीं माने तो उनके एक समर्थक ने 'नमस्कार संप्रदाय' तथा 'नमस्कार आश्रम' की स्थापना कर दी। उसका मामला चल निकला और उसके बहुत से भक्तगण पैदा हो गए और उसके प्रवचन सुनने लगे। उनके उस समर्थक का रुतबा स्वर्ग में अचानक बढ़ गया। वह गेंदमल से ज्यादा बड़ा आदमी बन गया और लोग भूल गए कि इस आंदोलन के प्रवर्तक वे थे। फिर उसकी तर्ज पर 'गुडमॉर्निंग', 'गुटे मार्गेन', 'वालेकुम सलाम' संप्रदाय भी बन गए और धड़ाधड़ उनके आश्रम भी खुल गए और वे भी चल निकले।

स्वर्ग में गेंदमलजी की एक बड़ी परेशानी यह थी कि वह सिर्फ हिंदी जानते थे। उनका अंग्रेजी ज्ञान 'गुडमॉर्निंग', 'गुड नाइट', 'बाई-बाई', 'वेरी गुड', 'वेलकम', 'माई नेम इज गेंदमल', 'व्हाट इज यूअर नेम' तक सीमित था। इधर उन्हें स्कूल में अंग्रेजी न पढ़ने का दुख सताने लगा था, जबकि जब वे स्कूल में थे, तब अंग्रेज और अंग्रेजी दोनों भारतवर्ष में थे।

एक दिन की बात है भूरे-भूरे बालों, काली आँखोंवाली एक स्त्री ने खुद पहल करके उनसे 'हलो' कहा। गेंदमल इस 'आघात' के लिए तैयार नहीं थे। उन्हें अचानक ऐसा लगा कि उनकी धोती की गाँठ ढीली हो गई है और उसके नीचे खिसकने का

खतरा है, इसलिए पहले उसे सँभाला। लेकिन स्वर्ग की धरती में इतनी गुरुत्वाकर्षण शक्ति नहीं थी कि एक गोरी औरत के यह कहने मात्र से कि 'हलो', किसी भले आदमी की इज्जत चली जाए। स्वर्ग की धरती में कभी इतना गुरुत्वाकर्षण रहा भी होगा तो वह अब तक खत्म हो चुका था।

मगर एक बार इस मानसिक अवस्था से उबरने के बाद गेंदमलजी को यह याद करके बहुत रोमांच हुआ कि एक गोरी स्त्री ने, 'मेम' ने, स्वयं उनसे 'हलो' कहा था। यह उनके जीवन का 'अविस्मरणीय' दिन था। वह 'हलो' उनके कानों में देर तक गूँजता रहा। वह रोमांटिक हो गए थे। उन्होंने भी कल्पना में उनसे मुस्कराकर 'हलो' कहा। मगर 'हलो' के आगे संवाद रुक गया। वह अंग्रेज नहीं हो पाए और वह हिंदुस्तानी नारी नहीं बन सकी। लेकिन उन्होंने 'इंडियन', 'थैंक्यू', 'यस', 'नो', 'बैड', 'सॉरी', 'माई नेम इज गेंदमल' आदि कहा। उन्हें इतनी अंगेजी आती है, इसका अहसास उन्हें पहली बार हुआ था और इससे बहुत खुशी हुई थी। कुछ देर के लिए उन्हें लगा था कि वह अंग्रेज हो गए हैं और अब उनके लिए कुछ भी कठिन नहीं है।

अगले दिन वह उसी समय, उसी जगह फिर गए। वह औरत उसी समय, उसी तरह आती हुई उन्हें मिली। आज उन्होंने तय किया था कि वह स्वयं पहले उससे 'हलो' कहेंगे। वह भी 'हलो' के जवाब में 'हलो' कहेगी तो वह कहेंगे, 'माई नेम इज गेंदमल', 'आई एम इंडियन'। फिर वह अपना नाम उन्हें बताएगी। वह कहेंगे 'गुड, वेरी गुड'। वह भी शायद 'गुड, वेरी गुड' कहेगी। वह कहेंगे 'यू गुड'। वह भी शायद 'यू गुड' कहे। वह 'थैंक्यू', कहेंगे। वह भी 'थैंक्यू' कहेगी। बस चल निकलेगा सिलसिला। प्रेम में भाषा का क्या काम? प्रेम की अपनी भाषा होती है।

गेंदमलजी पक्के इरादे के आदमी थे। उन्होंने अपने को विश्वास भी दिलाया था कि तुम अब सोलह बरस के नहीं हो कि शब्द तुम्हारे कंठ में अटक जाएँ। तुम घबराना मत। लेकिन जब वह उनके करीब आई तो इन्होंने मुँह खोला पर 'हलो' कहना भूल गए। उसने 'हलो' कहा तो भी ये मुस्कराकर रह गए। वह आगे बढ़ गई। वे भी आगे बढ़ गए। मगर फिर मुड़े। उसके नजदीक गए। उसे 'मैडम' कहा। उसने 'यस' कहा। इन्होंने कहा 'गेंदमल', इंडिया उसने कहा, 'पाउला। ओ.के. सी.यू.' इतना कहकर वह आगे बढ़ गई।

ये भी लौट आए। लेकिन गेंदमलजी के शब्दकोश में निराश शब्द नहीं था। या तो वह शब्द था ही नहीं या उसे ढूँढ़ना वे भूल जाते थे। अतः अगले दिन फिर जब वह मिली तो गेंदमलजी ने ही इस बार खुद उससे 'हलो' कहा। उन्होंने उससे कहा, "यू गुड," उसने कहा, "यस आई एम फाइन," उन्होंने कहा, "माई नेम इज गेंदमल।" उसने कहा, "यस आई नो। यू आर इंडियन।" उन्होंने कहा, "यस-यस। यू फ्रेंच। यू फ्रेंच, आई इंडियन। वेरी गुड। यू-यू आई-आई।" वह सिर्फ मुस्कराई।

वे 'आई लव यू' उससे कहना चाहते थे, मगर यह बात उन्होंने उससे सिर्फ सपने में कही। वह उनके सपने में एक बार भटकते-भटकते आ गई थी। उनके 'आई लव यू' के जवाब में उसने भी अंग्रेजी में कुछ कहा, जिसका मतलब उन्होंने यही लगाया कि उसने भी 'आई लव यू' कहा। फिर चमत्कार देखिए कि उसने उनसे और उन्होंने उससे, शुद्ध हिंदी में प्रेम की बातें कीं। उन्होंने अपने जीवन में पहली बार 'मेरे जानी', 'मेरे हमदम', 'मेरे हमसफर', 'मेरी जानम' जैसे संबोधनों का हिंदी में उच्चारण किया और उसने भी इन्हें मेरे 'प्राण प्यारे', 'मेरे प्यार' आदि कहा और कहते-कहते मुस्कराई भी और शरमाई भी। उसने इन्हें अपनी बाँहों में आने के लिए आमंत्रित किया। इन्होंने आमंत्रण स्वीकार कर लिया। फिर पहले इन्होंने उसे चूमा। फिर उसने इन पर चुंबनों की ऐसी झड़ी लगा दी कि ये भीगते ही चले गए और इन्हें सर्दी लग जाने और निमोनिया हो जाने का खतरा लगने लगा, मगर क्या करते, बेबस थे। उसने उन्हें 'मेरे प्यार गैंड' कहा। उन्हें अपना यह विदेशी नामकरण भी अच्छा लगा। उन्होंने उसे 'पाउला मेरी जान' कहा और फिर उसके बालों को सहलाने लगे। उसने उनके बालों को चूमा।

''कितने नरम हैं बाल तुम्हारे।'' इन्होंने कहा।

उसने कहा, ''नो, मेरे नहीं, तुम्हारे बाल बहुत खूबसूरत है।''

उन्होंने कहा, ''तुम कितनी सुंदर हो, एकदम परी हो। परी से भी ज्यादा परी हो।''

उसने कहा, ''नो तुम सुंदर हो, एकदम देवता के माफिक हो। बिलकुल गेंदे के ताजा फूल की तरह सुंदर हो, तुम गैंड।''

इन्हें इससे खुशी हुई।

सब कुछ हो जाने के बाद ही इनका यह सपना टूटा, लेकिन यह सपना गेंदमलजी की आँखों में बस गया था। उन्होंने अपने गालों को छुआ। उन्हें बहुत सुखद लगा और गीला-गीला भी। अपनी छाती को देखकर रोमांच हो आया, जिसमें सपने में वह काफी देर तक रही थी। काफी देर तक वह सपने में खोए रहे।

अचानक उन्हें लगा कि उनके मुँह पर उस गोरी औरत ने चूम-चूमकर इतना थूक लगा दिया था कि उसे अब धोना जरूरी है। गोरी हो चाहे काली या साँवली, शरीर पर किसी का थूक उन्हें बर्दाश्त नहीं था। वह इस थूक को धोने के लिए पानी ढूँढ़ने लगे लेकिन पानी नहीं मिला। पता चला, सपने में जहाँ वह हैं, वह जगह रेगिस्तान है। बालू, धूल, आँधी और लू के अलावा यहाँ कुछ नहीं है। इसके बावजूद थूक सूख नहीं रहा था। गीला का गीला था। समय के बीतने के साथ थूक गाढ़ा होता जा रहा था। गाढ़े द्रव की तरह गाल पर चिपकता जा रहा था। वह इसे हाथों से निकालने की कोशिश कर रहे थे, रगड़ रहे थे, मगर निकल नहीं रहा था।

सपने में वह पानी की तलाश में भागने लगे। भागते-भागते वह गिर पड़े। दरअसल दौड़ते-दौड़ते धोती में उनके पैर का अँगूठा फँस गया था। उनसे उठा नहीं जा रहा था। उस स्थिति में उन्हें सहारा देकर उठानेवाली वही गोरी औरत थी। उनके कपड़ों की धूल झाड़नेवाली भी वही औरत थी। उनकी तरफ फिर से प्यार से देखनेवाली वही औरत थी।

अब रेगिस्तान खत्म हो चुका था। हरियाली शुरू हो गई थी। नदियाँ और झरने, घाटियाँ और पहाड़ दिखने लगे थे। वह गालों पर थूक की मोटी परत की बात भी भूल चुके थे। अब उनका साँवला रंग गोरा हो चुका था। उनके सफेद बाल भूरे हो चुके थे। उनके कुर्ते की जगह शर्ट और कोट और उनकी धोती की जगह पैंट आ चुकी थी। उनकी जूतियों की जगह जूतों ने ले ली थी।

वह हिंदी नहीं, फ्रेंच बोल रहे थे। दूध की जगह शराब पी रहे थे। उसकी बाँहों में बाँहें डालकर चल रहे थे। सोमवती अब उन्हें बुढ़िया, चुड़ैल और गँवार नजर आने लगी थी। वह सोमवती पर अपनी जिंदगी बर्बाद कर देने का आरोप लगा रहे थे। वह उस गोरी औरत की गोद में लेटे थे और उसकी आँखों में झाँक रहे थे। वह उठे और उसे फिर चूमने लगे। इतना चूमा, जितना अपनी और सोमवती को जवानी में भी नहीं चूमा था।

इस स्वप्न से जब वह जागे, तो अपने नैतिक पतन पर वह बहुत पछताए। उन्होंने खुद को गंदी-गंदी गालियाँ दीं, थप्पड़ लगाए। कान पकड़कर उठक-बैठक लगाई, फिर जमीन पर औंधे लेटकर ईश्वर से 'क्षमा कर-क्षमा कर' कहने लगे। रोने लगे। छाती पीटने लगे। अपने से कहने लगे, 'गेंदमल तू नीच था और नीच रहेगा। जो इंसान स्वर्ग में भी ऐसे गंदे-गंदे सपने देखता हो, वह इंसान नहीं कीड़ा है। स्वर्ग में आकर भी जिसकी काम-वासनाएँ जाग्रत् रहें, वह नरक का कीड़ा है। गेंदमल, तू तो स्वर्ग में देवता बनने आया था, एक गोरी औरत को देखकर ही फिसल गया? वह घट-घटवासी, अंतर्यामी क्या सोचता होगा तेरे बारे में? अब तू रह सकेगा स्वर्ग में? तू अब नरक में धकेल दिया जाएगा और सोमवती से तेरा मिलन अब कभी नहीं हो सकेगा।'

वह बिलख-बिलखकर रो पड़े। यह स्वर्ग था। यहाँ उन्हें दिलासा देने कौन आता?

सुबह होने में अभी देर थी। आकाश में अभी तारे झिलमिला रहे थे। एक नीला तारा जैसे गेंदमल को गौर से देख रहा था, शरारत से मुस्करा भी रहा था। जैसे उसे पता था कि गेंदमलजी ने अभी क्या स्वप्न देखा था और वे क्यों अपने को थप्पड़ लगा रहे थे, उठक-बैठक लगा रहे थे, बिलख-बिलखकर रो रहे थे। उन्होंने उस तारे से आँखें चुराने के लिए अपनी आँखें जोर से बंद कर लीं। कुछ देर बाद चोरी से उसकी तरफ देखा, तो भी वह नीला तारा वहीं था। अब उसकी मुस्कराहट और

ज्यादा बढ़ गई थी। उन्होंने फिर उससे आँखें फेरीं, फिर उसे चोरी से देखा। इस बार वह आसमान से उतरकर उनके करीब आता हुआ लगा। अब वह मुस्करा नहीं रहा था, खिलखिलाकर हँस रहा था। उन्होंने अपनी पलकें जोर से भींच लीं। कानों पर हथेलियाँ रख लीं लेकिन वह नीला तारा उनकी बंद पलकों के भीतर घुस गया। उसकी हँसी कानों के पर्दे फाड़ने लगी।

उन्होंने घबराकर आँखें खोलीं। उन्हें पसीना आ रहा था। उनका ब्लड-प्रेशर बढ़ चुका था। इस बार फिर उन्होंने चोरी से आकाश की तरफ देखा तो उस नीले तारे की जगह एक गुलाबी तारे ने ले ली थी। वह भी मुस्करा रहा था मगर उसकी मुस्कराहट में चोरी पकड़ लेने का भाव नहीं था, अपनापन और क्षमा थी।

गेंदमल उस सुंदर गुलाबी तारे को देखते रहे और यह अनुभव करते रहे कि उन्हें उनके 'अपराधों' के लिए क्षमा किया जा चुका है। उनकी आँखें कृतज्ञता से भीग गईं। वह खड़े हुए और उन्होंने उस गुलाबी तारे के सामने अपना सिर नवाया और देर तक इसी अवस्था में रहे।

उन्होंने सिर उठाया तो गुलाबी तारे की जगह फिर से व्यंग्य से मुस्कराते उस नीले तारे ने ले ली थी।

उन्होंने कुछ देर बाद फिर से आसमान की तरफ देखा। मगर अब न वह नीला तारा आसमान में था, न वह गुलाबी तारा। उन्हें इससे राहत मिली, एक अध्याय समाप्त होने का संतोष मिला।

गेंदमलजी अब इस निष्कर्ष पर पहुँच चुके थे कि खाली दिमाग शैतान का घर होता है और उनका दिमाग खाली है। इसे भरना होगा वरना इसमें 'गंदे-गंदे' विचारों का अबाध प्रवेश जारी रहेगा। अब समय आ गया है कि विचारों की शुद्धि की जाए। उन्हें धो-धोकर पवित्र किया जाए, नए बरतन की तरह चमकाया जाए। इसके लिए पहला उपाय तो यह करना होगा कि वे सोमवती की प्रतीक्षा में एक स्थान पर बैठे नहीं रहेंगे। वह यहाँ तभी आ सकती है, जब भगवान चाहेगा। इसलिए उन्होंने अपने आपसे कहा—हे गेंदमल, तू सोमवती का खयाल छोड़ और ईश्वर के दर्शन प्राप्त करने के लिए—जो कि स्वर्ग आकर भी नहीं हो पाते—तू तपस्या कर। इससे मन और विचार भी शुद्ध रहेंगे और ईश्वर की प्राप्ति भी हो जाएगी।

तपस्या के इस नए कुलबुलाते विचार ने उन्हें सम्मोहित कर लिया। उन्होंने तुरंत आलथी-पालथी मारी और ध्यानस्थ होकर बैठ गए। 'ओम-ओम' का उच्चारण करने लगे। भृकुटि में ध्यान केंद्रित करने का प्रयास करने लगे। दस मिनट तक तो उन्होंने इस अवस्था में आराम से बिता दिए। आँखें बंद रखीं, हालाँकि वे बार-बार खुलना चाहती थीं। विचारों के तमाम दिशाओं में भटकते घोड़ों की लगाम कसकर उन्हें एक दिशा में चलाने का बखूबी प्रयत्न किया। अपना आत्मविश्वास वे बढ़ाते रहे। मन

और शरीर पर पूर्ण नियंत्रण प्राप्त करने की कल्पनाओं में भटकते रहे। सिद्धि-प्राप्ति की दिशा में सोचते रहे। उन्हें ध्यानावस्था में ही खयाल आता रहा कि काश, यह अचूक उपाय उन्हें पहले क्यों नहीं सूझा? क्यों वे स्वर्ग में यूँ ही भटकते रहे? क्यों गंदे-गंदे खयालों को वे अपने मन में लाते रहे? आते ही उन्होंने तपस्या शुरू कर दी होती, 'ओम-ओम' का जाप किया होता तो ईश्वर की प्राप्ति अब तक हो चुकी होती। सोमवती इच्छा करने मात्र से यहाँ आ चुकी होती। स्वर्ग में उनका मान-सम्मान और प्रतिष्ठा बढ़ चुकी होती। मन-माँगी हर मुराद पूरी हो चुकी होती। इस तरह विचारों-कल्पनाओं का जो सिलसिला शुरू हुआ तो बरसाती नदी की तरह थमा ही नहीं। इन्हें रोककर ध्यानावस्था में आने की फिर से कोशिश गेंदमलजी कर ही रहे थे कि तभी एक चमत्कार घटित हुआ। रोशनी-सी हुई और एक व्यक्ति अचानक उनके सामने प्रकट हुआ। वह इंस्पेक्टरनुमा लग रहा था।

उसने पूछा, "आपका नाम?"

"गेंदमल।"

"आपके बाप का नाम?"

"छिन्नामल।"

"कहाँ से आए हो?"

"धरती से।"

"धरती में कहाँ से आए हो?"

"भारत से।"

"कौन जात हो?"

"स्वर्ग में भी जात-पाँत?"

"जो पूछा जाए, उसका जवाब दो। बकवास मत करो।"

"मैं नहीं दूँगा।"

"देना पड़ेगा।"

"कह दिया न, नहीं दूँगा।"

"देना पड़ेगा।"

"बनिया।"

"ठीक है।"

"चलो।"

"कहाँ?"

"अरे, जब हम कहते हैं कि चलो, तो बड़े-बड़े फन्ने खाँ भी बिना एक सवाल पूछे, हमारे साथ चल देते हैं।"

"फिर भी।"

''फिर भी क्या ?...चलो बता देते हैं धर्मराज ने बुलाया है।''

''सब ठीक तो है!''

''मुझे क्या मालूम ? मुझे तो आदेश हुआ है। यह तुम्हारे नाम का चालान है।''

''शायद आधा घंटे की तपस्या रंग लाई।''

''हो सकता है।''

''कहीं मुझे वे नरक में भेजना तो नहीं चाहते ?''

''हो सकता है।''

''हो सकता है ?''

''कुछ भी हो सकता है।''

''तुम्हें तो सब...''

''तुम्हें नहीं, आपको कहिए।''

''हाँ, आपको तो मालूम होता होगा।''

''आप कहना क्या चाहते हैं ?''

''कि आपको मालूम है।''

''तुम्हारा नौकर हूँ जो बताऊँगा ?''

''मेरा मतलब यह नहीं था।''

''तो फिर चलो।''

''फिर भी कुछ पता हो जा तो अच्छा है।''

''टैम मत खराब करो। अपने को बहुत काम है। अब फौरन चलो। ज्यास्ती सवाल नहीं करने का। क्या समझा ?''

इस बार गेंदमलजी समझ गए।

''आँखें बंद करो।''

''क्यों ?''

''फिर सवाल। सवाल-जवाब मुझे पसंद नहीं। आँखें बंद करो बोला यानी आँखें बंद करो।''

उसने तमककर कहा, ''यही यहाँ का कानून है।''

''ठीक है। आँखें बंद हैं।''

''ठीक से बंद है न! जरा-सा भी देखने की कोशिश की तो हमेशा के लिए अंधे हो जाओगे।''

''आँखें बंद हैं।''

''बस एक मिनट की बात है।''

और वाकई एक मिनट बाद गेंदमलजी धर्मराज के महल के सामने क्यू में थे।

''इधर खड़े रहना। बारी आने पर अंदर जाना। समझे या नहीं समझे ?'' वह

सब-इंस्पेक्टरनुमा से डर गए।

गेंदमल धर्मराज के सामने पहुँचे तो धर्मराज मुस्करा रहे थे। "आइए-आइए, गेंदमलजी आपको कोई कष्ट तो नहीं हुआ? आइए आपका स्वागत है।"

अपने सब-इंस्पेक्टर से धर्मराज का व्यवहार बिलकुल अलग था। वह अपने को धर्मराज के सामने पाकर इतने कृतकृत्य थे कि सब-इंस्पेक्टर के व्यवहार की आलोचना करना उन्हें उचित नहीं जान पड़ा। जहाँ तक कष्ट की बात है, वह किस चिड़िया का नाम है और यह चिड़िया होती भी है या नहीं होती और होती है तो किस प्रदेश में होती है और उस चिड़िया को कभी, कहीं उन्होंने देखा है या नहीं देखा है, वह यह सब कुछ वह भूल चुके थे। गेंदमलजी ने विनम्रतापूर्वक जवाब दिया, "नहीं, महाराज कोई कष्ट नहीं है। जिस पर आपकी कृपा हो, उसे किस बात का कष्ट?"

धर्मराज ने उनके इस विनम्र-कथन पर ध्यान नहीं दिया और एकाएक अपने चेहरे के भाव बदलते हुए उन्होंने कहा, "ऐसा है गेंदमलजी, आपके स्वर्ग प्रवास का समय अब समाप्त हुआ। अब आपका स्थायी आवास नरक में रहेगा। धन्यवाद। नेक्स्ट।"

गेंदमलजी धर्मराज की इस घोषणा से भौचक्के रह गए। हालाँकि कभी-कभी उन्हें मन-ही-मन डर भी लगा रहता था कि ऐसी नौबत जल्दी ही आ सकती है। वह जब नहीं गए तो धर्मराज ने जोर से कहा, "नेक्स्ट," और उनसे कहा, "अब आप प्रस्थान करें। मैंने शायद आपको धन्यवाद भी दे दिया है।"

गेंदमलजी ने तब करुण-आर्द्र होते हुए कहा, "महाराज, आपकी न्यायप्रियता तो जगत-विख्यात है।"

धर्मराज ने इसे अनसुना करते हुए फिर से कहा, "नेक्स्ट।" नेक्स्ट तभी आ सकता था, जब गेंदमल जाते। गेंदमलजी ने फिर कहना आरंभ किया, "आपसे मैं न्याय की भीख माँगता हूँ।"

धर्मराज ने उसी रूखेपन से कहा, "गेंदमलजी, यहाँ न भीख दी जाती है और न किसी को भीख लेने की इजाजत है। यह देवलोक है। आप पधारिए। नेक्स्ट।"

"लेकिन..."

"गेंदमलजी, अब आपको नरक जाना ही है। मैं ही यहाँ की सुप्रीम कोर्ट हूँ और मैं ही यहाँ का राष्ट्रपति भी हूँ। मेरे फैसले के खिलाफ कहीं अपील नहीं हो सकती। हाँ, अगर नरक में जाकर भी आपने पुण्य कमाए तो पुन: आपको स्वर्ग की प्राप्ति होगी। अब आप जाइए। बहुत से लोग बाहर क्यू में खड़े हैं। नरक आपको शुभ हो। नेक्स्ट।"

"मगर प्रभो!" गेंदमलजी का यह वाक्यांश फिर से सुनते ही धर्मराज की भौंहें तन गईं मगर गेंदमलजी ने इसकी परवाह नहीं की और बोलना जारी रखा, "जीवनभर

के मेरे पुण्य स्वर्ग में इतने कम समय में क्षीण हो गए, वह भी उस स्वर्ग में जहाँ पीने को पानी भी नहीं मिलता, जबकि मैंने तो सुना था कि स्वर्ग में हर आनंद उपलब्ध है।''

''गेंदमलजी,'' धर्मराज की भौंहें तनी हुई ही रहीं, ''मैं आपसे बहस करने के लिए बिलकुल भी बाध्य नहीं हूँ, न मुझसे कोई बहस करता है। निर्णय पर बहस करके आप माननीय अदालत की तौहीन कर रहे हैं। अब आप जा सकते हैं। नेक्स्ट।''

इस बार गेंदमलजी जाने की बजाय फर्श पर जमकर इस इरादे से बैठ गए कि वे अपने पक्ष में फैसला करवाकर ही रहेंगे, ''महाराज, आपको मेरी बात सुननी ही होगी और मेरी बात का संतोषजनक जवाब भी देना ही होगा, वरना मैं यहाँ से जानेवाला नहीं हूँ। यह पृथ्वी नहीं, देवलोक है। आप सब-डिवीजनल मजिस्ट्रेट नहीं, धर्मराज हैं। मेरी बात का जवाब ढंग से दीजिए और फिर जहाँ चाहिए भेजिए, मैं जाऊँगा। यह कहने से काम नहीं चलेगा कि आप बहस करने के लिए बाध्य नहीं हैं। आपको बहस करनी ही होगी। आप अमेरिका नहीं, भारत में भी उत्तर प्रदेश भेजेंगे तो वहाँ और बिहार भेजेंगे तो वहाँ चला जाऊँगा। वैसे आप दिल्ली भेजेंगे तो खुश हो जाऊँगा और मध्य प्रदेश, गुजरात वगैरह भेजेंगे तो भी नाराज नहीं हूँगा।''

''ओय, ये मुसीबत कहाँ से आ गई, इसे यहाँ कोई लाया ही क्यों?'' यह कहकर धर्मराज ने अपना सिर ठोंका।

लेकिन इससे हतोत्साहित होने की बजाय गेंदमल उत्साहित ही हुए। उन्हें महसूस हुआ कि अब वे धर्मराज का ध्यान अपनी ओर आकृष्ट करने में सफल रहे हैं। गेंदमलजी ने धाराप्रवाह बोलना शुरू किया, ''अच्छा आप ही बताइए। वर्षों तक ब्राह्ममुहूर्त में उठकर शीतल जल से स्नान करने, ईश्वर की आराधना-पूजा-अभ्यर्थना करने, तीर्थाटन और भंडारे करने, व्रत-उपवास-दान-कर्म करने का बस इतना-सा फल है? अपना संपूर्ण जीवन ईश्वर को समर्पित करने का फल सिर्फ इतना-सा स्वर्ग-लाभ है? और क्या इसे ही स्वर्ग कहते हैं? धरती पर तो स्वर्ग के बारे में कुछ और ही प्रचार है मगर यहाँ न खाना है, न पीना है, न टी.वी. है, न फ्रिज है, न हवाई जहाज है, न मोबाइल है, न कंप्यूटर है, न रसोई गैस है, न सोफा है, न पलंग है। यहाँ तो खाने के लिए जलेबी और कचौड़ी तक नहीं है। इससे तो भारत के गाँव ही अच्छे! यह स्वर्ग नहीं, स्वर्ग के नाम पर कलंक हैं, कलंक! और यहाँ भी सिर्फ एक वर्ष? धिक्कार है।''

गेंदमलजी काफी उत्तेजित हो चुके थे। उनका सारा शरीर गुस्से में काँप रहा था मगर धर्मराज की प्रसिद्धि भी तो करुणावतार के रूप में तो है नहीं। उन्होंने कहा, ''कह चुके आप, जो कहना था आपको? गुस्सा आपका निकल चुका? अब आपके हित में यही है कि आप यहाँ से फौरन चले जाएँ। नेक्स्ट।''

''नहीं जाऊँगा और कतई नहीं जाऊँगा। आपसे न्याय पाकर ही जाऊँगा। आप

चाहें तो मुझे उठवाकर बाहर फिंकवा दीजिए, मगर मैं अपने पैरों पर चलकर वापस नहीं जाऊँगा, फिर भी भेजेंगे तो इससे आपकी बदनामी होगी। सारे अखबारों में छप जाएगा कि मुझे उठाकर बाहर फेंक दिया।''

धर्मराज मुस्कराए। उन्होंने कहा, ''आप शायद भूल गए हैं कि यह धरती नहीं है। यहाँ अखबार नहीं निकलते।''

''तो क्या हुआ, मेरा नाम गेंदमल है। फिर भी मैं न्याय लेकर ही जाऊँगा।'' गेंदमल ने फर्श पर मुट्ठी पीटते हुए कहा।

''क्या न्याय है और क्या अन्याय, क्या इसका फैसला अब स्वयं अभियुक्त ही किया करेंगे और क्या वे खुद तय किया करेंगे कि उन्हें क्या सजा दी जाए। आप क्या यह कहना चाहते हैं?'' धर्मराज भी अब बहस के मूड में आ गए थे।

''नहीं, यह अभियुक्त तय करना नहीं चाहते लेकिन अभियुक्त को यह जानने का हक तो है कि उसके खिलाफ कोई फैसला क्यों दिया जा रहा है? क्या कारण हैं इसके?''

धर्मराज ने इसका कोई सीधा जवाब नहीं दिया। इतना ही कहा, ''अभियुक्तों को स्वयं अपने आपसे भी पूछना चाहिए कि उसके साथ सचमुच न्याय किया जा रहा है या अन्याय? और आप अपने आपसे पूछेंगे तो आपको आपके प्रश्नों के सही जवाब मिल जाएँगे।''

''और अगर मैं आपसे कहूँ,'' गेंदमलजी ने कहा, ''इस अभियुक्त ने यह सवाल भी अपने आपसे पूछा है और उसे यह जवाब मिला है कि तुम नरक जाने के अधिकारी नहीं हो। तुमने बहुत पुण्य किए हैं, बल्कि तुम्हारे साथ तो धोखा-ही-धोखा हुआ है। तुम्हें जिस स्वर्ग के ख्वाब दिखाए गए थे, वह यह नहीं है। यह तो धरती से बदतर है। हो सकता है, यह नरक से भी बदतर हो।''

इस पर धर्मराज व्यंग्य से मुस्कराए, ''तभी तो आपको नरक भेज रहा हूँ बेहतर जगह भेज रहा हूँ। और आप वहाँ जाने की बजाय मुझसे बहस कर रहे हैं। अपना भी और दूसरों का भी समय बर्बाद कर रहे हैं। अब बहुत हो चुका है। अब आप चले जाइए। प्रणाम। नमस्कार। नेक्स्ट।''

गेंदमलजी ने अब पैंतरा बदला, ''लेकिन मैंने तो आपकी बहुत कीर्ति सुनी थी।''

''नहीं, गलत नहीं सुनी थी।''

गेंदमलजी धर्मराज के चरणों में गिर गए, ''आप सचमुच दयालु, उदार, परोपकारी, विशाल हृदय, न्यायप्रिय, धर्मानुकूल आचरण करनेवाले हैं। आप किसी दीन-हीन, शरण में आए व्यक्ति पर अन्याय कर ही नहीं सकते। यह आपकी फितरत में ही नहीं है।''

''देखिए गेंदमलजी, मैं हूँ धर्मराज। मेरे सामने ये चोंचलेबाजी चलेगी नहीं।

आप अपनी सारी चतुराई मेरे सामने मत बघारिए। मेरे धर्म की परीक्षा मत कीजिए। मैं आपको बता रहा हूँ कि मैं असीम धैर्य का मालिक नहीं हूँ।''

गेंदमलजी हाथ जोड़कर मुस्कराकर बोले, ''जाऊँगा, अवश्य जाऊँगा लेकिन अपने प्रभु के चरणों में अपनी भावनाएँ निवेदित करके ही जाऊँगा। आप तो जानते ही हैं कि धरती पर भी मैं ईश्वर के सामने अपनी समस्त भावनाएँ निवेदित किया करता था। यहाँ भी आप अपने भक्त से यह अधिकार छीन नहीं सकते।''

''लेकिन मैं वह प्रभु नहीं हूँ जिनके चरणों में आप अपनी भावनाएँ निवेदित किया करते थे। फिर भी आप अपनी भावनाएँ मेरे सामने प्रकट कर चुके हैं। कब तक आप यही सब करते रहेंगे और मेरा तथा दूसरों का समय बर्बाद करते रहेंगे? जाइए। नेक्स्ट।''

''जाऊँगा तो अब नहीं। मेरे प्रभु को मेरी प्रार्थना सुननी ही होगी। भक्त का क्या काम है, यही कि वह तब तक प्रार्थना करता रहे, जब तक कि प्रभु उसकी बात नहीं सुनते।''

''एक तो मैं आपका प्रभु नहीं हूँ इसलिए जबर्दस्ती मुझे अपना प्रभु नहीं बनाइए और अब ज्यादा मेरा वक्त खराब न करें। इतनी देर में पता नहीं कितने हजार लोगों की कतार लग गई होगी। मुझ पर नहीं तो उन बेचारों पर तो आप अवश्य कृपा करें। उनमें ज्यादातर आपके साथी होंगे। उनके साथ-साथ चले जाइएगा। रास्ता आराम से कट जाएगा, संग-साथ बना रहेगा। नेक्स्ट।''

''लेकिन मैं नरक तो किसी हालत में नहीं जाऊँगा। आप खुद मुझे धकेलेंगे, तो भी नहीं जाऊँगा। आप डंडे मार-मारकर भेजेंगे तो भी नहीं जाऊँगा। जिद्दी मनुष्य हूँ। नहीं जाऊँगा तो नहीं जाऊँगा। मैं आपके चरणों से दूर कभी भी नहीं जाऊँगा। आप ही मारिए और आप ही तारिए।''

''गेंदमलजी, एक तो आप यह अच्छी तरह समझ लीजिए कि ये मेरे चरण नहीं हैं, पैर हैं। और मेरे पैरों को किसी की सेवा की दरकार नहीं होती। नेक्स्ट।''

''आपके पैरों को हमारी सेवा की दरकार नहीं होगी, मगर हमें आपकी सेवा की दरकार है। भगवान भक्त से सेवा का उसका अधिकार नहीं छीन सकते, धर्मराजजी।''

''मगर गेंदमलजी, मुझे भगवान नहीं कहते हैं, मुझे धर्मराज कहते हैं। आप जान-बूझकर मुझे भगवान से कनफ्यूज करने की कोशिश मत कीजिए।''

''अरे, आपसे भी बड़ा भगवान यहाँ है कोई? अरे, जो करोड़ों को मारता है, करोड़ों को तारता है, वही तो असली भगवान है। बाकी तो सब उप-भगवान हैं। सच कहूँ तो ये सब तो माटी की मूरत हैं। मेरा इन पर यकीन नहीं। इन पर मैंने भरोसा करके देख तो लिया? क्या मिला मुझे—यह सड़ा हुआ स्वर्ग और यह भी छिनने जा

रहा है? यही था मेरी भक्ति का मूल्य? ये तो गनीमत है कि स्वर्ग-नरक का फैसला आप करते हैं वरना मैं गरीब कब का नरक जा चुका होता!''

धर्मराज को यह सब सुनकर अच्छा तो लग रहा था, मगर बाहर खड़े लोगों के प्रति अचानक उनकी कर्तव्य भावना जाग गई और उन्होंने एकदम फैसलाकुन अंदाज में कहा, ''देखिए, गेंदमलजी, मुझसे बहस करके आप अपनी नरक की अवधि को बढ़ाएँगे, घटाएँगे नहीं। अब आप जाइए। नेक्स्ट।''

''प्रभु, मैं आपसे बहस ही कहाँ कर रहा हूँ?'' गेंदमलजी ने विनमता के प्रतिशत में कुछ वृद्धि करते हुए कहा, ''आपसे बहस करने की हैसियत है भी मेरी? मेरा तो कुल प्रयत्न यह है कि मुझे आपके श्री-चरणों में बैठने का एक अवसर प्राप्त हो जाए बस। आप सिर्फ एक मौका दीजिए। फिर मुझे आप नरक के काबिल पाएँ तो आप खुशी-खुशी भेज दीजिए। मैं चूँ नहीं करूँगा। लेकिन एक अवसर तो मिलना चाहिए न।'' इतना कहकर गेंदमलजी ने कसकर उनके पैर पकड़ लिये।

''नहीं-नहीं, कतई नहीं। मेरे पैर मत पकड़िए।''

तभी परेशान कौमुदी (धर्मराज की पत्नी का काल्पनिक नाम) वहाँ पहुँच गई। वह अपने रंग की तरह गुलाबी साड़ी पहने हुई थी और बिलकुल षोडशी लग रही थी। गेंदमलजी उसे देखकर भौचक रह गए। इसे ही अप्सरा कहते होंगे, उन्होंने सोचा। वह धर्मराज के साथ कहीं जाने के लिए प्रतीक्षा करते-करते ऊब चुकी थी। वह अपने सौंदर्य को झुठलाते हुए लगभग चीखकर बोली, ''क्योंजी, आप कब से इस एक आदमी से बहस में उलझे हैं? इसे फटाफट नरक क्यों नहीं भेज देते? इस तरह काम करेंगे तो हो गया काम! मिल चुका सबको न्याय! देवलोक के सारे देवता रंग-रास में डूबे रहते हैं और एक आप हैं कि पूरे पृथ्वीलोक का बोझ अपने सिर पर उठाकर घूम रहे हैं। मैं तो आपसे विवाह करके बहुत पछता रही हूँ। भगाइए इस आदमी को और चलिए मेरे साथ।''

गेंदमलजी धर्मराज-पत्नी का यह सौंदर्य और उस पर कठोरता देखकर और भी स्तंभित रह गए मगर यह स्तंभित होने, अवाक् रह जाने का उपयुक्त अवसर नहीं था, इसलिए उन्होंने तुरंत अपने को सँभाला और फिर से राग-देसी में अपनी रचना शुरू की, ''अहा देवी, मैं धन्य हूँ कि न्याय की महारानी के दर्शन मुझे प्राप्त हुए। यह सेवक आपको प्रणाम करता है और आपसे विनय-निवेदन करता है कि महाराजाधिराज धर्मराज को इस अत्यधिक कार्य के बोझ से उबारिए। हम जैसे सेवकों की सेवा लीजिए। मैं यही प्रस्ताव लेकर इनके पास आया था, मगर ये मान ही नहीं रहे। अब आप आ गई हैं तो मान जाएँगे। मैंने व्रत लिया है कि आप दोनों की हमेशा सेवा करूँगा।''

गेंदमलजी का यह नाटकीय तीर ठीक निशाने पर लगा, ''क्या बताऊँ मैं तो

इनसे कितनी परेशान हो चुकी हूँ कि कोई और होती तो कब की इन्हें छोड़कर चली गई होती। इनके पास मेरे लिए बिलकुल समय नहीं है। मैं कितनी बार रो चुकी हूँ कि किसी को अपना सहायक रख लो। मगर पत्नी की बात तो इन्होंने न सुनने की ठान रखी है न! वह तो घर की मुर्गी है न! मेरे जैसी पतिव्रता इन्हें मिल गई वरना कौन जानता कि देवलोक की सुंदरियाँ क्या-क्या नहीं करतीं! क्या इन्हें यह बात मालूम नहीं है?''

इतना कहने के बाद कौमुदी सिसकने लगी, उसके कपोलों पर आँसू बहने लगे। धर्मराज शर्मिंदा-से, कर्तव्यविमूढ़-से खड़े थे। ऐसी नाटकीय स्थिति की कल्पना गेंदमलजी ने नहीं की थी। गेंदमलजी की बुद्धि तीव्र गति से दौड़ने लगी। वह अपने आपसे कहने लगे—गेंदमलजी, बिल्ली के भाग से छींका टूटा है। लपक लो। इस स्वर्णिम अवसर का, इस आगा हश्र कश्मीरी के नाटक का भी तू लाभ न उठा पाया तो तू गेंदमल नहीं, गधा है गधा! फिर तो तुझे नरक जाना ही चाहिए और वह भी और कहीं नहीं बल्कि रौरव नरक।

धर्मराज अपनी क्रुद्ध पत्नी को मनाना चाहते थे। उसे बाँहों में लेकर उसे समझाना चाहते थे लेकिन दुष्ट गेंदमल वहाँ खड़ा जो था! धर्मराज ने संकेत में गेंदमल से इशारा भी किया कि वह फिलहाल रंगमंच से हट जाए, पर्दे के पीछे चला जाए। इन नाजुक क्षणों में पति-पत्नी को एकांत दे दे, लेकिन गेंदमलजी थे महाखिलाड़ी। वे क्यों समझते इशारे का अर्थ? नहीं समझा उन्होंने। समझते तो उन्हें बाहर जाना पड़ता। जाना पड़ता तो फिर यह स्वर्णिम अवसर दोबारा न आता। जल के भार से नत काले-काले बादलों की तरह यह कहीं दूर चला जाता। फिर नरक जाना ही पड़ता। कौन बुलाता फिर से गेंदमल नामक इस 'सिरदर्द' को अंदर? इसलिए वे धर्मराज के महल की छत की कलात्मकता का कला-पारखी की दृष्टि से गंभीर अवलोकन करने के बहाने जमे रहे।

विवश होकर धर्मराज कौमुदी के करीब गए। उसे अपने सीने से लगाने की कोशिश की, मगर वह बिजली की फुर्ती से उनसे अलग हो गई और उसने दुगुने क्रोध से कहा, ''दूर हट जाओ मेरी आँखों के सामने से। छुओ मत मुझे। मुझे तुम्हारे नकली प्यार की जरूरत नहीं है। मैं तुम्हारे साथ एक पल भी नहीं रह सकती। मैं अभी चली जाऊँगी।''

खैर जैसे-तैसे धर्मराज ने कौमुदी को मनाया। लगता था कि धर्मराज रूठी पत्नी को मनाने की कला में अत्यंत निपुण हो चुके थे। जितनी तेजी से वह रूठी थी, उससे लगता तो था कि आसानी से मानेगी नहीं। कहीं घर-गृहस्थी उजड़ न जाए, लेकिन वह मान गई। दोनों जब मुस्कराने लगे तो गेंदमलजी ने अपनी वाणी का प्रवेश करवाया, ''महाराज और महारानी क्या आपको अब भी नहीं लगता कि मेरी सेवाएँ अत्यंत

अनिवार्य हो गई हैं?''

यह सुनकर कौमुदी तो मुस्कराई मगर धर्मराज नहीं। उन्होंने गेंदमलजी से कहा, ''कृपया फिलहाल आप बाहर चले जाएँ। जरूरत पड़ी तो आपको फिर से बुलाया जाएगा।''

धर्मराज के इस स्पष्ट कथन के बाद गेंदमल ने वक्त की नजाकत को समझते हुए बाहर जाना उचित समझा।

और वाकई आधा घंटे बाद गेंदमलजी को फिर से अंदर बुलाया गया। गेंदमलजी समझ चुके थे कि उनका काम बन चुका है। कुछ-न-कुछ तो मिलेगा ही लेकिन उन्होंने अभिनयपूर्वक अपने चेहरे को भय और कायरता से परिपूर्ण कर लिया, जैसे कि उन्हें बस अब नरक जाने की सजा सुनाई ही जानेवाली है। उनका अनुभव यह था कि ऐसी स्थिति में ऐसा अभिनय ही काम देता है। ताकतवर को पता नहीं चलना चाहिए कि कमजोर भी इतना बुद्धिमान हो सकता है कि वह कभी-कभी ताकतवर को अपने फैलाए जाल में फँसा सकता है।

और वाकई यह अभिनयकला काम आई। धर्मराज भी गेंदमल के झपके में आ गए। उन्होंने मुस्कराकर कहा, ''गेंदमल, इतने डरे हुए क्यों हो? कौमुदी के कहने पर मैं तुम्हें एक महीने का अवसर देता हूँ। तुम यहाँ मेरी मदद करोगे। तुमसे जरा-सी भी चूक हुई तो नरक जाओगे सीधे। इस बार कोई सुनवाई नहीं होगी।''

गेंदमलजी इस निर्णय के निहितार्थ समझ चुके थे कि अब उन्हें यहाँ से कोई नहीं हटा सकता था। मन में खुशी के लड्डू फूट रहे थे मगर इस खुशी को प्रकट करना उन्होंने ठीक नहीं समझा और विनम्र भाव से कहा, ''आपकी आज्ञा शिरोधार्य।''

''क्यों, तुम्हें इससे खुशी नहीं हुई?'' कौमुदी ने पूछा।

दरअसल इसी प्रश्न की उम्मीद में तो गेंदमलजी ने अपने चेहरे को गमगीन बना रखा था। ''ऐसा है देवी, इसे मैं सिर्फ एक महीने की मोहलत समझता हूँ। नरक आज जाओ या एक महीने बाद जाओ, बात एक ही है बल्कि आज जाना ही बेहतर होता। एक महीने तक नरक जाने की यातना में घुलना तो नहीं पड़ता! मगर आपकी आज्ञा है तो एक महीने आप दोनों की सेवा करूँगा। शायद मेरे पुण्य कभी काम आएँ और मैं आपके किसी काम का साबित हो सकूँ। यह अवसर हर किसी को तो मिलता नहीं।''

कौमुदी ने कहा, ''तुम अच्छा काम करोगे तो तुम्हारी इनके साथ काम करने की अवधि बढ़ा दी जाएगी। एक महीने तो परीक्षा-काल है।''

थोड़ा-सा चेहरे को सामान्य बनाते हुए अब गेंदमलजी ने कहा, ''देवी, मैं इस परीक्षा में अवश्य खरा उतरूँगा। मैं आपको और प्रभु को निराश नहीं करूँगा।''

''अब तुम जा सकते हो।'' धर्मराज ने कहा।

गेंदमल ने पहले कौमुदी के पैर छुए, ''माँ, मुझे आशीर्वाद दीजिए।''

कौमुदी ने उनके सिर पर हाथ रखा। वे बड़ी देर तक चरणों में लिपटे आँसू बहाते रहे, ''यह सब आपके आशीर्वाद से संभव हुआ है, माँ!''

कौमुदी ने उठाया तो इस बार वे धर्मराज के चरणों में गिर गए। काफी समय तक गेंदमलजी का चरण-वंदन कार्यक्रम चलता रहा। जब वे आश्वस्त हो गए कि एक महीने बाद भी उनका कुछ न बिगड़ेगा, कृपा बनी रहेगी, तब वे उठे।

गेंदमलजी ने धर्मराज के विनीत, आज्ञाकारी, परिश्रमी सहायक के रूप में काम किया। उन्होंने गलत को धर्मराज से भी ज्यादा जोर से, गलत कहा। सही को सही कहते हुए मगर कंजूसी दिखाई। किसी ने प्रशंसा-वंदना करके उन्हें फँसाने की कोशिश की तो यह समझकर, कि यह उन्हीं के खेल में उन्हें मात देने की कोशिश कर रहा है, उसके साथ पक्षपात नहीं किया। किसी ने आलोचना की तो एक अच्छे खिलाड़ी की तरह उद्विग्न होने की बजाय मुस्कराहट से काम लिया, यह सोचकर कि समय आने पर इससे निबटा जाएगा। हर स्थिति में अपना संयम और संतुलन नहीं खोया। जहाँ जरा-सी भी दुविधा पैदा हुई या दुविधा पैदा नहीं भी हुई तो भी वे धर्मराज के पास विचार-विमर्श के लिए चले गए, ताकि धर्मराज का उन पर विश्वास बढ़े और कोई गलत फैसला न हो पाए। न दिन को दिन समझा, न रात को रात। लगातार काम किया और तरह-तरह से यह सूचना धर्मराज को देते रहे कि आपका सेवक दिन-रात, निष्ठापूर्वक काम में लगा रहता है। बहुत बढ़िया आदमी है, बहुत न्यायप्रिय है।

इसलिए जब एक महीना बीत गया और गेंदमलजी के काम में कोई गोलमाल नहीं पाया गया तो धर्मराज ने उनका नरक प्रवास अगले तीन महीने के लिए स्थगित कर दिया।

मगर चोर चोरी से जाए, हेराफेरी से कैसे जाए? इस बीच गेंदमलजी ने अपनी पत्नी सोमवती की फाइल देख ली। उसे अभी पृथ्वी पर रहना था। इस बीच उन्होंने अपने पूर्वजों के बारे में पता किया। अधिकांश नरक में थे। कोई सूअर की तरह वहाँ जगह-जगह मुँह मारता घूम रहा था, कुछ मौसमी कीड़े बन चुके थे, एकाध कछुआ जीवन जी रहा था। कुछ उनमें चूहे थे और खा-खाकर मदमस्त थे। एक ऊदबिलाव था, एक केकड़ा, एक कॉक्रोच, बीस मच्छर और छह पनियल साँप थे। धर्मराज द्वारा व्यक्त विश्वास का संपूर्ण लाभ लेते हुए उन्होंने चुपचाप पनियल साँपों को देवलोक का बगुला बना दिया।

उन्होंने अपनी फाइल भी खोली। उसमें वही तीन महीने की अवधि देवलोक में रहने के लिए मिली थी। आगे प्रश्नचिह्न था।

गेंदमलजी नियमपूर्वक स्नान करने के बाद धर्मराज और कौमुदी की चरण-वंदना करने पहुँच जाते। पहले जल से दोनों के चरण धोते। उस सारे जल को चरणामृत

समझकर पी जाते। फिर धर्मराज तथा कौमुदी के नाखूनों पर ताजा घिसा हुआ चंदन लगाते। फिर पैरों पर ताजे पुष्प रखते। फिर दोनों को साष्टांग दंडवत् करते। फिर चरण छूते। फिर आरती उतारते। फिर दोनों से कहते—मुझे अपना आशीर्वाद दीजिए।

धर्मराज ने गेंदमल को बहुत मनाया कि आप ऐसा न किया करें, अच्छा नहीं लगता। आप ईमानदारी और निष्ठा से काम करें, यही हम दोनों की वास्तविक चरण-वंदना है, पूजा है। आप मेरे सहायक हैं। इस तरह आप पूजा करें, यह हमें शोभा नहीं देता। इससे देवलोक में व्यर्थ का प्रवाद फैलेगा। मेरी निंदा होगी। लेकिन गेंदमलजी का वही तर्क था कि मैं किसी की परवाह नहीं करता। आप तो जानते ही हैं कि मैं जिद्दी आदमी हूँ। जो निश्चय कर लेता हूँ, कर लेता हूँ। आपकी पूजा-सेवा-अर्चना करनी है तो करनी ही है। यह मेरा धर्म है। ऐसा करके मुझे अच्छा लगता है। मेरी आत्मा को संतोष मिलता है तो मैं तो इसे करूँगा।

धर्मराज ने कौमुदी के माध्यम से कहलवाया कि इसे समझाओ। जब कौमुदी ने कहा तो गेंदमलजी ने अपना मुँह लटका लिया। प्रयत्नपूर्वक नेत्रों से आँसू टपका दिए। कौमुदी पिघल गईं। धर्मराज समझ रहे थे कि यह गेंदमल नामक चतुर सुजान का नाटक भी है लेकिन कौमुदी को गेंदमल का यह नाटक बहुत भाता था। वह नहीं मानती थी कि यह गेंदमल का नाटक है, वास्तविकता नहीं है। वह कहती कि धर्मराज आप व्यर्थ ही उस भले आदमी पर तोहमत लगा रहे हैं। धर्मराज भी चुप हो जाते। उनसे भी गेंदमल से यह नहीं कहा जाता कि यह नाटक बहुत हो चुका, अब बंद करो। काम ज्यादा जरूरी है। वह गेंदमल की नाटकीयता पर सशंकित होकर उनके काम पर गुप्त नजर रखते, मगर अब तक तो सब ठीक ही नजर आ रहा था।

इस प्रकार गेंदमल की तीन महीने की परीक्षा अवधि का 90वाँ दिन भी आ गया। धर्मराज ने उनकी फाइल पर कुछ नहीं लिखा। अत: वह धर्मराज तथा कौमुदी की चरण-वंदना करके उठ खड़े हुए और बोले, ''आज मेरे सेवाकाल का अंतिम दिन है। अब आप मुझे नरक जाने की अनुमति प्रदान कीजिए। मैं अब इस स्थिति के लिए पूर्ण रूप से तैयार हूँ। आपके संसर्ग का यह फल तो मुझे मिला ही है कि अब मैं उद्विग्न नहीं हूँ। यह मेरा परम सौभाग्य था कि धरती के इस साधारण मनुष्य को देवताओं के भी देवता की चरण-वंदना का सौभाग्य चार माह तक मिल सका। मैं पहला मनुष्य हूँ जिसे आपने यह अपूर्व अवसर दिया है। मन में सिर्फ एक ही बात की ग्लानि रहेगी कि वहाँ से मैं आपकी चरण-वंदन करने के लिए नित्य प्रति न आ सकूँगा। मेरी विवशता को समझिएगा। लेकिन मैं मन ही मन आपकी पूजा करता रहूँगा। अब आज्ञा दीजिए। नमस्कार।''

कौमुदी ने धर्मराज की ओर देखा और आँखों-ही-आँखों में शिकायत की, ''प्रभो, आपने अपने सबसे विश्वस्त सेवक के साथ यह क्या किया? क्या शिकायत थी

आपको इससे? मुझसे तो आपने कभी कुछ नहीं कहा। मुझे भी अँधेरे में रखा और अकेले यह फैसला भी ले लिया? अब मुझसे भी छुपाने लगे हो?''

धर्मराज ने भी आँखों में उत्तर दे दिया, ''हे प्राणवल्लभे, मुझे गलत मत समझो। सब कुछ अभी ठीक हो जाता है। जिस पर तुम्हारी कृपा हो, वह नरक नहीं जा सकता। धैर्य रखो।''

गेंदमल का प्रार्थना-पत्र समाप्त होने के बाद धर्मराज ने नकली क्रोध अपने चेहरे पर लाते हुए कहा, ''किसने तुमसे कहा कि आज से तुम मेरे सेवक नहीं रहे और तुम्हें कल से नरक जाना है?''

गेंदमल के पास जवाब था कि आज आखिरी दिन आने पर और आपकी सुदीर्घ चरण-वंदना करने के बावजूद जब आपके मुँह से यह वाक्य नहीं निकला कि गेंदमल, तुम यहीं रहोगे, तो मैं और क्या समझूँ? बेशर्म होकर फिर मुझे आपसे स्वयं आज्ञा माँगनी पड़ी ताकि आप स्वयं कुछ कहें। लेकिन गेंदमल मानते थे कि यह तर्क करने का अवसर नहीं है। तर्क से ऐसे अवसर पर मामले बिगड़ जाते हैं जबकि मौन रहने से सुलझ जाते हैं। तो मौन ही रहो।

गेंदमल का सिर झुका ही रहा, ऊपर उठा ही नहीं। होंठ जरा खुले भी नहीं। पलकें जरा हिली भी नहीं।

धर्मराज गेंदमल की इस समझदारी पर कुछ व्यंग्य और कुछ प्रेम से मुस्कराए और उन्होंने कहा, ''जाओ और इसी तरह काम करते रहो, जैसे कर रहे हो। काम में कोई फर्क नहीं आना चाहिए। मेरा नाम धूमिल नहीं होना चाहिए।''

''ऐसा ही होगा,'' कहकर गेंदमल प्रसन्नतापूर्वक वहाँ से चलने की तैयारी करने लगे। इसी बीच उन्होंने सवाल दागा, ''इस बार फिर से तीन महीने के लिए ही नरक से मुक्ति है या उससे भी कम समय के लिए है?''

इसमें छिपे व्यंग्य को धर्मराज ने समझा। धर्मराज ने भी व्यंग्यपूर्वक कहा, ''क्यों तीन महीने की अवधि कम है क्या? वैसे इस बार हमने कोई अवधि दी है क्या आपको? तब जाकर काम क्यों नहीं करते आप अपना?''

इतना कहने के बाद धर्मराज कुछ रुके और तब उन्होंने कहा, ''सुनिए, गेंदमलजी,'' उनका जोर 'जी' पर ज्यादा था, ''आप काफी समझदार आदमी हैं। आपको इतना भोलापन शोभा नहीं देता। मेरा अर्थ तो आप समझ ही गए होंगे।'' धर्मराज के इन वाक्यों में सख्ती थी। यह चेतावनी थी कि भोलेपन का नाटक अब नहीं चलेगा। बहुत हो चुका। अब बंद करो वरना यह तुम्हारे खिलाफ भी जा सकता है।

गेंदमलजी ने दोनों संदेश समझने में गलती नहीं की। पहला यह कि इस बार लंबा वीसा मिला है। चाल-चलन ठीक रहा तो इसे स्थायी ही समझो, मगर है यह वीसा ही। नागरिकता नहीं है और दूसरा यह कि किसी मुगालते में मत रहो। धर्मराज

होने का मतलब यह नहीं कि हम गेंदमल जैसे मनुष्य की हकीकत को नहीं जानते।

गेंदमल को धर्मराज से जो मिलना था, सो मिल चुका था। लेकिन इसका यह मतलब भी नहीं कि वे धर्मराज से मुँह मोड़ लें। सफलता की पहली सीढ़ी चढ़ते ही यह गलती करना ठीक नहीं था। उन्होंने यह गलती नहीं की। लेकिन अपनी भावी योजनाओं को मूर्त रूप देने के लिए चरण-वंदना के क्षेत्र को उन्होंने व्यापक किया। वह अब ब्रह्मा के पास जाने लगे और उनकी भी चरण-वंदना करने लगे। वह विष्णु के पास जाने लगे और शेष-शय्या पर आराम फरमा रहे, भगवान के पैर दबा रही लक्ष्मी से कहने लगे—लाइए आप थक गई होंगी, युगों-युगों से पति के पैर दबा रही हैं। मैं आपकी थोड़ी-सी मदद कर देता हूँ। वह किसी दिन शंकर के पास चले जाते। उन्हें भोलाभंडारी कहते और खुद को बताते अपना परम भक्त। उन्हें औघड़ कहते हैं और कहते कि मुझे भी औघड़पन ही पसंद है। उन्हें विषपायी कहते और यह भी कहते कि आपसे सीखकर मैंने भी काफी विषपान किया है और अब भी कर रहा हूँ। वह किसी दिन कार्तिकेय के पास जाते यानी सबकी वह चरण-वंदना करते। सबको वह अच्छे लगने लगे, भले लगने लगे, मेहनती लगने लगे, ईमानदार लगने लगे। हर कोई उनकी प्रशंसा करता। देवलोक में हर कोई उन्हें जानने और मानने लगा। धर्मराज का सेवक धर्मराज से ज्यादा मान्यता पाने लगा। इस बीच एक-एक कर वह अपने पूर्वजों को देवलोक में लाने लगे। किसी को उन पर शक नहीं हुआ। वह ऐसे अचूक ढंग से काम करते थे कि किसी को शक करने ही नहीं देते थे।

धर्मराज गेंदमलजी के इस छवि बनाओ अभियान से बेखबर थे। कोई उन्हें खबर भी देता तो वे इसकी परवाह नहीं करते। उन्हें लगता था कि उनका सेवक उनका सेवक ही रहेगा, क्योंकि सेवक अब भी नित्यप्रति उनकी चरण-वंदना करता था हालाँकि इसका समय अब क्रमशः घटता जा रहा था। चरण-वंदना पहले एक घंटे तक होती थी। फिर गेंदमलजी ने यह कहकर कि धर्मराजजी मेरे कारण आपका समय बर्बाद होता है, इसलिए इसकी अवधि घटाकर चालीस मिनट कर दी। फिर एक महीने बाद से बिना बताए 35 मिनट तक ले आए। लेकिन धर्मराज-कौमुदी ने इसका बुरा नहीं माना। उन्हें भी लंबी चरण-वंदना अच्छी नहीं लगती थी। वे भी इससे बोर होने लगे थे।

गेंदमलजी ने धर्मराज का इतना विश्वास प्राप्त कर लिया था कि वह कोई दखल नहीं देते थे। गेंदमल से कुछ पूछते नहीं थे पर उन पर नजर रखना भी धर्मराज ने बंद कर दिया था। गेंदमल की सक्रियता के कारण जो अवकाश उन्हें लाखों-करोड़ों वर्षों से कभी नहीं मिला था, उसे वे अब भोग रहे थे। कौमुदी के साथ वह नित्य-विहार करते। आमोद-प्रमोद में लीन रहते। घंटों कौमुदी के साथ दुनियाभर की गप्पें हाँकते। एक-दूसरे को हँसाते-चिढ़ाते, रूठते-मनाते, प्रेम करते। उनके पास बातें

करने के लिए लाखों-करोड़ों वर्षों की स्मृतियाँ थीं। घंटों-महीनों और वर्षों बात करने पर भी स्मृतियों का भंडार जस-का-तस भरा हुआ था। एक-दूसरे में खो जाना क्या होता है, उसका सघन अनुभव दोनों को पहली बार हो रहा था। देवलोक जो पहले उन्हें सामान्य-सा लगता था—अब सुंदर लगने लगा था। उसके एक-एक पेड़, एक-एक नदी, एक-एक मैदान, एक-एक पहाड़, एक-एक पगडंडी से उनकी स्मृतियाँ जुड़ी थीं। वह सुगंध—जिसके प्रति वे उदासीन हो चले थे—उसे नासापुटों में भरना असीम आनंद देता था। प्रेम के इन क्षणों के आगे सब कुछ व्यर्थ, सब कुछ बौना और समय को बर्बाद करनेवाला लगता था। धर्मराज को अपनी जिम्मेदारियों की याद तक अब दुखद लगने लगी थी।

धर्मराज-कौमुदी के इस प्रेम की चर्चा पूरे देवलोक में थी। कुछ इससे सिर्फ निंदा-रस प्राप्त करते थे। कुछ इनके प्रेम को देखकर ईर्ष्या से भर उठते थे। कुछ इन्हें प्रेममग्न देखने के लिए कहीं छुप जाते थे। कुछ प्रेमी अपनी प्रेमिका के सामने और कुछ पति अपनी पत्नी के सामने प्रेम का आदर्श उपस्थित करने के लिए धर्मराज-कौमुदी प्रसंग छेड़ देते थे। कुछ जिन्हें अपने पति या पत्नी से विरक्ति होने लगी थी और जो यह सोचते थे कि अब जीवन सारहीन-रंगहीन हो चुका है, वे जीवन में नए-नए रंग, नई-नई गंध भरने की कोशिश करने लगे थे। जिन्होंने प्रेम की स्मृति से काँपना और सिहरना, खोजना और डूबना भुला दिया था, वे फिर पुरानी यादें लौटाने लगे थे लेकिन कुछ देवी-देवता इतने बूढ़े, इतने संवेदनहीन, इतने सारहीन, इतने कुंठित और क्षुद्र, इतने निर्भय और इतने उदासीन हो चुके थे कि वे इनकी चर्चा सुनकर ही जल-भुन जाते थे।

धर्मराज के इस विचलन से सबसे ज्यादा कोई खुश था तो गेंदमलजी थे। वे अब परम स्वतंत्र थे। उनसे न कोई पूछनेवाला था, न कहनेवाला। यही वे चाहते थे। गेंदमल जानते थे कि धर्मराज प्रेम-रस में पड़े रहेंगे। वे अपने काम की सुध-बुध नहीं लेंगे। लेकिन कल से कोई यह न कह दे कि गेंदमल अपनी मनमानी कर रहा था, धर्मराज को अँधेरे में रख रहा था, इसलिए वह धर्मराज के पास दिन में एक बार जरूर जाते थे। उन्हें रूखे-सूखे विवरण जान-बूझकर विस्तार से बताते थे, ताकि धर्मराज खुद कहें कि यह सब अब बंद करो। तुम्हें जो करना है, करो। धर्मराज गेंदमल के जाल में फँसकर यही कहते भी थे। मगर अपनी वफादारी जताने के लिए गेंदमल स्वयं हर बार कहते कि मैं तो नौसिखिया हूँ, मनुष्य हूँ, मुझसे भूल-गलती हो सकती है, निर्णय लेने में गड़बड़ी हो सकती है, अतः आप एक घंटे के लिए ही सही कामकाज पर निगाह जरूर डाल लिया करें। कहीं मुझसे ऐसी गलती न हो जाए, जिससे आपका नाम कलंकित हो जाए।

लेकिन गेंदमल जितना धर्मराज से कहते कि वे ध्यान दें, उतनी ही धर्मराज की

उदासीनता भी बढ़ती जाती थी।

इस तरह गेंदमल ही अब धर्मराज का पर्याय बन चुके थे। अब देवता गेंदमल को 'धर्मराज' कहते थे और धर्मराज को 'प्रेमराज' कहते थे। देवलोक के तमाम समारोहों में अब धर्मराज नहीं जाते थे, मगर गेंदमल जरूर जाते थे। धर्मराज की अनुपस्थिति में गेंदमलजी को वक्तागण धर्मराज के प्रतिनिधि के रूप में संबोधित करते थे। उनका स्वागत-सत्कार धर्मराज जितना ही होता था। धीरे-धीरे उनका आसन धर्मराज के आसन के पास लगने लगा। देवता जैसे पहले धर्मराज के सम्मान में खड़े होते थे, वैसे गेंदमल के सम्मान में भी खड़े होने लगे। कुछ उन्हें धर्मराज गेंदमल कहने लगे। बाद में उनका नाम ही यही हो गया। अभी तक सब कुछ गेंदमल की कल्पनाओं के अनुरूप ही हो रहा था।

एक दिन अचानक देवलोक में देखा गया कि हाथी जैसी टाँगों और पलंग के पायदान जैसे मोटे हाथों वाला, गुब्बारे जैसे गोल-गोल चेहरे वाला, मोटी-मोटी गर्दन वाला, बड़ी-बड़ी मूँछों वाला, गंजे-गंजे सिर वाला एक डरावना व्यक्ति निर्भय होकर छुरा हवा में उछाल रहा है और बेवजह हँस रहा है। उसकी आँखों में सुर्खी है और चाल में नशा है। वह किसी की तरफ आँखें उठाकर नहीं देखता, किसी से कुछ नहीं कहता। वह कभी-कभी छुरे को बीच में लोककर चूमने लगता है, कभी उसे उल्टा करके दाएँ हाथ से बाईं हथेली पर घुमाने लगता है। कभी वह अचानक 'धर्मराज की जय' कहता है, कभी 'गेंदमलजी की जय' बोलता है और कभी 'धर्मराज गेंदमल की जय' कहता है।

ऐसा दृश्य देवलोक में पहली बार देखा गया था। इससे सारे देवता डर गए थे। वे कल्पना भी नहीं कर सकते थे कि देवलोक में इस तरह की हरकत भी हो सकती है। दरअसल डरावने दृश्यों और स्थितियों से उनका सामना कभी होता ही नहीं था। वे हतप्रभ थे। उनके लिए तो यह भूकंप आ जाने के समान था। अंत में किसी तरह साहस बटोरकर अनेक देवता गेंदमलजी के पास आए, चूँकि उस आदमी ने 'धर्मराज गेंदमल की जय' बोली थी। उन्होंने गेंदमलजी को 'सूचना' दी कि ऐसा—ऐसा व्यक्ति पहली बार देवलोक में टहल रहा है। पता नहीं उसके इरादे क्या है? क्यों कर रहा है वह ये सब हरकतें, किसकी अनुमति से और किसके इशारे पर कर रहा है। उसके कारण पूरा देवलोक संकट में है। उन्होंने गेंदमलजी से कहा,"धर्मराजजी आमोद-प्रमोद में व्यस्त रहते हैं। इस हालत में आप ही हैं हमारे असली धर्मराज। आप ही बताइए कि हम क्या करें!"

गेंदमलजी उनकी बात सुनते रहे। इस बीच उन्होंने आगंतुक देवताओं को ऐसा अपूर्व पेय-चाय-पिलाई कि देवता शिकायत भूलकर उसकी तारीफ करने में लगे रहे। वे पूछने लगे कि क्या यह अपूर्व पेय मृत्युलोक से यहाँ लाया गया है? इसे बनाने

की विधि क्या है? इस तरह मृत्युलोक में पाए जानेवाले तमाम तरह के पेयों पर चर्चा चल पड़ी। गेंदमलजी शराब और कॉफी समेत उन तमाम पेयों के बारे में भी अधिकारपूर्वक बोलने लगे, जो उन्होंने भी नहीं पिए थे।

बात पेयों पर ही खत्म हो गई। यह तय हुआ कि गेंदमलजी उस पेय का रहस्य अगली मुलाकात में बताएँगे, जो अभी-अभी देवताओं ने पिया है। उसकी सारी कथा बताएँगे, उसे बनाने की विधि बताएँगे। अभी तो देवतागण इस गर्म-गर्म पेय का आनंद लें। जो जितना पीना चाहे, पिए, उसे आनंद तो आएगा मगर नशा नहीं चढ़ेगा।

अगले दिन फिर वही आदमी उसी तरह छुरा लहराता हुआ घूम रहा था। उसके कार्यक्रम में आज एक नई बात और जुड़ गई थी। वह छुरे की धार की प्रशंसा बढ़-चढ़कर इस तरह कर रहा था कि जिन देवताओं को मृत्यु-भय ने कभी नहीं सताया था, वे भी भयभीत हो गए। वह कह रहा था कि हाय मेरे छुरे और हाय तेरी धार! जॉनी, तेरी तो बात ही और है। हाय जॉनी! मैं तुझ पर जान छिड़कता हूँ। ऐसी तीखी धार कभी किसी छुरे में न थी, न होगी, बस किसी की गरदन आज नप जाए। हाय-हाय जॉनी, तुझ पर मर जाऊँ, तू कब काम आएगा? ला रे मौका, जल्दी ला। बहुत कहते हैं ये कि इन्हें कोई मार नहीं सकता, ये अजर-अमर हैं। जॉनी, तेरा एक ही वार इनकी अमरता की टें बुला देगा। मेरा छुरा, मेरी जान। हाय-हाय रे, तूने तो मेरी जान ले ली। जय धर्मराज, जय गेंदमल।

वह सुबह से शाम तक, यहाँ से वहाँ तक, देवलोक में इसी तरह घूमता रहा। आज भी वह किसी से एक शब्द भी नहीं बोला, उसने किसी की तरफ देखा भी नहीं। उसने ऐसा बर्ताव किया, मानो यहाँ उसके और उसके छुरे के सिवा कोई है नहीं। जो हैं भी, वे कीड़े-मकोड़े हैं, मक्खी-मच्छर हैं। उन्हें क्या देखना और उनकी क्या परवाह करना!

शाम के बाद वह जब गायब हो गया तो घबराए हुए देवता फिर से इकट्ठा हुए। उन्होंने आपस में विचार-विमर्श किया। फिर से तय किया कि वे फिर से गेंदमलजी के पास जाएँगे और आज उनसे चाय नामक उस पेय के बारे में कोई बात नहीं करेंगे, बल्कि छुरेवाले आदमी के बारे में ही चर्चा करेंगे। उनसे पूछेंगे कि यह कौन है, कहाँ से आया है और इसे किसने इस तरह 'जय धर्मराज, जय गेंदमल' कहने की इजाजत दी है? गेंदमलजी द्वारा धर्मराज का काम सँभालने के बाद यह छुरेबाज यहाँ कैसे आया? क्या यह गेंदमलजी का कोई सगा है? और अगर जरूरत पड़े तो गेंदमलवे को यह भी बता दिया जाए कि तू इस भ्रम में मत रहना कि तू धर्मराज हो गया है और जो चाहे यहाँ कर सकता है। धर्मराज को हम भले ही व्यंग्य में प्रेमराज कहने लगे हों मगर वही हमारे असली धर्मराज हैं। और गेंदमलजी ने तत्काल ही इस खतरनाक आदमी को देवलोक से नहीं निकाला तो वे धर्मराज के पास गेंदमलजी की शिकायत

लेकर जाएँगे और उनसे कहेंगे कि इस गेंदमल नामक व्यक्ति को ही यहाँ से निकाला जाए और इसे नरक भेज दिया जाए।

गेंदमलजी का जासूसी-तंत्र काफी मजबूत था। उन्हें पता चल गया था कि देवताओं का दल किस उद्देश्य से उनके पास आने वाला है। गेंदमलजी ने तय किया था कि वे चाय पिलाने का टोटका आज नहीं आजमाएँगे। वास्तव में आज वे देवताओं को कोई भी पेय नहीं पिलाएँगे। आज वे चाय से भी ज्यादा मीठी-मीठी बातों से देवताओं को बहलाकर वापस भेज देंगे।

तो क्रुद्ध देवता उनके पास आए। गेंदमलजी ने उन सबको ससम्मान एक कक्ष में बैठाया। एक-एक के सामने झुककर उन्होंने नमस्कार किया। उन्होंने ही तनावपूर्ण शांति के माहौल को तोड़ते हुए पूछा, ''क्या बात है आप सब गंभीर और उदास हैं, परेशान और थके हुए हैं? रात्रि तो विश्राम का समय है। आपने इस वेला में आने का कष्ट क्यों किया? क्या मुझसे कोई अपराध हो गया है, कोई धृष्टता हो गई है? मेरी वजह से कोई संकट आ गया है? आप बताएँ तो कुछ और मुझसे गलती हो गई हो तो नि:संकोच होकर आप उसकी मुझे सजा दें। मेरी गर्दन भी आपके सामने है।''

इतना कहकर उन्होंने अपनी गरदन उनके सामने कर दी।

सिर्फ एक देवता ने कहा, ''नहीं-नहीं, हमें आपकी गर्दन नहीं चाहिए। देवलोक में गर्दन ली और दी नहीं जाती।'' लेकिन इतना कहकर वह भी किसी देवता के इशारे पर आगे चुप हो गया। अब हर कोई मौन था। हर देवता चाह रहा था कि कोई दूसरा ही यह अप्रिय प्रसंग छेड़े। उसका काम मौन बने रहने से ही चल जाए तो ज्यादा अच्छा। हाँ या ना में भी गर्दन न हिलानी पड़े तो और भी अच्छा! क्या पता वह खतरनाक शख्स गेंदमल का आदमी हो और कल हम पर ही टूट पड़े!

जब मौन नहीं टूटा तो गेंदमल ने ही उसे तोड़ा। उन्होंने कहा, ''कल आप कुछ कहने आए थे। क्या वही बात आज दोहराने आए हैं? अगर ऐसा है तो पहली बात तो मैं यह कह दूँ कि उस आदमी से मेरा कोई संबंध नहीं है। मैं तो खुद ही चकित हूँ कि वह कौन है और कहाँ से आया है और मेरी जय क्यों बोल रहा है? क्षमा कीजिए, आज मैं आपका उचित आदर-सत्कार नहीं कर पाऊँगा। बहुत व्यस्त हूँ आज। पृथ्वी पर कोई बहुत बड़ा भूकंप आने से एक लाख लोग स्वर्ग-नरक जाने के लिए यहाँ कतार में चले आए हैं। उन्हें तुरंत निबटाना होगा। आप निश्चिंत रहें मेरी ओर से। मैं आपके साथ हूँ। अच्छा नमस्कार।''

देवतागण अपने स्थान से उठें या एक शब्द भी कहें, इससे पहले ही गेंदमल उठकर चले गए। लेकिन कल के प्रेमपूर्ण और सम्मानजनक व्यवहार के विपरीत आज उनका व्यवहार कुछ रूखा था। देवताओं को लगा कि गेंदमल उनसे बचना चाहते थे और साथ ही असम्मान भी दिखाना चाहते थे। उन्हें धर्मराज जैसे महत्त्वपूर्ण

पद का कामकाज देखने के कारण गुरूर आ गया है।

वह दरअसल गेंदमलजी के शहर का एक नामी गुंडा हुआ करता था और उस पूरे क्षेत्र में कुख्यात था। वह अपहरण, मारपीट, धौंस, हत्या के क्षेत्र में अव्वल था। गेंदमलजी उसे वहाँ भी उपकृत करते रहते थे, उसे खुश रखते थे। कोई 'टेढ़ापन' दिखाता तो उससे कहकर ऐसे आदमी को 'ठीक' भी करवा देते थे। एक रात उनके शहर के आकाश में उगते सूरज की तरह उभरते हुए एक नए गुंडे ने उसे चाकू मार दिया और पृथ्वी को उसके भार से मुक्त कर दिया।

वह जब गेंदमलजी के सामने आया तो उनकी बाछें खिल गईं। उन्हें इस तरह के आदमी की अपनी रणनीति में सख्त जरूरत महसूस होने लगी थी। वह सोच ही रहे थे कि ऐसा आदमी कहाँ से लाएँ कि यह मिल गया। वह स्वामिभक्त था। जिसका 'नमक' खाता था, उसका नमक बजाता भी था। अपने स्वामी के लिए जान देने के वास्ते हमेशा तैयार रहता था।

गेंदमलजी की बाछें खिलीं तो मगर उन्होंने अपनी खिली हुई बाछों को उस गुंडे को नहीं देखने दिया क्योंकि वह देख लेता तो मोल-भाव करता और मोल-भाव करता तो हर हालत में गेंदमलजी ही घाटे में रहते।

इसलिए वह जैसे ही सामने लाया गया और जैसे ही गेंदमलजी ने उसे पहचाना, तुरंत यह आदेश दिया कि इसे नरक भेज दिया जाए। लेकिन गुंडा भी गेंदमल को पहचान गया था। उसने आश्चर्य प्रकट किया, "आपकी जो मैंने जीवनभर सेवा की थी, उसका मुझे यह सिला मिलेगा? वहाँ गेंदमल कुछ और था, यहाँ कुछ और?"

गेंदमलजी ने अपने चेहरे पर कठोर भाव नहीं बदले और कहा, "मैं इतना ही जानता हूँ कि तुम एक नामी गुंडे हो। तुमने 11 हत्याएँ, 32 बलात्कार, 10 अपहरण किए हैं। डराना-धमकाना, पैसे वसूल करना, औरतों को छेड़ना, गाली-गलौज करना तुम्हारा परम कर्तव्य है। नरक में तुम्हारा आरक्षण पहले से ही करवा दिया गया है। सिपाही इसे ससम्मान वहाँ ले जाओ। नेक्स्ट।"

जैसा कि अपेक्षित था, गुंडा गेंदमलजी के इस सख्त व्यवहार से घबरा गया। उसे बता यह दिया गया था कि यहाँ कोई गुंडागर्दी नहीं चलती। धर्मराज के दरबार में कोई रियायत भी नहीं मिलती।

उसके रुख में अचानक नरमी आ गई। उसने कहा, "हुजूर, मैं गरीब आदमी हूँ। यहाँ आपके सिवा मेरा कौन है? हुजूर, यह सच है कि मैंने हत्या-बलात्कार किए हैं, मगर मैंने कुछ अच्छे काम भी किए हैं। जिसको जो वचन दिया, उसे जान की बाजी लगाकर भी पूरा किया है। एक बार वचन देने के बाद मैं उससे कभी नहीं पलटा, चाहे किसी ने कितना ही बड़ा लालच मुझे क्यों न दे दिया हो। मैं गरीबों की मदद

भी करता था। मेरे डर के कारण कई हत्याएँ और कई बलात्कार नहीं हुए। स्वामिभक्ति में मेरा रिकॉर्ड खोलकर देखिए। चरित्र पर एक दाग भी नहीं मिलेगा।''

''तो इससे क्या ? तुम्हारी हत्याओं और बलात्कारों पर इससे पर्दा पड़ सकता है ? तुम्हें रौरव नरक में जाने से अब कौन रोक सकता है ?''

''आप हुजूर, आप ही रोक सकते हैं।'' वह रोने-रोने को था।

''मैं ?'' अपनी आँखें विस्फारित करते हुए गेंदमल बोले, ''तुम धर्मराज के पद पर बैठे व्यक्ति से यह उम्मीद करते हो कि वह तुम्हारे साथ पक्षपात करे ? क्या मुझे भी रौरव नरक में भेजना चाहते हो ? क्या इच्छा है तुम्हारी ?''

''नहीं हुजूर,'' गुंडे ने आर्त स्वर में कहा, ''आपको कौन भेज सकता है रौरव नरक, आप तो स्वयं धर्मराज हैं। ठीक है हुजूर, पाप किए हैं तो मुझे सजा भी भुगतनी पड़ेगी। वह तो आप थे हुजूर, जिन्होंने मेरी इतनी दरख्वास्त सुन भी ली, वरना कौन सुनता ? जाता हूँ हुजूर, नमस्कार। वैसे थोड़ी-सी भी रियायत नहीं मिलेगी हुजूर ?'' वह रोने लगा।

''रियायत चाहिए थी तो वहाँ पृथ्वी पर अच्छे कार्य करते! क्यों नहीं किए ? तुम्हें पता नहीं था कि मरने के बाद इसका नतीजा क्या होगा ? फिर भी तुम आखिर क्या चाहते हो ?''

''नरक में थोड़ा-सा कम कष्ट मिलता हुजूर, अगर आपकी कृपा होती। सुनते हैं वहाँ मेरे जैसे आदमी को जाते ही तेल के खौलते हुए कड़ाह में डाल देते हैं।''

''लेकिन नरक में तो जाना ही होगा तुम्हें ?''

''आप भेजेंगे तो जाऊँगा ही। फिर क्या करूँगा ?''

''तुम तो चाहते ही होगे, तुम्हारे इन घोर दुष्कर्मों के बावजूद हम तुम्हें नरक न भेजें।''

''कौन चाहता है हुजूर नरक जाना ?''

''सो तो है। फिर क्या करें तुम्हारे लिए ?''

''हमें अपनी सेवा में रख लीजिए हुजूर।''

''हमारी सेवा में ? गुंडे को धर्मराज अपनी सेवा में रख ले ? क्या बात करते हो ? होश में तो हो ?''

''होश में कौन रह सकता है हुजूर जब रौरव नरक सामने दीख रहा हो!''

''हमारी तुम क्या सेवा कर सकते हो ? गुंडई के अलावा तुम्हें आता ही क्या है ?''

''बहुत कुछ आता है। आप पत्थर तुड़वाएँगे तो वह भी कर लूँगा।''

''तुम पत्थर क्यों तोड़ोगे ? तुम तो गुंडई करोगे यहाँ।''

''ना बाबा, ना।'' उसने समझा कि गेंदमलजी उस पर व्यंग्य कर रहे हैं।

''तो ठीक है फिर नरक जाना।''

"हाँ, मैं गुंडई तो कतई नहीं करूँगा। उधर भी गुंडई, इधर भी गुंडई, ना बाबा ना।"

"हम जो काम देंगे, करोगे? कोई भी काम। ना-नुकुर तो नहीं करोगे?"

"क्यों करेंगे हुजूर! कभी की है पहले क्या?"

तो अंततः गेंदमलजी और उस गुंडे के बीच यही तय हुआ कि वह गेंदमल के निर्देश पर, देवलोक में गुंडई ही करेगा। हर दिन अपनी सफलता की रिपोर्ट देगा और अगले दिन के लिए आगे के निर्देश लेगा। इन्हीं निर्देशों के अधीन वह देवलोक में इन दिनों अपना 'प्रदर्शन' कर रहा था।

अगली सुबह फिर से वही दृश्य था। आज नई बात यह थी कि वह गुंडा छुरा तो हवा में लहरा ही रहा था, उसकी तारीफ में जोर-जोर से बोल भी रहा था और उसके अलावा वह आसपास से गुजरते किसी देवी या देवता को रोककर पूछता, "तुम किधर जाते हो, किधर ध्यान है। हम भी यहाँ हैं, हमारी दुकान भी यहाँ है।"

डरकर कोई देवी या देवता रुक जाता तो उससे गुंडा कहता, "ठीक तो हो? कोई परेशानी तो नहीं है? हो तो हमें बताना। हमें अपना ही समझना। चिंता की कोई बात नहीं। कोई कुछ बोले तो हमें बताना, हम उसकी टाँगें तोड़ देंगे। ठीक है न! फिकर नाट! देखा न हमारा डील-डौल? एक-एक साले को ठीक कर देंगे। छुरा देखना है हमारा? देखो-देखो, बड़ा अच्छा है, खूबसूरत है। ठेठ रामपुरी है। उधर भी इससे सब डरते थे, इधर भी इससे सब डरते हैं। क्यों जी, देवता लोग क्या बड़े डरपोक होते हैं? मुझको तो ऐसा ही लगता है। चलो कल फिर मिलेंगे उनसे। कोई गड़बड़ करे तो जरूर बताना और जय गेंदमल, जय धर्मराज जरूर बोलते रहना। इसी में सबका कल्याण है। हरिओम।"

जब कोई 'जय धर्मराज, जय गेंदमल' कहता, तभी वह उसे जाने देता। जाते-जाते गुंडा कहता, "डोंट वरी, आई एम हैरी।" फिर उसके आगे जोड़ता, "इंगलिश जानते हो कुछ? नहीं जानते? इतनी आसान-सी भाषा नहीं जानते, तो काय को देवता बने बैठे हो यार! धरती पर जाओ, सीखकर आओ। वैसे कल, यहीं, इसी समय आना, दो मिनट का काम है। क्या समझा सिर्फ दो मिनट का काम है। फिकर नाट। घबराना नहीं रे। धर्मराज से अपनी शिकायत मत करना। नहीं तो वो अपने को मारेगा और अपन फिर तुमको मारेगा। फिर बोलना नहीं कि अपने को फोकट में पीट दिया।" फिर वह डरावनी हँसी हँसता और एकदम अचानक झटके से चुप हो जाता। फिर मुस्कराता और कहता, "गो एंड एंज्वाय फोक्स। आई एम हियर फार यू ओनली। नहीं समझा। इसीलिए बोलता हूँ कल आना, दो मिनट में अंग्रेजी सिखा देंगे। अपने को ज्यादा टैम नहीं लगता। क्या समझे, जाओ। कल आओ, सब कुछ समझा देंगे।"

देवी-देवता इस बार सचमुच डर गए। गेंदमलजी से हर शिकायत के बाद उसकी

गुंडई की सीमा बढ़ती जाती थी। गेंदमलजी से कहने का कोई फायदा नहीं था। कुछ देवताओं को शक था कि यह सब गेंदमलजी की शह पर हो रहा है। किसी ने कहा कि उसने रात के समय गुंडे को गेंदमलजी के घर से बाहर आते भी देखा था। इसी से और भी संदेह की पुष्टि हो गई है। फिर भी देवी-देवताओं की राय बनी कि एक बार गेंदमल से फिर से कहा जाए। कुछ ने कहा कि हम तो अब वहाँ नहीं जाएँगे, क्योंकि वहाँ जाने से कुछ होगा नहीं। यह गुंडा और तंग करेगा। बहरहाल बहुत समझाने-बुझाने पर एक प्रतिनिधिमंडल फिर से गेंदमल के पास गया।

इस बार फिर से गेंदमलजी का व्यवहार अत्यंत मृदु था। उन्होंने कहा, "अरे, आप देवतागणों को मुझ अधम के पास आना पड़ा! आप बता देते, तो मैं खुद ही दौड़ा-दौड़ा आ जाता। आखिर मैं आपका ही तो सेवक हूँ। देवी-देवतागण खुद मेरे पास चलकर बार-बार आएँ, यह मुझे शोभनीय नहीं लगता। खैर, जब आ ही गए हैं तो हृदय से आपका स्वागत है। वैसे आप उसी आदमी की बात करने आए हैं न ? हाँ, मैंने उसकी फाइल देखी थी। फाइल में कहीं कोई गड़बड़ नहीं है। वह पृथ्वी पर बड़ा धर्मात्मा पुरुष हुआ करता था। वह बड़ा दयालु, बहुत नेक और बहुत भला इंसान था। वह हर किसी की मदद करता था। मगर उसे वहाँ भी बस एक ही शौक था—छुरे की धार तेज करवाना और उसे कमर में खोंसकर घूमना। कभी मर्जी हो तो कमर से निकालकर हवा में लहरा देना। कभी इच्छा हुई तो किसी से हँसी-मजाक कर लेना, जैसा शायद उसने आज यहाँ किया है। बताते हैं कि वह अंग्रेजी-वंग्रेजी भी बोल रहा था। आप डरिए मत, वह निरापद है। पृथ्वी पर वह छुरेवाले बाबा के नाम से मशहूर था और लोग उसे बहुत मानते थे। बड़े-बूढ़े, मंत्री-अफसर-व्यापारी-पत्रकार सब उससे आशीर्वाद लेने आते थे। उसे अब आप इस देवलोक के जीवन का अंग समझिए, क्योंकि वह यहाँ रहने का अधिकारी है। उसे एक मसखरा मानिए बस। फिर भी उसने जरा-सी भी कोई गड़बड़ी की तो उसे मैं सीधे नरक भेज दूँगा। क्या बताऊँ वह दरअसल धर्मराज का आदमी है।"

"धर्मराज उसे लाए हैं यहाँ," एक देवता ने साश्चर्य पूछा।

"और क्या मेरी हैसियत है उसे यहाँ लाने की ? और मैं स्वयं भी क्या कर सकता हूँ जब उसका रिकॉर्ड ठीक हो !"

एक देवता ने कहा, "तब तो उन्हें भी लानत है।"

गेंदमलजी ने मुस्कराकर कहा, "नहीं-नहीं, धर्मराजजी के लिए ऐसा मत कहिए। कोई बात होगी, कोई योजना होगी। कुछ होगा, उनके मन में।" अगले दिन उस गुंडे ने अपना दायरा कुछ और व्यापक किया। वह छुरा तो हवा में लहराता ही था, उसकी प्रशंसा भी करता था, रास्ते चलते देवी-देवताओं को रोकता भी था, मगर अब उन्हें धमकाने भी लगा। उसने एक देवता को रोका और कहा, "ऐ भाई साहब ? क्या नाम

है आपका ? अभी तक आपने बताया क्यों नहीं ? खैर, जो भी आपका नाम है, आप यह तो जानते हैं न कि यह देवलोक है ? नहीं जानते हैं तो हम आपको बता देते हैं और अगर जानते हैं, तब तमीज से यहाँ क्यों नहीं रहते ? कुछ कल्चर-वल्चर सीखी है आपने ? नहीं सीखी हो तो हमसे सीखिए। दो मिनट में अभी और यहीं सिखा देते हैं। अच्छा जाइए और हमारा समय मत खराब कीजिए और सुनते जाइए, कल से यहाँ तमीज से चला कीजिए ताकि दुनिया को लगे कि आप देवलोक के वासी हैं। समझ गए न। हिन्दी आती है न या अंग्रेजी में समझाऊँ ?'' उसने एक और देवता से कहा, ''ओ भाई, क्या नाम है तेरा ? देवता है तो इसका क्या मतलब है तू हमारे नमस्कार का जवाब भी नहीं देगा ? यह उचित है क्या ?'' हालाँकि गुंडे ने उस देवता को नमस्कार नहीं किया था मगर फिर भी वह बोलता रहा, ''हमसे इतनी बेरुखी ठीक नहीं, क्या ठीक नहीं है, बताया था न अभी—बेरुखी। समझते हैं न थोड़ी-थोड़ी उर्दू कि सब कुछ हिंदी या संस्कृत में ही कहें ? मतलब कि देवभाषा में ? अपने को वह भी आती है। ओं भूर्भ्वस्व...मगर थोड़ी उर्दू भी सीख हमसे। काम आएगी। तो क्या है कि वैसे तो तुझे स्वयं आगे बढ़कर हमसे नमस्कार करना चाहिए था, मगर चलो देवता हो आखिर, गलती हो गई थी तो भी कोई बात नहीं थी, मगर हमारे नमस्कार का जवाब तो देना चाहिए था। खैर, आज तो जाओ, मगर कल से ध्यान रखना। क्या रखना, ध्यान। अच्छा ! नमस्ते।''

एक और देवता से उसने कहा, ''ओ भाई, किधर जाता है ? क्या यहाँ भी सब लोग जल्दी में होते हैं ! इसे बंबई समझ रखा है क्या ? क्या कहीं नौकरी पर जाना है ? जाना है तो जाओ-जाओ, कोई बात नहीं। नौकरी पर समय से पहुँचना चाहिए। नहीं जाना है तो फिर हमारी तरफ देखना चाहिए था न ? हम कोई फालतू तो हैं नहीं या हैं ? ठीक है, हम इंसान हैं, तुम देवता हो। लेकिन देवता सिर्फ देवता को ही देखेगा क्या ? यह तो ठीक बात नहीं है। हमारी शक्ल इतनी बुरी है क्या, मत देखिए हमारा क्या जाता है ? मगर पता है न हम गेंदमलजी के खासमखास हैं। तो क्या नाम बताया था आपने, हम तो भूल ही गए। आजकल जल्दी भूलने लगे हैं।''

देवता ने डरते-डरते कहा, ''अश्विनी।''

''अश्विनी ?'' गुंडे ने चौंकते हुए कहा, ''आजकल ये नाम तो हमारे यहाँ लौंडों का होता है। वैसे शक्ल से तो आप भी खूबसूरत लौंडे ही लगते हैं। क्या उमर होगी आपकी—पच्चीस साल ?...और सुनिए, कुछ देवता हमारी शिकायत रोज गेंदमलजी से कर रहे हैं। क्या हमने आपसे कुछ गलत कहा ? कोई गाली दी किसी को ? आप ही बताओ, अश्विनी भाई। किसी को धमकाया हमने ! अब आप ही बताओ कोई फालतू में शिकायत करेगा और मान लो हमें गुस्सा आ गया, वैसे गुस्सा हमें आता नहीं, मगर समझो कि आ गया और मान लो गुस्से-गुस्से में हमारा छुरा किसी को

लग गया तो क्या यह अच्छा होगा? देवलोक का नाम तो बदनाम नहीं होना चाहिए न? हमें इसकी फिकर है तो आप लोगों को नहीं?''

अगले दिन अगला दृश्य था। देखा गया कि कुछ मनचले युवक जिनके सिर के बाल कंधे तक बढ़े हुए हैं, जिन्होंने रंग-बिरंगी शर्ट पहन रखी हैं, जिन्होंने छोटी मोरी की पैंट पहनी है, जो गले में रूमाल डाले हुए हैं, जिन्होंने आँखों पर धूप का चश्मा लगाया हुआ है, जिन्होंने हाथों में कड़े पहने हैं, जिनके पैंटों में चौड़ी-चौड़ी बेल्टें हैं, वे स्वच्छंदतापूर्वक देवलोक में घूम रहे हैं। वे जहाँ चाहते हैं, खड़े हो जाते हैं, जिसे चाहते हैं, टोक देते हैं। अचानक कहीं खड़े होकर गाना गाने लगते हैं। देव-कन्याओं को देखकर सीटी बजाने लगते हैं, उन पर फब्तियाँ कसने लगते हैं। अचानक हो-होकर हँसने लगते हैं। बात-बात में कहते हैं—कुछ भी कहो यार, अपने धर्मराज हैं बड़े शानदार आदमी! ये देवता तो चूहे हैं चूहे हैं, उनके सामने। उसी समय अगर कोई देवता पास से गुजर रहा होता है तो उससे पूछते हैं, ''क्यों भाई साहब, मैं ठीक कह रहा हूँ न। कुछ गलत तो नहीं कहा, कहा हो तो टोक देना।'' वह जवाब में हाँ कहता है तो हो-होकर हँसने लगते हैं, वह चुप रहता है, तो भी हो-हो हँसने लगते हैं। अंत में करते हैं—हा हा हा।

देवी-देवताओं के लिए यह नया और डरावना अनुभव था। इन युवकों ने उन्हें और भी डरा दिया था। शाम होते ही ये सब गायब हो गए थे। फिर से देवी-देवताओं की बैठक हुई। विचार-विमर्श हुआ। किसी ने कहा कि गेंदमलजी के पास जाने का अब कोई फायदा नहीं है, जितनी बार उनसे बात करो, उतनी ही गुंडागर्दी भी बढ़ती जाती है। किसी ने कहा कि देवलोक के राजा तो इंद्र हैं, हमें तो पहले ही उनके पास चलना चाहिए था। किसी ने कहा कि भगवान शंकर के पास जाकर उनसे अपना तीसरा नेत्र खोलने के लिए कहा जाए ताकि गेंदमल और उसके ये तमाम लोग एकदम स्वाहा हो जाएँ और पुराने दिन लौट आएँ। फिर किसी ने कहा कि गेंदमल ने तो सभी बड़े-बड़े देवी-देवताओं की चरण-वंदना करके उन्हें अपना बना लिया है। उनसे भी कहने का कोई लाभ नहीं होगा। अंत में तमाम बहस के बाद फिर वही निश्चय हुआ कि गेंदमलजी से मिला जाए। एक बार और कोशिश की जाए।

इस बार गेंदमलजी ने देवताओं की खूब आवभगत की। द्वार पर अनेक देव-कन्याएँ स्वागत में सजी-धजी खड़ी थीं। उन्होंने इन पर पुष्प-वर्षा की। हर आगंतुक की आरती उतारी, सिर पर तिलक लगाया, पुष्प-गुच्छे भेंट किए, इत्र की फुहार की। मुख्य द्वार से बैठकखाने तक रास्ते में ताजे-ताजे फूल बिखेरे गए थे। आते ही सबको ठंडा शरबत पिलाया गया, जैसे वे बराती हों। शरबत का स्वाद निराला था। देर तक मुँह में इसका स्वाद बना रहे इसलिए देवता उसे धीरे-धीरे, आधा-आधा घूँट पी रहे थे। हर देवता एक दूसरे से शरबत की तारीफ कर रहा था और कह रहा था कि जो

पेय-पदार्थ आज तक भी हम देवताओं को उपलब्ध नहीं हुए, मृत्युलोक से आए इस साधारण प्राणी के पास कहाँ से आ गए? शरबत बनाने की वे विधियाँ, जो हमें नहीं आतीं, इसके पास कहाँ से आ गईं? कई देवता मजा-मजा ले-लेकर शरबत पी भी रहे थे और साथ ही गेंदमलजी से ईर्ष्या भी कर रहे थे।

इतने में गेंदमलजी प्रकट हुए। चेहरे पर वही डिजाइनर मुस्कराहट! सौ फीसदी पोलिटिकली करेक्ट। हाथ नमस्कार के लिए ऊपर उठे हुए, विनम्रता के भार से कमर झुकी हुई मगर चाल यह कहती हुई कि होंगे तुम देवता-फेवता, मगर मेरे सामने हो किस खेत की मूली!

एक देवता जिसका क्रोध शरबत के स्वाद और ठंडक के कारण दब गया था, गेंदमलजी की यह मुद्रा देखकर भड़क गया। उसे वह विषय याद आ गया, जिसके बारे में बात करने के लिए देवतागण यहाँ आए हुए थे। उसने लगभग गुस्से से काँपते हुए कहा, "आप एक ओर अपने यहाँ हमारा भव्य स्वागत करते हैं और दूसरी तरफ बाहर भयानक अपमान? ये दोहरे मापदंड नहीं चलेंगे।"

"हाँ, नहीं चलेंगे।" कई देवताओं ने एक साथ कहा।

मगर गेंदमलजी वैसे ही मुस्कराते रहे जैसे यह बात उन्हें संबोधित करके नहीं कही जा रही हो। बल्कि उन्होंने अपनी मुस्कराहट पर स्वाभाविकता का और भी मुलम्मा चढ़ाने की कोशिश की। उन्होंने उसी मुद्रा में कहा, "आप क्रुद्ध हैं और मुझसे? अकारण? आखिर क्यों?"

"आप यह नाटकबाजी छोड़िए।" एक आवाज आई।

गेंदमलजी ने पहले से ज्यादा ताजी और चौड़ी मुस्कान बिखेरते हुए कहा, "मुझे लगता है आपका ब्लडप्रेशर बढ़ा हुआ है।"

गेंदमलजी यह कहकर फिर मुस्कराए, इस बात का पूरा अनुमान लगाते हुए कि इससे इस देवता का क्रोध और बढ़ेगा और उन्हें अपनी बात सिद्ध करने का मौका मिलेगा।

उनका अनुमान सही साबित हुआ।

उसने कहा, "आपको पता होना चाहिए कि हम देवताओं को रोग-शोक नहीं व्यापते। हम मनुष्य नहीं हैं, देवता हैं। समझे सम्माननीय गेंदमलजी महाराज!" उसकी आवाज की कड़ुवाहट साफ थी।

"मैं आपसे विवाद में उलझना नहीं चाहता। वैसे आपको यों ही बता रहा हूँ कि मृत्युलोक से एक बहुत काबिल डॉक्टर साहब अभी-अभी यहाँ आए हैं। वह सूरत-शक्ल देखकर बता सकते हैं कि किसे क्या रोग है। वह बता रहे थे मुझे कि गेंदमलजी, देवता लोग कुछ भी समझते रहें मगर सच्चाई यह है कि स्वर्ग में कोई भी संपूर्ण रूप से निरोग नहीं हो सकता, वे चाहे देवी-देवता हों या हम जैसे साधारण मनुष्य...आप

चाहें तो उनकी मुफ्त सेवा का लाभ ले सकते हैं। आप ही नहीं बाकी सभी देवता भी...हाँ, तो मूल विषय पर आते हैं..."

"उस डॉक्टर को देवलोक से भगाओ।" एक देवता चीखकर बोला, "वह हम सबको बीमार घोषित कर देगा। वह गेंदमलजी का एजेंट है।"

"हाँ भगाओ, हमें किसी के एजेंट की जरूरत नहीं।" कई औरों ने भी कहा।

"वह भी डॉक्टर के भेस में इनका कोई गुंडा ही होगा।" किसी और देवता ने कहा।

"नहीं-नहीं, नहीं-नहीं। इतने सम्मानित और इतने सज्जन आदमी के बारे में ऐसी घटिया बातें मत कहिए। ऐसी बातें आपको शोभा नहीं देतीं। वह बिलकुल देवता-स्वरूप हैं।" गेंदमलजी ने हस्तक्षेप करते हुए कहा, "बड़ी-बड़ी डिग्रियाँ हैं उनके पास। देश-विदेश के राष्ट्रपति और प्रधानमंत्री खुद चलकर उनके पास इलाज कराने आते थे। वह स्वयं किसी के पास नहीं गए। आपको मालूम है कि उनकी मृत्यु से कई राष्ट्रपतियों-प्रधानमंत्रियों-मंत्रियों-धन्नासेठों, अफसरों की ऊपर की साँस ऊपर और नीचे की साँस नीचे रह गई है। उन सबकी जिंदगियों के लाले पड़ गए हैं और हमारे देवता उनके बारे में ऐसी गैरजिम्मेदाराना बात कर रहे हैं। छिः-छिः-छिः। मैं डॉक्टर साहब के चरणों में गिरकर क्षमा माँगूँगा कि एक देवता ने आपके बारे मैं इतनी ओछी बातें कही हैं कि आज तक मृत्युलोक में भी किसी ने नहीं कही होगी।"

"मेरा मतलब..." उस देवता ने गेंदमलजी की बात सुनकर कुछ हकलाते हुए स्पष्टीकरण देने की कोशिश की।

"आपका मतलब तो बेहद ही स्पष्ट था, महाशय," अब गेंदमलजी ने भावी स्थितियों से निबटने के लिए अपना पारा चढ़ा दिया, "आपको पता है कि मैं यह सोच रहा था कि आप सबके स्वास्थ्य की जाँच उनसे कराऊँ। जो भी शरीरधारी हैं, उन्हें कभी कोई रोग न हो, यह हो ही नहीं सकता...मगर खैर मुझे आपके निजी मामलों से क्या लेना-देना! आप स्वास्थ्य की जाँच कराए बगैर ही खुश हैं तो रहें। अच्छी बात है। वैसे आप किस हेतु से यहाँ आए थे?"

"मैं तो अपने स्वास्थ्य की जाँच कराऊँगा ही। मुझे आजकल खाँसी चलने लगी है।" एक देवता ने कहा।

"मैं भी कराऊँगा, जाँच। मेरी पीठ में दर्द रहता है।" दूसरे देवता ने कहा।

"मुझे हमेशा आजकल सिरदर्द रहने लगा है।" तीसरा अपने सिर पर हाथ रखकर उठ खड़ा हुआ।

"मेरे बाल तेजी से झड़ने लगे है," एक और देवता ने अपने सिर के कम होते बालों को दिखाते हुए कहा।

"नहीं-नहीं।" गेंदमलजी ने नकली क्रोध दिखाते हुए कहा, "मैं आपकी मदद

नहीं कर सकता। मैं पहले ही बदनाम हूँ कि गुंडों को यहाँ ला रहा हूँ जिनसे मेरा वास्तव में कोई लेना-देना नहीं। मैं तो जानता भी नहीं कि गुंडे क्या होते हैं! मैं अब मुफ्त की बदनामी झेलने को तैयार नहीं। मैं मानने को तैयार हूँ कि आप सब स्वस्थ हैं।''

''किसकी अनुमति से ये डॉक्टर साहब देवलोक में आए हैं!'' एक अपेक्षाकृत स्वस्थ देवता ने क्रुद्ध होते हुए कहा।

''पहले डॉक्टर वाली बात पूरी हो जाने दो।'' जिस देवता ने पीठ में दर्द की शिकायत की थी, उसने कहा, ''फिर फालतू की बातें पूछना।''

''नहीं, पहले गुंडे वाली बात होगी, फिर स्वास्थ्य की बात,'' स्वस्थ देवता ने जोर देकर कहा।

''नहीं, पहले डॉक्टर वाली बात।'' यह पीछे से किसी और देवता की आवाज थी।

''गुंडेवाली बात...''

''डॉक्टरवाली...''

''गुंडा...''

''डॉक्टर...''

''गुंडा...''

''डॉक्टर...''

''गुंडा...''

''डॉक्टर...''

''गुंडा...''

''डॉक्टर...''

गेंदमलजी मन-ही-मन प्रसन्न होते हुए यह नजारा मजे से देखते रहे। उन्होंने अपनी खुशी को थोड़ा-थोड़ा चेहरे पर प्रकट हो जाने दिया। एक बुजुर्ग देवता को गेंदमलजी की यह कुटिल मुस्कान सहन नहीं हुई। उसने हस्तक्षेप करके देवताओं को शांत करने के लिए खड़े होने की कोशिश की मगर बुढ़ापे के कारण उसे थोड़ा समय लगा। गेंदमलजी की नजर उसकी इस हरकत पर गई और वह बोल सके, इससे पहले ही उन्होंने उस बुजुर्ग देवता को इशारे से बैठने तथा चुप रहने के लिए बाध्य कर दिया वरना पता नहीं वह बात की दिशा को किधर मोड़ देता।

अंततः गेंदमलजी ने डॉक्टर से देवताओं का स्वास्थ्य-परीक्षण अनिवार्य करने की सहमति ले ली। यह तय हुआ कि कल सुबह से वह डॉक्टर स्वास्थ्य-परीक्षण की शुरुआत करेगा।

देवताओं के उदास मन इसी से प्रफुल्लित हो गए थे। उनके मन का कलुष धुल गया था। उन्हें उम्मीद हो चली थी कि इतने स्वागत के बाद गेंदमलजी निश्चय ही

कुछ-न-कुछ अवश्य करेंगे, लेकिन गेंदमलजी ने अपने मुँह से एक भी ऐसी बात नहीं कही तो एक देवता फिर से बिफर गया। उसने कहा, ''आपकी चालाकी हमें समझ में आ रही है। आप हमें बेवकूफ समझते हैं? आपने एक भी बात गुंडागर्दी रोकने के बारे में नहीं कही है। आप हमें हमेशा बहलाना चाहते हैं? कब तक करते रहेंगे यह आप?''

लेकिन गेंदमलजी ऊपरी तौर पर इससे विचलित नहीं हुए। उन्होंने चेहरे पर जो मुस्कराहट बिखेर रखी थी, उसे और खिलने दिया। चेहरे पर दया-ममता-अपनत्व के भाव का मुखौटा ओढ़ा। उन्होंने बड़े विनम्र भाव से कहा, ''शांत रहिए, देवतागण। शांत रहिए। मैं आपका हितैषी हूँ। आपका अपना हूँ, आपके समर्थन और सहयोग से यहाँ हूँ। मैं आपका अपमान करने की कल्पना सपने में भी नहीं कर सकता। मुझे तो इसी पर आश्चर्य है कि आपने यह कल्पना कैसे कर ली? किस आधार पर? आपके दुबारा यह कल्पना करने मात्र से ही मैं पाप का भागीदार बन गया। शिव-शिव। अब मेरा कल्याण नहीं...खैर फिर भी आज आप दिल खोलकर अपनी सारी बातें कहिए, ताकि मुझे ठीक से वस्तुस्थिति की जानकारी हो और भ्रमों का निवारण हो। हाँ, कुद्ध देवता सबसे पहले बोलने की बारी आपकी है। बोलिए।''

फिर गेंदमलजी ने एक-एक कर सबको अपनी बात करने का अवसर दिया। जो चुप रहना चाहता था, उसे भी चुप नहीं रहने दिया। उसे भी कुछ-न-कुछ कहने के लिए उकसाया। कड़वी से कड़वी बात धैर्यपूर्वक सुनी। गंभीरता का आला दर्जे का अभिनय किया और फिर अपनी अभिनय दक्षता पर स्वयं भी चकित हुए। मन-ही-मन मुस्कराते रहे जबकि आगंतुक देवताओं ने समझा कि वे अपनी आलोचना सुनकर गुस्सा होने की बजाय मुस्करा रहे हैं और कितने उदार हृदय हैं। इस बीच उन्होंने हर शिकायत को नोट किया। जब तक देवता खुद नहीं थक गए, तब तक गेंदमलजी भी नहीं थके।

सारी बातें 'गौर' से सुनने के बाद बहुत आत्मविश्वास से गेंदमलजी ने कहा, ''अब मैंने पूरी स्थिति को अच्छी तरह समझ लिया है। एक-एक बिंदु मेरे सामने स्पष्ट हो गया है। अब आप कल से ही स्थिति में निश्चित रूप से सुधार देखेंगे। देखिए, एक झटके में तो बिगड़ा हुआ ढर्रा सुधर नहीं सकता। चीजों को बिगाड़ना आसान है, सुधारना मुश्किल। समय लगेगा इसमें। मैं उन लोगों को समझाऊँगा-बुझाऊँगा। मेरे खयाल से जोर-जबर्दस्ती करना अभी ठीक नहीं होगा। वास्तव में जोर-जबर्दस्ती करने का हक नहीं है मुझे। आपको भले ही मैं धर्मराज का स्थानापन्न लगता हूँ मगर मैं हूँ। साधारण मनुष्य हूँ। मैं उस महान आत्मा की जगह कैसे ले सकता हूँ? वे, वे हैं और मैं, मैं। मैं धर्मराज का सहायक मात्र हूँ। मेरे जैसा अगर कोई इन्द्र देवता हुआ होता तो वह सब कुछ एक झटके में ठीक कर देता। दरअसल

यह काम इंद्र का है मगर आप सबने विश्वास करके मुझे दायित्व सौंपा है तो इसे मैं ही पूरा करूँगा। आप निश्चिंत होकर जाएँ। मेरे खयाल से आपको दुबारा मेरे पास इस कारण से आने की आवश्यकता नहीं पड़ेगी, वैसे आपका हमेशा स्वागत है। अच्छा प्रणाम।''

सब उठकर चल दिए। जो क्रुद्ध थे, वे भी चलते-चलते शांत होकर गेंदमलजी से क्षमा माँगने लगे। जो मौन थे, वे गेंदमलजी की भूरि-भूरि प्रशंसा करने के लिए वाचाल होने लगे, जिन्हें यह संदेह था कि यह सब कुछ गेंदमलजी के इशारों पर हो रहा है, वे अपने इस निष्कर्ष पर पछताने लगे।

अगले दिन इससे फर्क यह पड़ा कि गुंडे ने छुरा हवा में लहराना छोड़ दिया और उसे वह कमर में लटकाने लगा कि सबको ठीक से नजर आए। वह अब किसी को धमकाता नहीं था, बस हरेक को अपने आग्नेय नेत्रों से देखता भर था, हालाँकि उसके आग्नेय नेत्र, उसके छुरे से भी ज्यादा खतरनाक घाव करनेवाले थे। फर्क यह भी पड़ा कि गेंदमलजी के पूर्वज अब देवताओं की पोशाक पहनने लगे और अपने आपको देवता समझने के कारण उन्होंने सड़कों पर गाने गाना और ताने मारना बंद कर दिया, देव कन्याओं को देखकर सीटी बजाना और आहें भरना बंद कर दिया। लेकिन उन्होंने झुंड में एक साथ घूमना, चौराहों पर खड़े होकर गप्पें लड़ाना, ठहाके लगाना और शोर मचाना बंद नहीं किया।

स्थितियाँ जितनी बिगड़ चुकी थीं, उसमें यह भी सुधार का संकेत ही था। कई देवता इससे संतुष्ट हुए। कई आशावादी देवता भी पैदा हो गए। गेंदमलजी में उनका विश्वास प्रबल हो गया। कई कहने लगे कि दरअसल गलती हमारी ही थी। हमने ही उन्हें ठीक से स्थिति पहले समझाई नहीं थी। समझा देते तो अब तक स्थिति काफी सुधर चुकी होती।

कुछ दिनों तक स्थिति सुधरती हुई-सी लगने लगी। गेंदमलजी के सभी पूर्वजों ने एक साथ घूमने की बजाय दो-तीन छोटे-छोटे गुटों में घूमना शुरू कर दिया था। इससे उनका सामूहिक आतंक कुछ कम लगने लगा। उनका गप्पें लड़ाने का सिलसिला अब कम होने लगा था। ठहाकों की संख्या पहले से 25 प्रतिशत कम हो गई थी। ठहाकों की अवधि घट गई थी। देवता इससे संतुष्ट नजर आ रहे थे।

तभी एक शाम देखा गया कि कुछ नीली वर्दीधारी सैनिक हाथों में राइफलें लेकर देवलोक में 'मार्च' कर रहे हैं—'एक-दो', 'एक-दो', 'बाएँ मुड़', 'दाएँ मुड़', 'पीछे मुड़', 'थम जा' का शोर हो रहा है। और ये सभी वही गेंदमलजी के रिश्तेदार हैं जो कि पहले चौराहों पर झुंड में खड़े होकर देवकन्याओं को छेड़ा करते थे, ठहाके लगाते थे, फब्तियाँ कसते थे। यह देखकर देवगण फिर से चिंतित हुए, घबराए। एक दिन, दो दिन, तीन दिन, चार दिन...सात दिन यह क्रम लगातार चलता रहा और

इसके आगे चलने की संभावना दिखाई दी तो देवताओं ने पुन: गेंदमलजी के पास जाकर फिर से फरियाद करने का निश्चय किया। इस बार वे गेंदमलजी की मीठी-मीठी बातों में न आने का दृढ़ निश्चय करके गए थे। हरेक देवता ने हरेक देवता को गेंदमलजी के पास पहुँचने से पहले यह अच्छी तरह समझा दिया था कि इस बार निश्चित रूप से उनकी मीठी-मीठी बातों के जाल में नहीं फँसेंगे। शरबत नहीं पिएँगे। आरती और तिलक से प्रसन्न नहीं होंगे। इत्र के छिड़काव और पुष्प-वर्षा से विह्वल नहीं होंगे। बातों को धैर्यपूर्वक सुनने की उनकी शैली से प्रभावित नहीं होंगे। मीठी-मीठी बातों से उलझाने की कोशिश की तो धर्मराज से कहकर खुद इन्हें हटवाएँगे, क्योंकि इनके पूर्वजों ने हमारा जीना हराम कर रखा है। हम देवताओं से तो पृथ्वी के आदमी ही अच्छे, जो परेशान होकर कम से कम अपनी मौत को तो बुला सकते हैं, अपने जीवन से तो छुटकारा पा सकते हैं!

इस बार क्रोध से भरे देवताओं को गेंदमलजी ने बोलने का मौका ही नहीं दिया और कहा कि मैं अभी तक सिर्फ आपकी बातें ही सुनता आया हूँ। पिछली बार मैंने आपको खूब मौका दिया था। आप फिर वही-वही बातें करेंगे। मेरे पूर्वजों को लांछित करेंगे। इसलिए आप पहले मेरी बात सुनिए। उसके बाद आपके मन में कोई सवाल उमड़े-घुमड़े, तो मुझसे उसका उत्तर पूछिए। मैं आपको उसका सीधा और साफ जवाब दूँगा। आपमें से कुछ समझते हैं कि मैं मीठी-मीठी बातें करके आपको बहलाता रहता हूँ, यह ठीक नहीं है। मीठी बातें करना, किसी को क्रुद्ध न होने देना, हरेक की बात धीरज से सुनना, मेरा पहले से स्वभाव है। यहाँ आकर मैंने यह सब नहीं सीखा है। लेकिन आज मैं पहले कहूँगा, फिर आप जरूरत समझेंगे तो आपको सुनूँगा।

कुछ युवा देवता चीखे-चिल्लाए कि हम आपको बहुत सुन चुके हैं और बहुत देख चुके हैं और बहुत सह भी चुके हैं। आप चाहते हैं, यह गलती हम बार-बार करते जाएँ और हम संकल्प करके आए हैं कि अब यह गलती हम फिर से नहीं होने देंगे। हम अपने देवलोक का सत्यानाश अब आपके गुर्गों के हाथों नहीं होने देंगे या तो हम आपको यहाँ से निकालेंगे या खुद ही यहाँ से चले जाएँगे। हमें मालूम नहीं था कि हमारे ही द्वारा बनाया गया मनुष्य, हमारे ही साथ ऐसी बदमाशी करेगा! हमें अपने आगे हाथ जोड़कर खड़े रहने के लिए मजबूर कर देगा। अब यह सब नहीं चलनेवाला, गेंदमलजी। अब हम आपको बहुत अच्छी तरह से जान गए हैं। अब आपको और जानने के लिए हमें आपके मीठे-मीठे प्रवचन सुनने की जरूरत नहीं। धन्यवाद।

किसी ने 'गेंदमल मुर्दाबाद' का नारा लगाया और दस-बीस ने इसके जवाब में 'मुर्दाबाद-मुर्दाबाद' कहा भी।

मगर बुजुर्ग देवताओं ने स्थिति को सँभाला और गेंदमलजी को बोलने का अवसर दिया, ''देवताओ, आप सबसे पहले तो मुझे इस बात के लिए क्षमा कीजिए कि मैं

देवलोक को भी पृथ्वीलोक समझ बैठा, देवताओं को भी मनुष्य समझ बैठा, जिन्होंने कि मेरे हर सही कदम को सही नजरों से देखा-समझा था।'' इतना कहकर वह मुस्कराए और उन्होंने अपनी बात जारी रखी, ''हम मनुष्य हैं गलती करना हमारा स्वभाव है। क्या करें, अपनी मनुष्यता को छोड़कर कहाँ आएँ?...खैर तो वस्तुतः ये नीली वर्दीवाले राइफलधारी देवलोक के रक्षक हैं। उसके पहरेदार हैं। उसमें किसी भी तरह की गड़बड़ी को रोकनेवाले हैं। ये भक्षक नहीं हैं, रक्षक हैं। अभी पिछले ही दिनों यहाँ एक आदमी चाकू लहराता घूम रहा था। उससे आप सब देवतागण आतंकित हो गए थे, हालाँकि वह था भला आदमी। बस उसे पृथ्वी पर चाकू लहराने की आदत थी, तो यहाँ भी लहराने लगा था। आदत आसानी से छूटती नहीं। बात इतनी सी थी। ऐसा देवलोक में न होकर पृथ्वीलोक में होता तो मनुष्य इससे डरते नहीं, सब इसे उस व्यक्ति का सामान्य व्यवहार मानते। कोई भी आतंकित या भयभीत नहीं होता। आदमी, वैसे भी थोड़ा बहादुर होता है। सब समझ जाते कि यह आदमी कुछ सनकी या पागल है। लेकिन आप तो देवता हैं, मनुष्य जिनकी पूजा करता है, फिर भी आप उससे डर गए! फिर आप मेरे पूर्वजों से डर गए। उनका व्यवहार भी बेहद मानवीय और स्वाभाविक था। आप भारत के किसी शहर या कस्बे में चले जाइए, आपको ये दृश्य वहाँ आमतौर पर देखने को मिलेंगे। यहाँ तो कम-से-कम ये बीड़ी-सिगरेट नहीं पी रहे, पान नहीं खा रहे। आप परेशान थे, चूँकि आपको यह बात समझ में नहीं आ रही थी तो मैंने आपकी ही मदद की। अब आप स्थिति में भारी फर्क देख रहे होंगे। उन्हें समझा दिया कि भई ये देवलोक है, पृथ्वीलोक नहीं, अपने को यहाँ के कानून-कायदों से चलना होगा, तो वे भले लोग मान गए। उन्होंने अपने आपको बदलने के लिए थोड़ा समय माँगा और मैंने उन्हें वह दे दिया। लेकिन देवतागणो, मैं कब तक ये शिकायतें सुनता रहूँ, निदान निकालता रहूँ, आपको संतुष्ट करता रहूँ? आखिर मेरा भी तो अपना काम है। देवलोक की व्यवस्था चलाना तो मेरा काम नहीं है। धर्मराजजी की सारी जिम्मदारी भी तो आप जानते ही हैं आखिर मुझे ही निभाने को बाध्य होना पड़ रहा है। तो मैंने सोचा कि चलो देवता जब अपने पर इतना विश्वास कर रहे हैं तो देवलोक की सुरक्षा का प्रबंध भी कर ही दूँ ताकि आप साहबानों को कोई कष्ट न हो। तभी मुझे पृथ्वीलोक की व्यवस्था की याद आई। वहाँ सुरक्षा का पुख्ता प्रबंध होता है और जो सुरक्षाकर्मी होते हैं, वे वर्दी पहनते हैं, राइफलें लेकर चलते हैं, पिस्तौल लेकर चलते हैं तो मैंने सोचा, यह प्रबंध यहाँ भी उत्तम रहेगा मगर आपने समझा कि ये बंदूकें आपको डराने के लिए हैं, ये वर्दी आपमें खौफ पैदा करने के लिए है तो ये आपकी गलतफहमी ही है। ये लोग तो गलत हरकतें करनेवालों के विरुद्ध कार्रवाई करने के लिए हैं और मेरा खयाल है कि सामान्यतः देवता तो कोई गलत हरकत करते नहीं। तो आपको उनसे क्या डर और क्यों डर? डर उन्हें लगना चाहिए जो गलत हरकतें करेंगे और आप भी

मानेंगे उन्हें तो बख्शा भी नहीं जाना चाहिए।''

लेकिन एक युवा कुद्ध देवता ने कहा, ''कल तक जो यहाँ गुंडागर्दी कर रहे थे, वही अब हमारी सुरक्षा भी करेंगे? बहुत खूब? क्या बात है? क्या न्याय बुद्धि है आपकी? गजब? क्या कहने आपके? अरे, आपके आने से पहले हमारे देवलोक में असुरक्षा नाम की कोई चीज नहीं थी। कोई गुंडागर्दी नहीं थी। कोई चाकू नहीं लहराता था। हमें किसी सुरक्षा की किसी से कोई जरूरत नहीं थी। यह सब आपके आने से शुरू हुआ है। अब आपके ही लोग गुंडागर्दी कर रहे हैं और ये गुंडे ही अपनी गुंडागर्दी से हमारी सुरक्षा भी करेंगे, क्यों गेंदमलजी?'' इतना कहकर वह कड़ुवी हँसी हँसा।

गेंदमलजी पहली बार थोड़ा गरम हुए, ''आप कैसी बातें कर रहे हैं बिल्कुल घटिया मनुष्यों जैसी? आप देवता हैं। आपका पद ऊँचा है। आप हमारे पूजनीय हैं। पृथ्वीलोक के करोड़ों इंसान आपको पूजते हैं। और आपको जरा भी इस बात का खयाल नहीं! आपने एक बार तो सोचा होता कि आप यह क्या कह रहे हैं? अपने पद की गरिमा को गिराते हुए आपको कोई झिझक महसूस नहीं होती?...ये लोग जिनके बारे में आपने इस तरह की बातें कही हैं, ये अपने सद्कर्मों के कारण यहाँ हैं, किसी की कृपा से नहीं। इन्हें यहाँ देवलोक में भेजने का निर्णय धर्मराजजी का था, मेरा नहीं। यह अलग बात है कि ये मेरे पूर्वज भी हैं। अगर मैं पृथ्वीलोक से देवलोक आ सकता हूँ तो क्या मेरे पूर्वज भी इस योग्य नहीं हो सकते थे?''

एक और क्रुद्ध देवता बीच में बोल उठा, ''आप सरासर झूठ बोल रहे हैं। धर्मराज ने आज तक कभी किसी को देवलोक में प्रवेश नहीं दिया। यह सिर्फ और सिर्फ आपकी कारस्तानी है।''

मगर बहुत से देवता गेंदमलजी के साथ किए जा रहे इस तरह के बर्ताव से सहमत नहीं थे। वे गेंदमलजी के बचाव के लिए धर्मराजजी पर हमला करने के लिए उतारू हो गए। इनमें से एक ने कहा, ''अब हमारे सामने आप धर्मराजजी की बात मत कीजिए। आजकल वे क्या कर रहे हैं, यह किसे नहीं मालूम? वह तो हमारा सौभाग्य है कि पृथ्वीलोक से हमें गेंदमलजी जैसा काबिल इंसान मिल गया वरना स्वर्गलोक तो स्वर्गलोक देवलोक का भी न जाने क्या होता? इन्हें तो इनकी अमूल्य सेवाओं के लिए हमें धन्यवाद देना चाहिए, इनका ऋणी होना चाहिए मगर इन्हीं पर आरोपों की झड़ी लगाई जा रही है। गेंदमलजी, आप इनकी बातों पर बिल्कुल ध्यान मत दीजिए। कुछ देवताओं को हरेक की नीयत में खोट ढूँढ़ने की आदत पड़ चुकी है। आप तो जो कर रहे हैं गेंदमलजी, ठीक ही कह रहे हैं। हमारा आपमें पूरा विश्वास है...''

लेकिन एक क्रुद्ध देवता ने कहा, ''मगर हमें इस बात का जवाब चाहिए कि हमें असुरक्षित कर देनेवाले ही हमारी सुरक्षा क्यों करेंगे और किससे करेंगे?''

गेंदमलजी ने तुरंत कहा, ''हाँ, यह बुनियादी प्रश्न है। दरअसल शुरू में ही इस

बात का जवाब मैं देना चाहता था मगर आपमें से कुछ ने मुझे टोक दिया। अब आप मेरी बात सुनिए। जब मेरे दिमाग में देवलोक की सुरक्षा के प्रबंध का प्रश्न आया तो पहली समस्या यह थी कि इस काम के लिए लोग कहाँ से लाए जाएँ? आप परमपूजनीय देवताओं को तो यह कष्ट देने की बात मैं सोच भी नहीं सकता था। एक विकल्प यह था कि जो मनुष्य स्वर्गवासी हैं, उन्हें देवलोक में लाकर इस कार्य के लिए नियुक्त किया जाए। लेकिन आप तो जानते ही हैं कि स्वर्गलोक में मनुष्य काम करने के लिए नहीं, आनंद का उपभोग करने के लिए आते हैं। उन्हें काम करने की आदत नहीं रह जाती। वैसे भी स्वर्गलोक के नियमों के अनुसार उनसे काम नहीं करवाया जा सकता। फिर एक विकल्प यह था कि पृथ्वीलोक के योग्य, सक्षम, स्फूर्तिवान लोगों को सीधे देवलोक बुलाकर उन्हें यह जिम्मेदारी दी जाए। लेकिन पृथ्वीलोक पर जो सक्षम, योग्य तथा स्फूर्तिवान हैं, वे जरूरी नहीं कि पुण्यात्मा भी हों, देवलोक में बसने के योग्य भी हों। तब विकल्प यही था कि जो देवलोक में पहले से हैं और देवता नहीं हैं, उन्हीं से काम लिया जाए। अपने पूर्वजों पर मेरा वश चलता है, इसलिए मैंने उन्हीं से कहा। मैं बता दूँ कि वे इस बात से खुश नहीं हुए थे। उनका कहना था कि तू भले ही धर्मराज का उत्तराधिकारी बन जा, लेकिन है तो हमारे नाती के नाती के नाती का नाती या पोते के पोते का पोता ही। तू हम पर हुक्म कैसे चला सकता है? मैंने खूब अनुनय-विनय किया, खूब उनको खरी-खोटी सुनी, तब जाकर वे माने। क्या बताऊँ मेरा तो जीवन वहाँ भी लोगों की भलाई करने के कारण गालियाँ सुनते बीता था और यहाँ भी बीत रहा है। सब अपना-अपना भाग्य लेकर आते हैं। आप क्या समझते हैं कि मुझे यह अच्छा लग रहा है कि मेरे पूर्वज आपकी इस तरह सेवा-टहल भी करते रहें और मेरे कारण उन्हें इस तरह बदनामी भी झेलना पड़े!''

गेंदमलजी नकली क्रोध से काँपने लगे तो उसे असली क्रोध समझकर देवतागण वहाँ से अपने आप विदा होने लगे। लेकिन बाहर आकर एक देवता ने समझाया कि यह गेंदमल बदला-बदला सा है। यह तो अपनी हुकूमत यहाँ चलाने आया है वरना देवलोक में राइफलधारियों की क्या जरूरत? यहाँ का शासन चलाना इंद्र का काम है, इसका नहीं, यह कौन होता है? सारा मामला ही गड़बड़ है। धरती का यह छटा हुआ बदमाश हम देवताओं पर शासन करेगा, हमारा अपमान करेगा और आप लोगों के रवैए के चलते हमें इसे यूँ ही बर्दाश्त भी करना पड़ेगा और अगर आप ऐसा नहीं चाहते हैं तो चलिए ब्रह्माजी से मिला जाए।

सब देवता बिना कुछ बोले उधर ही चल पड़े।

सारे देवता ब्रह्मा के पास पहुँचे तो वे चकित। कभी इतने सारे देवता उनके यहाँ परेशान-हैरान होकर एक साथ नहीं आए थे। उन्हें कुछ देर सब कुछ को समझने में

लगी। उन्हें आज तक का सारा विवरण बताया गया और यह निवेदन किया गया कि अगर ब्रह्मा, विष्णु, शिव की त्रिमूर्ति यूँ ही हाथ पर हाथ धरे बैठी रही तो एक दिन सब कुछ नष्ट हो जाएगा। न स्वर्ग स्वर्ग रहेगा, न देवलोक देवलोक, न आप आप, न हम हम। हे प्रभु, आप हमारा उद्धार कीजिए। हमें दिशा ज्ञान दीजिए।

ब्रह्माजी सारे निवेदन-आवेदन के बावजूद सिर्फ मुस्कराकर रह गए। उन्होंने अपना मौनव्रत नहीं तोड़ा। जब उन्हें अधिक बाध्य किया गया तो उन्होंने कहा, "मेरा काम सृष्टि की रचना करना है। वह काम त्वरित गति से कर रहा हूँ। कोई स्वर्गलोक या देवलोक में क्या करता है, इससे मुझे कोई मतलब नहीं।"

ब्रह्माजी के इस रुख से देवता चकित-भ्रमित हुए। उन्हें समझ में नहीं आया कि ब्रह्माजी ऐसा क्यों कर रहे हैं। किसी ने कहा कि ये गेंदमल नामक बदमाश, ब्रह्माजी के चरणों में पड़ा रहता है, उनका चरणामृत ग्रहण करता रहता है, उनके प्रति भक्तिभाव का झूठा प्रदर्शन करता रहता है। उनके नैवेद्य-भोग आदि का प्रबंध करता रहता है, उनकी आरती उतारता रहता है, सरस्वती की पूजा-आराधना करता रहता है, उनके स्तुति के गीत इस तरह गाता है कि सरस्वतीजी की भी बुद्धि हर लेता है, इसलिए ब्रह्माजी को तो इस तरह का व्यवहार करना ही था। यह हमारी बेवकूफी थी कि हम इनके पास आए। हमें इनके पास आना ही नहीं चाहिए था।

अब सवाल सामने आया कि आगे क्या करें? क्या अब विष्णुजी के पास जाएँ? क्या ब्रह्माजी के इस अनुभव के बाद उनके पास जाना उचित रहेगा? जो ब्रह्माजी की पूजा-आराधना करता रहता है, वह विष्णुजी को बख्शता होगा? उनके पास भी जरूर जाता होगा। उन्हें भी बनाता होगा। जो सरस्वती की भक्ति करता है, वह लक्ष्मी की पूजा भी अवश्य करता होगा। लक्ष्मी को प्रसन्न करके ही सरस्वती के पास पहुँचता होगा। तब उनके पास चलें या न चलें? काफी बहस-मुबाहिसे के बाद यह तय पाया गया कि विष्णुजी में और ब्रह्माजी में फर्क है, उनके पास चलना चाहिए।

विष्णु ने बेहद शांत भाव से सारी बातें सुनीं। लक्ष्मीजी उनके पास ही विराजमान थीं। अभी-अभी विष्णुजी के पैर दबाकर निवृत्त हुई थीं, वह भी उन्हें ही कहना पड़ा था कि हम थक गई हैं प्रभु, अब हमें मुक्त करो, तब वे मुक्त हुईं। वह धैर्य नहीं रख पाईं। वे बोल पड़ीं, "आप कितने कृतघ्न हो। जो मनुष्य सैकड़ों-हजारों-लाखों सालों से आपको पूजता आ रहा है, खुद गृहविहीन रहकर आपके लिए भव्य मंदिर बनाता आ रहा है, दिन-रात आपकी जय-जयकार करता रहा है, आपको अपना अंतिम सहारा मानता रहा है, उसी मनुष्य के खिलाफ आप इस तरह एकजुट हो गए हैं? एक मिनट के लिए भी आपने नहीं सोचा कि आप क्या कर रहे हैं? ऐसी कृतघ्नता को धिक्कार है। इसीलिए पृथ्वी पर देवताओं का सम्मान आजकल घट रहा है।"

इतने में ही एक वाचाल देवता क्रुद्ध हो गया। सबने उसे टोका मगर वह माना

नहीं। उसने कहा, ''क्षमा कीजिए, आप भगवान विष्णु की पत्नी नहीं, विष्णुप्रिया भी हैं, इसलिए हम आज तक आपका बेहद सम्मान करते आए हैं। लेकिन आज आपने वह सम्मान भी हमारी नजरों में खो दिया है। क्या हम जानते नहीं हैं कि आप मनुष्य जाति की इतनी क्यों तरफदारी कर रही हैं, क्योंकि आप वहाँ घर-घर में पूजी जाती हैं। दिन-रात और यहाँ तक स्वप्न में भी पूजी जाती हैं। आपका तो सम्मान सिर्फ वहीं है क्योंकि वहाँ धन ही सर्वस्व है। आप तो मनुष्य का पक्ष लेंगी ही। मनुष्य आपकी कमजोरी है। कहना नहीं चाहिए मगर हम बाध्य हो गए हैं यह कहने के लिए कि आपको तो भगवान विष्णु से ज्यादा मनुष्य प्रिय हैं। ये आपसे सेवा कराते हैं और वे आपकी सेवा करते हैं। जाहिर है कि सेवा करवानेवाले से सेवा करनेवाला अधिक प्रिय होता ही है और...''

लक्ष्मी यह सुनकर बेहद भड़क गईं। उन्होंने उस देवता से कहा, ''चुप रह बदतमीज कहीं के।'' यह दृश्य देखकर सारे देवता सन्न रह गए लेकिन विष्णुप्रिया के सामने कोई बोले भी तो कैसे? इसी बीच भगवान विष्णु ने हस्तक्षेप का प्रयत्न किया तो लक्ष्मीजी ने उन्हें भी चुप करा दिया, ''आप चुप रहिए जी। आप आजकल बहुत बोलने लगे हैं। मुझे मालूम है कि आप मेरे पति होकर भी इन देवताओं का पक्ष लेना चाहते हैं। क्या मैं आपके मन की बात जानती नहीं? मुझसे ज्यादा अच्छी तरह आपको कौन जानता है? लेकिन भूलिए मत, दिन-रात आपके चरणों की सेवा मैं ही करती हूँ। सारी दुनिया मेरी सेवा करती है और मैं आपकी। आप सुखपूर्वक इस क्षीरसागर में लेटे रहते हैं और मैं दिन-रात आपके चरणों को दबाती रहती हूँ। जरा पृथ्वी पर एक बार जाकर तो देखिए, ऐसी सती-साध्वी नारी वहाँ भी आपको एक भी नहीं मिलेगी। जिस लक्ष्मी की भारत के घर-घर में पूजा होती है, जिसे आपसे ज्यादा और आपसे पहले सम्मान मिलता है, वह स्त्री, वह देवी, आपके पैर दिन-रात दबाती है और उसका प्रतिदान आप उसे इस प्रकार देते हैं? इनका पक्ष लेंगे आप या मेरा? आपके पास कभी कोई बिना किसी गरज के आया भी है? आप इन्हीं के वास्ते मेरे सच्चे और परमभक्त गेंदमल को कुर्बान कर देंगे?''

लक्ष्मीजी इतने क्रोध में थीं कि उन्हें इस समय कोई मना नहीं सकता था, चुप नहीं करा सकता था। जिसने पति को खरी-खोटी सुना दी, उसके सामने खड़े होने और बोलने में भलाई नहीं है, यह मानकर देवता वहाँ से चुपचाप रवाना हो गए।

सब उस वाचाल देवता को कोसने लगे मगर उसने कहा, ''आप मुझे कोस रहे हैं! आपने देखा नहीं कि गेंदमल ने यहाँ भी सेंध लगा रखी है? उनके सामने विनम्रता से बात करने का भी असर यही होता, जो अब हुआ है।'' बहरहाल शिवजी के पास जाने का कार्यक्रम त्याग दिया गया। देवता डर गए कि कहीं शिवजी उनकी बातों को सुनकर स्वयं अपना तीसरा नेत्र न खोल दें और तांडव न करने लगें? यहाँ तो लक्ष्मी

सिर्फ भड़ककर रह गई हैं। भला-बुरा कहकर रह गई हैं। शिवजी जो स्वयं कुछ कर सकते हैं। क्या पता हमें भस्म ही कर दें। निष्कर्ष यह निकला कि यह गेंदमल नामक प्राणी बहुत ही चालू है। देवताओं के लिए उससे निबटना आसान नहीं होगा। कुछ देर तक सोचने के बाद अंततः देवताओं ने तय किया कि अगला कोई भी कदम बहुत ही सोच-समझकर उठाया जाना चाहिए। तभी एक देवता ने सुझाव दिया कि शिव-पार्वती के पास जाने की बजाय ऋद्धि-सिद्ध विनायक गणेशजी के पास क्यों न चला जाए। वह मंगलमूर्ति हैं। वह क्रुद्ध नहीं होते। वह अवश्य हमारा कल्याण करेंगे।

एकबारगी तो यह राय बनी कि यह उत्तम सुझाव है। उनसे तुरंत मिलने चलना चाहिए। उन्हीं से कहेंगे कि वे शिवजी को समझाएँ, उन्हें वस्तुस्थिति से अवगत कराएँ और इस गेंदमल नामक प्राणी को ठिकाने लगवाएँ। मगर शीघ्र ही देवताओं में निराशावाद छा गया। फिर से राय सामने आई कि मनुष्य नामक अत्यंत धूर्त एवं बेहद चालाक प्राणी ने सारे बड़े-बड़े देवताओं को धूप, दीप, पूजा, नैवेद्य, प्रशंसा से अपने वश में कर रखा है। ये देवता सिर्फ शरीर से यहाँ रहते हैं, मगर दिल और दिमाग से इनका असली आवास मनुष्य-लोक ही है। ये देवता होकर भी देवलोक के दुश्मन हैं, मृत्युलोक के प्रेमी हैं। लक्ष्मी के बाद गणेशजी ही पृथ्वीलोक में सबसे अधिक पूजित हैं, सबसे अधिक लोकप्रिय हैं। शिव के तो पूरे खानदान को पृथ्वी लोकवासियों ने उपकृत कर रखा है। गणेशजी के पास भी जाने का क्या लाभ होगा? वह मुस्कराएँगे और मुस्कराते चले जाएँगे। बीच में शायद एकाध बार हँस भी दें, शायद अपने बड़े-बड़े कान हिला दें। अंत में हमारा शुभ हो, कल्याण हो कहकर हमें विदा कर देंगे। उनके यहाँ न जाने से हमारी इज्जत ज्यादा बचेगी, जाने से घटेगी। अभी से उनके पास चले गए तो सारे स्वर्गलोक और शायद पृथ्वीलोक में भी यह हवा फैल जाएगी कि देवलोक के देवताओं का रखवाला अब कोई नहीं। उनकी सुननेवाला कोई नहीं है। देवता होकर बेचारे दर-दर भटक रहे हैं—बेचारे। कोई उनका साथ देने को तैयार नहीं। ब्रह्मा, विष्णु, महेश, गणेश तक कोई भी उनके साथ नहीं। वे भयभीत हैं। इसलिए फिलहाल चुप रहने में अपनी भलाई है। समय बड़ा बलवान होता है। वह कुछ-न-कुछ, कभी-न-कभी अपना कमाल अवश्य दिखाएगा। उसी का इंतजार किया जाए और तब तक गेंदमलजी के अंडर में प्रेमपूर्वक रहा जाए।

अपनी इस स्थिति के बारे में कातर होकर एक देवता ने कहा, "कितनी विचित्र स्थिति है न? हमारे देवलोक की किसी को परवाह नहीं है। बड़े-बड़े देवताओं को पहले ही मनुष्य प्रजाति ने पटा रखा है और अपने ही देश में हम विराने होकर रह गए हैं। अपने ही लोक में हम विदेशी हो गए हैं। एक ही इंसान ने हमें अपनी हैसियत अपनी ही भूमि पर जबर्दस्ती आकर दिखा दी है। ऐसा भी कभी होगा हमारे साथ ऐसा सोचा था हमने? कभी इस स्थिति की कल्पना तक कर सके थे हम?"

इसके बाद तो हर देवता अपनी करुण स्थिति का ऐसा मार्मिक-हृदयविदारक चित्र खींचने लगा कि मनुष्य को भी उन पर दया आ जाए। कुछ देवताओं के दिल इतने कमजोर थे कि वह अपनी इस हालत का वर्णन सुनकर फूट-फूटकर रोने लगे। उन्हें जो समझा रहे थे, खुद उनकी आँखें आँसुओं से तर थीं। चुप कराते-कराते वे भी रोने लगते थे।

जब देवांगनाओं को पता चला कि उनके पितामह, प्रपितामह, ससुर, पति, बेटे, भतीजे वगैरह सभी एक साथ रो रहे हैं और उनकी रुलाई रुक नहीं रही है, तो वे भी अकस्मात् रोने लगीं। सारा वातावरण शोकमय हो गया। सिर्फ रोना और रोना था चारों तरफ, रोने का समुद्र था हहराता हुआ।

इसकी खबर जब गेंदमलजी को मिली तो उन्होंने अपने वर्दीधारी पूर्वजों से कहा कि जरा वे स्थिति का मुआयना करके तो आएँ कि स्थिति कितनी विकट है और आकर उन्हें सही-सही और पूरी रिपोर्ट दें। नो चमचागिरी। इधर देवताओं ने इन्हें आते देखा तो रोना-धोना छोड़कर सब एकाएक भागने लगे। इससे भगदड़ मच गई। भगदड़ में कुछ बालदेवता, कुछ देवकन्याएँ, कुछ वयोवृद्ध देवता कुचल गए। चूँकि सबको अमरत्व प्राप्त था, इसलिए कुचलकर भी कोई मरा तो नहीं, हालाँकि मृत्यु जैसा अहसास पहली बार उन्हें हुआ जरूर, लेकिन किसी के हाथ की हड्डी टूटी, तो किसी के पैर की, किसी की गर्दन लटक गई तो किसी की कमर 90 डिग्री के कोण पर झुक गई और ऐसे देवी-देवताओं की संख्या हजारों में थी। हर घर में कोई न कोई कराह रहा था। अपनी मौत की कामना कर रहा था, जो कभी आएगी नहीं। हर कोई पृथ्वीलोक की प्रशंसा कर रहा था कि वहाँ बुरी तरह कुचलकर आदमी मर तो जाता है, तुरंत जीवन से मुक्ति तो पा जाता है। यहाँ तो वह सुविधा तक नहीं। अमरत्व अभिशाप है, मृत्यु वरदान है। इसी तरह लाखों-करोड़ों साल हमें जीना होगा, जीते चले जाना होगा इसी तरह।

पहली बार देवलोक में ऐसा भयानक हादसा हुआ था। कभी भगदड़ होने और घायल होने की बात तो सुनी भी नहीं गई थी। किसी की स्मृति में कभी यह बात नहीं आई थी। देवता इससे क्रुद्ध भी थे और भयभीत भी। गेंदमलजी को भी कोस रहे थे और अपने आपको भी। वे एक-दूसरे पर दोष लगा रहे थे और आपस में झगड़ रहे थे। एक-दूसरे पर चीख रहे थे और मुट्ठियाँ भींच-भींचकर लाल आँखें दिखा रहे थे। यह दृश्य गेंदमलजी के आसपास का था।

गेंदमलजी इससे मन-ही-मन मुदित थे। इसका उपयोग अपने पक्ष में कैसे किया जाए, इसका उपाय वे सोच रहे थे। अचानक उन्हें इसमें अपने प्रति सहानुभूति बटोरने का एक मौका दिखा। उन्होंने मुनादी करवा दी कि शीघ्र ही पृथ्वीलोक से सबसे अनुभवी और सबसे योग्य सर्जन यहाँ लाए जा रहे हैं जो कि क्षत-विक्षत अंगों को

फिर से पूर्ववत् जोड़ने की योग्यता रखते हैं। जिस किसी देवता को इलाज की जरूरत है, वह इस संबंध में गेंदमलजी के कार्यालय में अपना नाम-पता 24 घंटे के अंदर दर्ज करवाए। जो ऐसा नहीं करेगा, उसे इलाज की सुविधा कभी प्राप्त नहीं हो सकेगी। सर्जन सीमित समय के लिए यहाँ आएँगे और पुन: पृथ्वी पर वापस भेज दिए जाएँगे।

यह सुनना था कि गेंदमलजी के कार्यालय पर घायल देवताओं की भीड़ लग गई। कोई कराह रहा था, कोई रो रहा था। किसी की गर्दन झुकी-की-झुकी रह गई थी, किसी की कमर स्थायी रूप से टेढ़ी हो चुकी थी। कोई एक टाँग पर चल रहा था, तो किसी का सिर्फ एक हाथ रह गया था। किसी के घुटने टूटे हुए थे तो वह जमीन पर घिसटता हुआ आ रहा था, किसी की रीढ़ की हड्डी टूटी थी तो उसे पलंग सहित उसके रिश्तेदार ला रहे थे। नाम लिखाने की होड़ मची थी, लड़ाई-झगड़े, मारपीट भी हो रही थी। नाम लिखने का काम गेंदमलजी के पूर्वज कर रहे थे। वे उसी नीली वर्दी में थे। एक-एक से कह रहे थे, ''हाँ, तेरा क्या है? जल्दी बता। ऐं ठीक से बता? क्या? क्या कहा—मुकेश? नहीं सुरेश? सुरेश भी नहीं तेरा नाम तो फिर क्या है? ठीक से क्यों नहीं बताता है? स्कूल कभी नहीं गया क्या? अनपढ़ है? नाम बताना भी नहीं आता तो क्यों देवता बना बैठा है?...ओए ठीक से खड़ा रह। कुछ पढ़ा-लिखा है या नहीं?...हाँ भैया, अपने बाप का नाम बता और तेरी मैया का नाम क्या है? बाप जिंदा है या मर गया? तू कितने साल का है? एक करोड़ साल का? तेरा दिमाग ठीक तो है? एक करोड़ साल का बता रहा है अपने को? शरम नहीं आती। हम जैसे तो ऐसी गप्प मारें तो बाद में किसी के कहे बिना चुल्लू-भर पानी में जाकर डूब मरें। गप्प मारने की तुझे यही जगह मिली है? ठीक बता, नहीं तो तेरा इलाज नहीं होगा। हाँ भैया, तेरी उमर? तेरे भाई-बहन, माँ-बाप को भी चोट लगी है क्या? नहीं लगी तो ये तो बहुत बुरा हुआ। क्यों भई, तूने दूसरों को कुचला और तेरे घरवालों को किसी ने नहीं कुचला? बड़ा किस्मत वाला है यार अच्छा...ओए, ज्यादा बकवास मत कर। ठीक से बताना हो तो बता वरना अपना रास्ता नाप। जितना पूछा जाए, उतना ही बता। न एक शब्द कम, न ज्यादा समझा न! ज्यादा बक-बक करेगा तो साले तेरा नाम नहीं लिखेंगे?...ओए, हमें देखकर तू डर गया, क्यों? हम कोई भूत-प्रेत हैं क्या, जो हमसे डर गया? इस तरह नहीं डरते भई! अरे, तू रो ही तो रहा था, कोई जुर्म थोड़े ही कर रहा था। तेरे को हम रोता देख लेते तो कोई जुल्म हो जाता क्या? रो ले बेटा, जितना चाहे रो ले, रोने पर गेंदमलजी के राज में कोई रोक नहीं। उन जैसा विशाल हृदय नहीं मिलेगा वरना आजकल रोने कौन देता है किसी को?...भई, अब आ तो गया। मगर फीस-वीस देने के पैसे हैं तेरे पास? अरे, तेरे देवलोक में पैसे भी नहीं चलते, बड़ी पिछड़ी हुई जगह है भई! वहाँ पृथ्वी पर तो अफ्रीका तक में पैसे चलते हैं। चल यहाँ भी चलवा देंगे, अब तो खुश? खुश रहा

कर, चल आगे बढ़। पृथ्वी से बंदा तेरे लिए स्पेशली आएगा तो वो तो अपनी पूरी फीस लेगा ही लेगा। फिर हम अपोलो हॉस्पिटल का बंदा ला रहे हैं। मुफ्त में वो तो उसका पिताजी भी नहीं आने का। गेंदमलजी भी दयालु हैं, फालतू की मुसीबत सिर पर लेते रहते हैं। अच्छा बोल मत ज्यादा, पहले अपना नाम लिखा। हिंदी तो ठीक से बोल लिया कर। गेंदमलजी क्या हिंदी सिखाने का कार्यक्रम भी यहाँ चलाएँ?...गेंदमलजी के बारे में कोई बकवास नहीं। उन जैसा दूसरा इंसान पूरे ब्रह्मांड में भी चिराग लेकर ढूँढ़ोगे तो नहीं मिलेगा। वो तो तुम्हारी किस्मत अच्छी है जो यहाँ आ गया वरना सड़ते रहते। उनके जैसा बड़े दिलवाला इंसान तो इंसान, भगवान तक नहीं होता।...ओए, इधर-उधर क्या देख रहा है? बच्चा है क्या? पापा-मम्मी को ढूँढ़ रहा है? सामने देख, सामने। ओए, ये क्या पहन के आ गए बंदरों जैसे कपड़े? कुछ सभ्यता-वभ्यता तूने सीखी है या नहीं? जल्दी बोल। मेरा टैम खराब मत कर। मेरे को बहुत से काम हैं। पीछे देखता नहीं बड़ी लाइन है। ओ, मुझे बता रिया है कि तू दो घंटे से खड़ा है, जैसे इसमें भी गलती मेरी हो। जैसे मैंने ही तेरे को कुचला हो। और जो मैं दिन भर से तुम जैसों के लिए बैठा हूँ, वो? गेंदमलजी तुम जैसे नमकहरामों के लिए डॉक्टरों का इंतजाम कर रहे हैं, वो? एहसान जरा-सा नहीं मानोगे, सिर पर चढ़ते चले जाओगे।''

यह भाषा देवताओं ने सुनी न थी मगर उन्हें यह सब सहन करना अब आता जा रहा था। वैसे भी गरज उन्हीं की थी। एक-दो ने 'चूँ-चपड़' करने की कोशिश की तो गेंदमलजी के पूर्वजों ने उनका नाम लिखने से मना कर दिया और कहा, ''जा नहीं लिखता तेरा नाम, तुझसे जो बन पड़े, कर ले। तू गेंदमलजी से ही मेरी शिकायत करेगा न, कर लेना। वो मेरे पोते के पोते का पोता है। वो मेरे सामने जुबान नहीं खोल सकता। समझ में आया कि नहीं आया? हिंदी में समझा रहा हूँ। फिर भी समझ में नहीं आया? आ गया न? तो भाग फिर यहाँ से, रुका क्यों हुआ है?''

जब तक 'चूँ-चपड़' करनेवालों से गेंदमलजी के नीली वर्दीधारी पूर्वजों ने हाथ-पैर नहीं पड़वा लिये, गिड़गिड़ाने को बाध्य नहीं कर दिया, तब तक उनका नाम नहीं लिखा।

अगले दिन ही चिकित्सा-शिविर लगा। मुँहअँधेरे ही देवताओं की भीड़ लग गई। सुबह छह बजे तक तो हर कोई क्यू में लग चुका था। सुबह आठ बजे नीली वर्दीधारी आए और डंडा दिखाकर हरेक को क्यू में खड़े होने का आदेश देने लगे। जो बात कर रहे थे, उन्हें बात करने से मना करने लगे। जो टेढ़े-मेढ़े खड़े थे, उन्हें सीधे खड़े होने का आदेश देने लगे और जब उन्होंने बताया कि हड्डी टूटने के कारण उनके लिए ठीक से खड़े होना मुश्किल है, तो उन पर हँसने लगे। क्यू बहुत धीरे-धीरे चल रहा था। बीच में एक 'टी-ब्रेक' हुआ। फिर 'लंच-ब्रेक' हुआ। फिर 'टी-ब्रेक'

हुआ। शाम को छह बजे क्यू में खड़े देवताओं से कह दिया गया कि कल आना। डॉक्टर साहब आराम करेंगे। बाद में गेंदमलजी के डिनर में उन्हें जाना है। दिन भर में मुश्किल से दस देवता निबटे थे।

इस तरह यह काम करीब एक महीने तक चला। दो-तीन बार इस बीच नीली वर्दी वालों ने डंडे चलाकर भीड़ को नियंत्रित करने का सुख भी प्राप्त किया। देवताओं को डाँटना तो उनके रूटीन कार्यक्रम में शामिल था। बीच-बीच में नीली वर्दीधारी देवताओं से कहते कि 'गेंदमलजी जिंदाबाद' के नारे लगाओ, 'राजा गेंदमलजी की जय' कहो, जोर लगाकर कहो, पूरी ताकत से कहो, इस तरह कहो कि लगे कि आज रोटी खाने को मिली है, ऐसा लगे कि यह आवाज दिल से निकल रही है, अपनी आवाज इतनी तेज करो कि अंदर गेंदमलजी को भी सुनाई पड़े, मिमियाओ मत।...अच्छा अब बहुत हो गया, नारे लगाकर शोर मचाना बंद करो। गेंदमल साहब डिस्टर्ब हो रहे हैं।

लेकिन जिसने भी नाम लिखाया, उस सबका इलाज हो गया और ठीक से हो गया। चूर-चूर हो चुकी हड्डियाँ भी जुड़ गईं। प्लास्टिक सर्जरी से शरीर के ऊपरी हिस्से पर घाव के निशान दिखने भी बंद हो गए। जो अक्खड़ देवता थे, जो गेंदमलजी के डॉक्टरों से इलाज के विरोधी थे, वे भी अंततः आ गए थे। देवलोक का हर देवता अंततः प्रसन्न था। कोई खुलकर तो कोई छुपकर, कोई मन-ही-मन, तो कोई झिझक दिखाकर, कोई अटक-अटक कर, तो कोई पानी गटक-गटक कर गेंदमलजी की तारीफ कर रहा था। जो गेंदमलजी के विरोधी थे, वे गेंदमलजी से माफी माँग रहे थे। कुछ देवता माफी माँगने के लिए गेंदमलजी के पास नहीं पहुँच पा रहे थे। नीली वर्दी वाले उन्हें रोक रहे थे। वे नीली वर्दी वालों से बार-बार निवेदन कर रहे थे कि बस उन्हें एक मौका दे दिया जाए। वे बस गेंदमलजी का एक मिनट का समय लेंगे। माफी माँगेंगे और चले जाएँगे। मगर नीली वर्दी वाले किसी को अंदर नहीं जाने दे रहे थे, किसी को नहीं। किसी से कह रहे थे हमें अपना नाम बता दो, हम उन्हें बता देंगे कि तुमने माफी माँगी है। वे बेचारे नीली वर्दीधारियों को अपना नाम बताकर ही संतुष्ट हो रहे थे।

इधर युवा देवताओं का एक गुट कट्टर गेंदमल समर्थक बन गया था। वह जगह-जगह 'गेंदमलजी की जय, गेंदमलजी को धर्मराज बनाओ, गेंदमलजी को राजा इंद्र बनाओ' के नारे लगाता था। अपने समर्थकों को संबोधित करते हुए गेंदमलजी कहते थे कि मैं न धर्मराज बनना चाहता हूँ न इंद्र देवता, मेरी तो कोई महत्त्वाकांक्षा ही नहीं है। मेरी तो शुरू से सिर्फ एक ही महत्त्वाकांक्षा रही है कि आपकी भरपूर सेवा करूँ, आपके जितना भी हो सके काम आ सकूँ, यही उद्देश्य लेकर मैं धर्मराज के पास आया था। आज यह स्थिति है कि धर्मराजजी ने अपना पूरा काम मुझे सौंप रखा है। भगवान इंद्र भी मेरा सहयोग माँगेंगे तो उन्हें मना नहीं कर पाऊँगा। किसी अच्छे

काम, शुभ काम के लिए मना करना मेरे स्वभाव में ही नहीं है। सेवा और सहयोग करना मेरा धर्म है। इसके बदले में मैं कुछ चाहता नहीं, मैं कुछ माँगता नहीं, और स्वाभाविक रूप से कुछ मिल जाता है तो उसे दायित्व या चुनौती मानकर स्वीकार करने से घबराता भी नहीं। जीवन में जिसका उद्‌देश्य स्पष्ट हो, उसे घबराहट और परेशानी किस बात की?

वह जितनी ज्यादा ऊँची-ऊँची बातें करते, उतने ही ज्यादा उनके समर्थक उन्हें धर्मराज और इंद्र बनाने की माँग करने लगते। वह जितना ज्यादा उन्हें समझाते कि ऐसा मत करो, मैं तो आपका सेवक हूँ उतनी ही ज्यादा वे नासमझी करते, नारे लगाते। कहा जाता है कि ऐसा उन्हीं के इशारों पर होता है मगर कुछ कहते हैं कि यह युवकों की स्वाभाविक प्रतिक्रिया है। यह युवा देवताओं का गुट उनका इतना प्रबल समर्थक था कि अगर वे छींकते भी, तो ये सबसे कहता—अहा, क्या छींक हैं गेंदमलजी की, मजा आ गया? देवता तो इनकी तरह छींकना तक नहीं जानते। दरअसल छींकना भी एक कला है और कला को सीखा नहीं जा सकता, वह स्वभावत: आती है। हर कोई उसे नहीं जानता। वह नाक छिनकते, तो यह गुट कहता—वाह-वाह, क्या नाक छिनकाई है। देवताओं को उनकी तरह नाक छिनकना भी आ जाता तो इस देवलोक का कल्याण हो जाता। गेंदमलजी जब गला खँखारते, तो यह गुट कहता—देखा इसे कहते हैं गला खँखारना।

गेंदमलजी के पक्ष में इस अभियान से धर्मराज भी चौंके और इंद्र भी। इंद्र को फिर से अपना सिंहासन डोलता लगा, उधर धर्मराज की भी प्रेम-तंद्रा भंग हुई।

दोनों जागे। दोनों मिले। गोपनीय वार्ताओं के सिलसिले चले। सिलसिले चले तो चलते ही गए। अंत में रणनीति सामने आई। उसे लागू करने का दिन निकट आ गया। केवल बारह घंटे बचे। तब इंद्र को उस रणनीति में कुछ कमियाँ नजर आईं। कुछ और कमियाँ धर्मराज को नजर आईं। रणनीति को पुख्ता बनाना है। उसमें कहीं कोई सेंध नहीं रहने देना है इसलिए फिर से विचार-विमर्श शुरू हुआ। फिर से रणनीति बनी। फिर से लागू करने में कमियाँ नजर आईं। फिर से नए सिरे से काम शुरू हुआ।

अंतिम रणनीति के तौर पर यह तय हुआ कि गेंदमलजी के पास अप्सराएँ भेजी जाएँ। वे गेंदमलजी को अपने जाल में फँसाए। जब वे फँस जाएँ और उनका निकल सकना असंभव हो जाए, तब उन्हें बंदी बनाकर रौरव नरक में धकेल दिया जाए। इंद्र का मानना था कि समय चाहे जितना बदल गया हो, रणनीति अंतत: यही काम आएगी।

इंद्र ने अपने विशेष कक्ष में उर्वशी, मेनका और रंभा को बुलाया। पहले उनसे चुहलबाजी की। निश्‍चिंत होने के उपरांत इंद्र ने उनसे कहा, ''तुम तो गेंदमल नामक बदमाश प्राणी को जानती ही होगी। मूर्ख धर्मराज ने उसे गद्‌दी सौंप दी और खुद प्रेम करने लगे। अब वह उनके सिंहासन का दावेदार तो बन ही गया है, उसकी नजर मेरे

सिंहासन पर भी है। वह देवताओं पर भी अपना शासन चलाने लगा है। साम, दाम, दंड, भेद से काम ले रहा है। पहले तो मैंने सोचा कि इससे क्या डरना! है तो यह धरती का साधारण इंसान ही। जब चाहेंगे, कान उमेठकर बाहर निकाल देंगे। भुनगा है। वैसे भी देवतागण क्यों एक इंसान को अपने ऊपर शासन चलाने देंगे? इससे बड़ा उनका अपमान और क्या हो सकता है? लेकिन यह अनुमान गलत निकला। धीरे-धीरे स्थिति उसके नियंत्रण में आती गई। गेंदमल ने पहले तो भगदड़ मचवाकर देवताओं के हाथ-पैर तुड़वाए और फिर उनकी सहानुभूति बटोरने के लिए धरती से कुछ बढ़िया सर्जन बुलवा लिये। ये सर्जन इतने अच्छे निकले कि इन्होंने हाथ-पैर तो जोड़ ही दिए, घाव के निशान तक नहीं रहने दिए। अब चारों ओर उसी की जय-जयकार है। उसके समर्थक उसे मेरा पद देने की बात कह रहे हैं। यह सब उसका खेल है। वह इतना चालाक है कि एक दिन मेरी गद्दी भी हथिया लेगा। देवलोक का राजा पृथ्वी का एक नश्वर प्राणी होगा। ऐसे देवलोक में जीने से तो हम सबके लिए मर जाना अच्छा। वह देवकन्याओं को अपना क्रीतदास बनाएगा। मुझे अपना सिंहासन डोलता लग रहा है। पता नहीं क्यों मैं अपने सिंहासन पर स्थिर रहकर बैठ ही नहीं पाता। कोई-न-कोई मेरा दुश्मन खड़ा हो ही जाता है। खैर, आजकल मैं सिंहासन से उठता ही नहीं। उसी पर खाता-पीता हूँ। उसी पर सोता हूँ। शौचादि की भी मैंने वहीं व्यवस्था करवा रखी है। फिर भी मेरी रातों की नींद तथा दिन का चैन बरबाद है। तुम्हारे साथ जी बहलाने की भी मुझे अब नहीं सूझती। तुमने हमेशा मेरा सिंहासन डोलने पर मेरी मदद की है। अभी भी तुम्हें करना है। तुम जाओ और जबर्दस्ती उस पर न्योछावर हो जाओ। उसे अपने सौंदर्य, नृत्य, संगीत, कामकला से मोहित कर दो। उसे इतना पागल बना दो कि वह तुम्हारे अलावा सब कुछ भूल जाए। तो हे देवियो! जाओ और मेरे सिंहासन की रक्षा करो। वैसे भी मैं तुम्हें लाखों-करोड़ों वर्ष में एक बार कष्ट देता हूँ। जाओ, मुझे आज फिर बचाओ। मैं तुम्हें अच्छी तरह पुरस्कृत करूँगा। जाओ।''

इस पर उर्वशी ने कहा, ''महाराज, मैंने तो कभी आपकी आज्ञा नहीं ठुकराई। जब भी आपका सिंहासन डोला, उसे बचाने दौड़ी चली आई। मगर मेरी आजकल तबीयत ठीक नहीं चल रही है। वह तो आपका आदेश था तो फिर भी चली आई वरना कोई और बुलाता तो इस हालत में कभी न आती...''

उर्वशी को रूप बदलते देखा तो मेनका सावधान हो गई।

''मैं तो धरती के मनुष्य के पास उसे खुश करने क्या जाऊँ, उसे तो छूना भी पसंद नहीं करूँगी। हाँ, कोई देवता होता तो बात दूसरी थी।''

रंभा ने भी इसी तरह कहा, ''महाराज, मुझे तो किसी से भी एतराज नहीं, वह मनुष्य हो या फिर देवता। फिर आपके लिए तो आप जानते ही हैं मैं सब कुछ दाँव

पर लगा सकती हूँ। आप हमारे राजा हैं। आपका कहा सिर-माथे। मगर एक बार मैंने उस मरदूद को मोहित करने का प्रयत्न किया था। उसे खुला निमंत्रण दिया था मगर वह तब ऐसा चरित्रवान बना फिरता था कि मुझे देख भाग खड़ा हुआ। रंभा ऐसे मनुष्य के पास कभी नहीं जाती, जो कायर हो या उसे अपमानित करे।''

जब इंद्र ज्यादा ही गिड़गिड़ाए तो उर्वशी ने कहा, ''वह तपस्वी थोड़े ही है, जो हम उसका व्रत तोड़ दें। वह तो भोगी है। उसके महल में वैसे ही सुंदरियों की भरमार हैं। हम तो वैसे भी अब प्रौढ़ा लगने लगी हैं। हममें वो बात कहाँ, जो तब हममें होती थी! वह तो आप जैसे कुछ कद्रदाँ अब भी हैं जो हमारे उतनी ही जवान, उतनी ही खूबसूरत होने का भ्रम पाले हुए हैं मगर हमें भ्रम नहीं है, हमें मालूम है जन्नत की हकीकत क्या है...।''

मेनका ने इंद्र को सावधान करते हुए कहा, ''आप उसे कम मत समझना। उसे पता है कि इंद्र का जब सिंहासन डोलने लगता है तो वह अपने शत्रु को पराजित करने के लिए सुंदरियों का सहारा लेता है।''

इंद्र ने पूछा, ''मेनका प्यारी, यह तुम्हें कैसे पता चला?''

मेनका ने जवाब दिया, ''हम मेनका हैं। हम सब जानती हैं।'' यह कहकर वह रहस्यमय ढंग से मुस्कराई।

''फिर भी बताओ रानी।'' इंद्र की व्यग्रता बढ़ती जा रही थी।

''क्यों बताएँ? आप हमें सब कुछ बताते हैं क्या? बस जी बहलाया और छोड़ दिया। अभी भी याद किया तो किसी का जी बहलाने के लिए।''

परेशान इंद्र ने पूछा, ''तुम ऐसा समझती हो? यानी तुम मुझे अभी भी ठीक से नहीं समझती।''

''इसका मतलब हुआ कि तुम लोग मेरी मदद नहीं करोगी?'' इंद्र ने पूछा।

''आपकी मदद करने का मतलब है इंद्रदेव, हम मनुष्य को रिझाएँ, उनकी अंकशायिनी बनें। सामने नाचें। उसे अपने शरीर से खेलने का मौका दें। आपके लिए हम अपनी प्रतिष्ठा धूल में मिला दें। आप यही चाहते हैं न? मैं तो यह करने से रही, साफ कह देती हूँ। फिर मेरा जो हो, सो हो।''

''और उर्वशी तुम?''

''मैंने तो बताया कि मेरी तबीयत ठीक नहीं है वरना आपका आदेश होता तो मैं सेवा के लिए हाजिर होती ही, हालाँकि आपको बता दिया है मैंने कि हमारी अब स्थिति क्या है।''

''क्या हुआ है तुम्हें?''

''थकान है।''

''एक-दो दिन में उतर जाएगी।''

''नहीं, अभी रहेगी। जल्दी जानेवाली थकान नहीं है।''

''और रंभा तुम?''

''मुझे तो वह पहले ही ठुकरा चुका है।''

उदास इंद्र ने जवाब दिया, ''ठीक है, मैं समझ गया। सब समझ गया।''

''क्या समझ गए?'' कुछ क्रोध में मेनका ने पूछा।

''तुम अच्छी तरह जानती हो कि मैं क्या समझ गया?''

''मैं उतनी समझदार नहीं हूँ महाराज!''

''पहले तो हुआ करती थीं। अब क्या हो गया?'' इंद्र ने मुस्कराकर पूछा।

''पहले जितनी समझदार तो मैं अब भी हूँ मगर कोई समझनेवाला भी तो हो!''

''कहते हैं कि समझदार को तो इशारा ही काफी होता है।''

मेनका ने फिर व्यंग्य किया, ''लेकिन इशारा करनेवाला तो हो!''

''यानी हमें इशारे करना नहीं आता या तुम्हें हमारे इशारे समझना नहीं आता?''

''खैर, छोड़ो भी। बातों में तुमसे जीतना मुश्किल है।''

इंद्र इस पर उदास हँसी हँसा, ''ठीक है। तुम सबको यहाँ आने का धन्यवाद। कष्ट तो हुआ ही होगा। होता ही है कष्ट आने-जाने में लेकिन मैं इसके लिए क्षमा चाहता हूँ।''

रंभा, मेनका और उर्वशी जब इस पर बिना कुछ कहे चलने लगीं तो इंद्र ने कहा, ''अरे रंभा, तुम रुको। तुमसे कुछ बातें करनी हैं।''

रंभा ने चौंकते हुए पूछा, ''मुझसे?''

इंद्र ने तनाव को कुछ कम करते हुए कहा, ''क्यों, तुमसे तो मेरी कुछ खास बातें हमेशा होती रही हैं। इनकार कर सकोगी क्या?''

रंभा का रुख कुछ नरम पड़ा। लेकिन उसने भी व्यंग्य मिश्रित हास्य में कहा, ''तुम सुंदरियों से खास बातें करने के लिए ही विख्यात हो। फिर से खास बात करोगे? वैसे खास बात करने के लिए बहुत आ चुकी हूँ।'' रंभा ने अर्थपूर्ण ढंग से मुस्कराकर कहा।

''कहते हैं न पुराने चावल में जो स्वाद होता है, नए में नहीं।'' इंद्र ने भी मुस्कराकर कहा।

अब मेनका ने पूछा, ''तो हमारी हालत यह हो गई है कि हमारी तुलना अब चावलों से की जाने लगी है?''

''प्रौढ़ा हो चुकी हो न तुम तीनों?'' इंद्र ने मुस्कराकर कहा।

''और तुम?'' उर्वशी ने पूछा।

''पुरुष कभी प्रौढ़ नहीं होते। तुमने सुना ही होगा।''

''तुम तो फिर भी हो।'' उर्वशी फिर मुस्कराई।

''अभी मेरी बातों से ऐसा ही लगा तुम्हें?''

''कैसा लगा, यह तो मैं तुम्हें अभी नहीं बताऊँगी। मगर अब अकेले रंभा को ही बुला रहे हो, तुम्हारी नीयत तो ठीक है न! वरना हम उसके लिए बाहर रुकें?''

''मेरी नीयत तो कभी खराब नहीं रही। रही क्या? तुम तो अच्छी तरह जानती हो।'' इंद्र ने मुस्कराते हुए कहा।

''छोड़ो, इन बातों को अभी। पुराने रागों को छेड़ने से क्या फायदा!''

''अब तो हमें पुरानी बातें ही अच्छी लगती हैं।''

मेनका ने मुस्कराकर कहा, ''इसका मतलब है कि दिन ठीक नहीं चल रहे हैं तुम्हारे? लगता है, सिंहासन इस बार वाकई जोर-जोर से डोल रहा है।''

इंद्र ने कहा, ''वाकई वरना तुम सब मेरा साथ क्यों छोड़ती? अच्छा मेनका और उर्वशी फिर मिलते हैं बाद में कभी।''

इंद्र रंभा को लेकर शयनकक्ष में गए, ''आओ विश्राम करें।''

''थकी हुई लग रही हूँ क्या?''

''पुरुष के साथ विश्राम सिर्फ थकने पर ही किया जाता है क्या?'' इंद्र ने भृकुटि को उठाते हुए पूछा।

''अचानक इतने रंगीन क्यों हो रहे हो? कोई वजह?''

''मैं रंगहीन तो कभी नहीं रहा।''

''हाँ, ये शायद ठीक है।''

''शायद? शायद क्यों? अच्छा सुनो, तुम्हें क्या वास्तव में ऐसा लगता है कि इस बार मेरा सिंहासन छिन जाएगा?''

''तुम मुझसे सुनना क्या चाहते हो?''

''वही, जो सत्य हो, कहो।''

''सत्य तो तुम्हारे लिए वही है, जो तुम सुनना चाहते हो। राजा हो न! असलियत तुमसे बर्दाश्त होगी नहीं। व्यर्थ तुम्हारा कोपभाजन बनने से क्या फायदा?''

''यानी तुम जानती हो कि वास्तव में इस बार खतरा ज्यादा है?''

''हाँ है, क्योंकि इस बार चुनौती देवता या राक्षस ने नहीं दी है, मनुष्य ने दी है।''

''इससे क्या फर्क पड़ता है? मनुष्य भी तो ईश्वर-निर्मित है।''

''हाँ, लेकिन वह पेड़ नहीं है, वह फल नहीं है, वह पत्थर भी नहीं है, वह गाय या भैंस भी नहीं है। वह मनुष्य है। वह देवता से ज्यादा साहसी है। राक्षस से ज्यादा खतरनाक है। वह सोचना-विचारना जानता है। वह एक साथ भूत-भविष्य-वर्तमान में जाना जानता है। वह कल्पना करना जानता है। वह अनुभवों से सीखना जानता है और फिर भी अनुभवों के दायरे से बाहर आना जानता है। इसलिए तुम गेंदमल को

कम खतरनाक मत समझो। वह जिस तरह कदम बढ़ा रहा है, उस तरह तो तुम्हारी गद्दी बचने से रही। अप्सराओं को उसके पास भेजने के टोने-टोटके अब नहीं चलने वाले। दरअसल तुम पुराने पड़ चुके हो। इंद्र के इस पद पर रहने के काबिल नहीं रहे। बात कड़ुवी लगी न? स्वाद में परिवर्तन लाने के लिए कुछ मीठी-मीठी बातें करूँ अब राजा। नृत्य करूँ। आओ तुम्हें चूम लेती हूँ।''

अंत में रंभा ने कहा, ''मैं जाऊँ इंद्र? मेरी बात बुरी तो लगी होगी मगर मैं तुमसे झूठ नहीं बोल सकती। संभव हो तो मुझे क्षमा कर देना।''

इंद्र सोच-विचार में पड़ गए। उन्हें वाकई ऐसा लगा कि वह बूढ़े और बेमतलब हो चुके हैं। उन्हें अपनी गद्दी छोड़ देनी चाहिए। लेकिन गेंदमल के लिए? यह विचार उन्हें अच्छा नहीं लगा। तब किसी और के लिए? मगर किसके लिए? कौन है ऐसा? सोचते हुए इंद्र को हर देवता अपने से बहुत बौना लगा। कोई भी इस सिंहासन के उपयुक्त नहीं लगा। उन्हें यह अपनी जिम्मेदारी महसूस हुई कि वह अपने सिंहासन की रक्षा करें।

उन्होंने धर्मराज के साथ फिर से गोपनीय चर्चा की। अंत में यह निष्कर्ष निकला कि गेंदमल को अपने पद से हटा देना चाहिए और उसे नरक भेजने के आदेश दे देने चाहिए। धर्मराज ने आदेश का पहला हिस्सा जारी किया कि गेंदमल पर धर्मराज का विश्वास न रहने के कारण उन्हें पद से हटाया जा रहा है।

लेकिन गेंदमल ने तत्काल घोषणा की कि मुझे हटाने का अधिकार तथाकथित धर्मराज को है ही नहीं। धर्मराज तो अब मैं हूँ। मैं धर्मराज का काम कर रहा हूँ। धर्मराज वह आदमी कैसे कहा जा सकता है जो इतने समय से सिर्फ अपनी पत्नी के साथ मौज-मस्ती मनाने में मशगूल रहे? उस आदमी को कौन धर्मराज कहेगा, जो अपनी जिम्मेदारियाँ पूरी तरह भूल गया है, जो अधर्मराज हो गया है? मुझे हटाने का अधिकार कोई नहीं रखता। अगर मुझे हटाया गया तो विद्रोह की स्थिति उत्पन्न हो जाएगी। सारे देवता मेरे साथ हैं। ब्रह्मा, विष्णु, महेश, सरस्वती, लक्ष्मी, पार्वती का आशीर्वाद भी मेरे साथ है। तथाकथित धर्मराज और षड्यंत्रकारी इंद्र चाहें तो मैदान में आकर इस बात की परीक्षा कर लें कि उन्हें ज्यादा पसंद किया जाता है या मुझे। मैं खुली चुनौती देने को तैयार हूँ। मतदान से यह मामला तय कर लें।

इंद्र और धर्मराज की कल्पना थी कि इस पद से हटाते ही यह भीगी बिल्ली बनकर उनके सामने आएगा और माफी माँगेगा। लेकिन तब उसे माफी देना तो दूर वे इसे नरक में भेजने का आदेश दे देंगे। मगर गेंदमलजी तो खुली चुनौती दे रहे थे? क्या इसे नरक भेजने का आदेश दे दें, उन्होंने सोचा लेकिन उसका पालन नहीं हुआ तो?

उधर गेंदमल की चुनौतीपूर्ण भाषा का असर देवताओं पर अच्छा पड़ा। यह छवि बनी कि आया है दमवाला कोई जो धर्मराज और इंद्र को भी चुनौती दे सकता है।

इसका अर्थ है कि इसकी जमीन पुख्ता है। इसे हटाया नहीं जा सकता।

देवलोक में जगह-जगह गेंदमलजी की चर्चा होने लगी। अचानक उनके नीले वर्दीधारी दृश्य से गायब हो गए। सब एक-दूसरे से बहस करने लगे कि गेंदमल जीतेंगे या इंद्र और धर्मराज की जोड़ी? कुछ कहते कि धर्मराज आखिर धर्मराज हैं। उन्हें कौन हटा सकता है? कुछ कहते कि उन्हें क्यों नहीं हटाया जा सकता? बिलकुल हटाया जा सकता है। अगर उनका काम कोई और कर सकता है और वे धर्मराज रहकर भी मौज-मस्ती करते रह सकते हैं तो उन्हें हटाया क्यों नहीं जा सकता? कुछ कहते कि इस गेंदमल की नजर तो धर्मराज के पद पर ही नहीं, इंद्र के पद पर भी है।

क्या धरती का एक घटिया मनुष्य हमारा राजा होगा? हमारा इंद्र होगा? वह झूठा, बदमाश, दगाबाज, गुंडागर्दी करनेवाला, अपने भाई-भतीजों को देवलोक में घुसानेवाला हम पर शासन करेगा? कुछ कहते कि वह क्यों हम पर शासन नहीं कर सकता? क्या इंद्र उससे बेहतर है? वैसे भी वह वास्तव में आज हम पर शासन कर रहा है। वह न होता तो आज कई देवता लूले-लँगड़े होते। उन्हें किसने बचाया? किसने धरती से डॉक्टर बुलवाए? इंद्र के पास हमें देने के लिए है ही क्या? कुछ नहीं। वह करता ही क्या है? कुछ नहीं। इसलिए जो करता है उसी को क्यों न इंद्र बनने दें?

उधर गेंदमलजी के भक्त देवलोक में घूम-घूमकर घोषणा करने लगे कि अगर धर्मराज और इंद्र देवता के पद पर गेंदमल चुन लिये गए तो देवलोक को पृथ्वीलोक जैसा सुंदर-सुविधायुक्त बना देंगे। यह कहने को स्वर्ग और देवलोक है मगर यहाँ है क्या? कुछ भी नहीं! इसे किसने इतना पिछड़ा बनाकर रखा? इंद्र ने! जरा सोचिए हमारा लोक मृत्युलोक से भी पिछड़ गया? कौन जिम्मेदार है इसका? जो है उसे हटाओ और गेंदमलजी को लाओ। तब घर-घर में बिजली होगी, घर-घर में एयर-कंडीशनर होगा। प्रकाश इतना होगा कि रात में घरों में सूर्य दमकेगा और ठंड में घर गरम और गरमी में ठंडे रहेंगे। घरों में फ्रिज होंगे, टी.वी. होंगे, रेडियो होंगे, वाशिंग मशीन होंगी,, कंप्यूटर होंगे। हरेक के पास कार होगी। स्वर्ग में एक से एक बढ़िया सड़कें होंगी। घर-घर में पीने का पानी नलों से पहुँचा करेगा। देवता बिजली की मशीन से दाढ़ी बना सकेंगे। हवाई जहाज में घूम सकेंगे यानी जो चाहोगे, वही मिलेगा। थोड़े में संतोष करने की मजबूरी से छुटकारा मिलेगा। जीवन रंगीन होगा। स्वप्न हकीकत में बदल जाएँगे। खुद हकीकत एक स्वप्न होगी।

इसके बाद तो देवलोक में सर्वत्र 'गेंदमलजी की जय', 'गेंदमलजी को धर्मराज बनाओ', 'गेंदमलजी को इंद्र बनाओ', 'गेंदमलजी संघर्ष करो, हम तुम्हारे साथ हैं' के नारे लगने लगे। जगह-जगह गेंदमलजी का सार्वजनिक अभिनंदन होने लगा। उनके समर्थन में जुलूस निकलने लगे। गेंदमलजी के भाषण जगह-जगह होने लगे। सारा देवलोक गेंदमलमय हो गया।

और उस रात, जब पक्षी भी सो चुके थे और देवता भी, जब पेड़ भी गवाह नहीं हो सकते थे और दीवारें भी, धर्मराज और इंद्र देवलोक से लापता हो गए और यह पर्ची लिखकर छोड़ गए कि वे अपनी मर्जी से देवलोक छोड़ रहे हैं। उन पर किसी तरह का दबाव नहीं है। वे किसी से डरकर नहीं जा रहे हैं।

इस पर स्वर्ग में खुशियाँ मनाई गईं।

इसी के साथ गेंदमलजी के राज्यारोहण समारोह की तैयारियाँ शुरू हो गईं। 1001 वेदपाठी ब्राह्मणों को स्वर्ग से देवलोक में आमंत्रित किया गया। धरती, स्वर्ग और देवलोक की हर पवित्र नदी का पानी लाया गया। स्वर्गलोक और देवलोक के हर सुंदर फूल को चुनकर लाने और उससे देवलोक को सजाने और पुष्पवर्षा करने की तैयारियाँ की जाने लगीं। सोमरस की पर्याप्त व्यवस्था की गई और तय किया गया कि उस दिन एक नई ब्रांड का पृथ्वी नामक सोमरस वितरित किया जाएगा। स्वर्ग और देवलोक के सभी अच्छे गायकों-वादकों और कवियों को इस अवसर पर आमंत्रित किया गया। नर्तक और नर्तकियों को बुलाया गया। तरह-तरह के हवनों का प्रबंध किया गया। नए राजा को नहलाने के लिए दूध, दही और शहद का प्रबंध किया गया।

कोई भी कसर बाकी नहीं रखी गई। आनंद और उल्लास से सराबोर वातावरण में राज्यारोहण की पारंपरिक विधियाँ संपन्न हुईं। गेंदमलजी को सबसे ज्यादा प्रसन्नता तब हुई, जब देवताओं ने उनकी अभ्यर्थना में गीत गाए और अप्सराओं ने नृत्य किए। एक अप्सरा तो इतनी मदमस्त हो गई कि उसने एक-एक कर सारे कपड़े उतार दिए और नाचती रही। सब ताली बजाते रहे और उसे अपनी बाँहों में लेने की कोशिश करने लगे। गायकों और वादकों ने राजा-राग गेंदमल कल्याण, राग गेंदमल जयजयवंती आदि रचे। धूल, अबीर, गुलाल और इत्र सारे वातावरण में इस तरह छा गए कि जी घबराने लगा। फूलों की ऐसी विविधता और ऐसा सुघड़ संयोजन किया गया, जैसा आज तक देवताओं ने न देखा था। देवलोक की जमीन पर भी फूल थे और आकाश में भी फूल। सोमरस का पान निरंतर जारी था। हरेक देवता जैसे सदियों से प्यासा था। सबने पृथ्वी-सोमरस का पान खूब जमकर किया। किसी ने इसके बनाने की विधि पूछी तो बताया गया, वह गोपनीय है। देवलोक में जल्दी ही दुकानें खुलेंगी और वहाँ यह तैयार किया हुआ मिलेगा। खरीदने के लिए मुद्रा चलाई जाएगी।

इतनी तरह के व्यंजन परोसे जा रहे थे कि अच्छे से अच्छा पेटू भी हर व्यंजन का एक-एक ग्रास तक नहीं ले पा रहा था। किसी को एक व्यंजन इतना अच्छा लगता था कि उसे खाता चला जाता। कोई उसे दूसरा व्यंजन चखाता तो वह इस बात पर पछताता कि हाय, पहला व्यंजन इतना क्यों खा लिया! फिर वह दूसरा व्यंजन खाने लगता। तब तक तीसरे के स्वाद की चर्चा सुनाई पड़ती। कुछ देवताओं ने कै कर-करके और कुछ ने जुलाब ले-लेकर नए-नए व्यंजन खाए। यही सोमरसों का हाल

था। क्या पिएँ और क्या न पिएँ! कई तो इतने लालची निकले कि सोमरस को लेकर घर भाग गए। फिर आए और फिर चोरी करके भाग गए। लेकिन आज कहीं कोई कहने-सुननेवाला नहीं था। ध्यान देनेवाला नहीं था। ऊँगली उठानेवाला नहीं था। हरेक को अपनी मर्जी से सब कुछ करने की छूट थी। किसी भी देवता को किसी भी देवांगना के साथ और किसी भी देवांगना को किसी भी देवता के साथ रास रचाने की छूट थी। बरसों से जो देव और देवांगनाएँ एक-दूसरे के लिए सपना बने हुए थे, यथार्थ बन गए। ऐसा मदनोत्सव देवांगनाओं और देवताओं की स्मृतियों में देवलोक में लाखों वर्षों से नहीं हुआ था।

लेकिन उस दिन एक देवबाला के साथ बलात्कार भी हुआ। वह जिस देव के साथ जाना नहीं चाहती थी, वह जबर्दस्ती उसे उठाकर ले गया। फिर उसने ही नहीं, उसके मित्र-देवों ने भी उसके साथ सामूहिक बलात्कार किया। उसे जब होश आया तो उसने इस पर बावेला बचाया। उसके परिवार जन भी उदास और क्रोधित हुए। उसके भाई का खून खौल गया। वह बदला लेने के लिए उद्यत हो गया। लेकिन सभी ने कहा कि ऐसा मत करो। आज उत्सव का दिन है। मौज-मस्ती में ऐसा हो ही जाता है। आज के दिन यह भी स्वाभाविक ही है। सामान्य है। इसलिए न देवबाला उदास रहे, न उसके परिवारजन उदास हों, न भाई बदला लेने की बात करे। राज्योत्सव के रंग को कोई भंग न करे। भाई को सलाह दी गई कि उसे ज्यादा ही तकलीफ हो रही हो तो उन देवों में से किसी एक की पत्नी, बहन, माँ, बुआ या मौसी को उठाकर ले जाए और वह भी उसके साथ बलात्कार कर ले। आज सब माफ है। जिससे जो हो सकता है, करे, मगर खुश रहे। आज के दिन खुश रहना अनिवार्य है।

नए इंद्र को पता चला कि कोई उदास है, कोई क्रुद्ध है, कोई अपनी बहन के साथ हुए बलात्कार को सहन नहीं कर पा रहा है, तो वे कुपित हो जाएँगे। राजा का कोप सहना मुश्किल होता है। पता नहीं वे क्या सजा दें। आज से ही वे आप सबको अपना दुश्मन मानने लगें। आपका जीना हराम कर दें मगर आप मर भी नहीं सकते। इसलिए आइए और सब भूल जाइए। आइए और नाचिए-गाइए और प्रेम कीजिए। आइए और सोमरस का पान कीजिए। आइए और खाइए। आइए और देखिए फूलों की छटा, खुशबू और रंगों की बहार। आइए जीवन का नया अध्याय शुरू कीजिए। खुशी-खुशी नई परिस्थितियों को स्वीकार करना सीखिए। आइए और आज से ही अपना भविष्य का आईना देखना शुरू कीजिए। उसमें प्रगति होगी तो बलात्कार भी होंगे और ठगी भी होगी। उसमें घूसखोरी भी होगी, चोरी भी होगी, अन्याय, दिक्कत, परेशानी, संताप सभी होगा। नया पाने के लिए पुराना खोइए। यह रोने का युग नहीं, यह गाने का युग है। रोना भी हो तो इस तरह रोइए कि दूसरों को लगे कि गा रहे हैं। बलात्कार की चिंता छोड़िए। आओ, बेटी, तुम भी मत रोओ। नए युग की हो, पुरानों

की तरह आँसू मत बहाओ। ये आँसू बड़े काम के हैं। क्या पता कभी इनका मोल मिल जाए। लेकिन अभी तुम्हारे आँसू तुम्हारे पूरे परिवार के लिए भारी पड़ सकते हैं इसलिए अपनी नहीं, परिवार की सोचो। अभी तो तुम्हारे साथ सिर्फ बलात्कार हुआ है। समझो कि बहुत कम हुआ है। अभी न जाने क्या-क्या हो सकता है। आओ, अभी तो तुम जवान हो। पूरा भविष्य है तुम्हारे सामने। तुम्हारा जमाना आ रहा है। उम्मीद रखो...चलता है बेटी, सब चलता है। आओ बेटी गाओ। कदम बढ़ाओ, बढ़ती जाओ। आओ, आओ।

रात में देवलोक दिन से ज्यादा दमक रहा था। रात में दिन से ज्यादा उत्साह था। इस बीच कुछ और भी बलात्कार हो गए। कुछ और औरतें भी अपमानित हुईं। नीले वर्दीधारियों ने सफेद सूट और हरी टाई में अपने कई-कई रंग दिखाए। लेकिन कहीं कोई हलचल नहीं हुई, कहीं किसी का उत्साह ठंडा नहीं पड़ा। जो दुखी था, एकांत में चला गया। वह चुपचाप रो लिया, उसने धीरे-से आँसू पोंछ लिये। जो बिसूर रहा था, बहुत दूर चला गया ताकि किसी को पता न चलने पाए। उत्सव को क्षीण न पड़ता देख, अपनी ओर किसी का ध्यान बँटता न देख, वह चुपचाप फिर उत्सव स्थल पर आ गया। फिर शामिल हो गया। फिर सब कुछ के लिए तैयार हो गया, लेकिन इस बार सतर्क भी हो गया।

गेंदमल भी मस्त थे। अप्सराएँ उन्हें घेरे थीं। हर कोई उनके साथ एकांत चाहती थी। हर कोई उन्हें पाना चाहती थी। हर कोई उन्हें अपने चषक से सोमरस का पान कराना चाहती थी। हर कोई अपने होंठ उनके होंठों से लगाना चाहती थी। हर कोई अपनी नृत्य-कला से उन्हें प्रभावित करना चाहती थी। हर कोई, हर किसी से बाजी मारने में लगा था। पहले जो कुछ था व्यर्थ था, नीरस था, रूपहीन-गंधहीन था, गतिहीन-धुरीहीन था।

दो दिन तक उत्सव की थकान और खुमारी पूरे देवलोक में छाई रही। वहाँ हर कोई सोया हुआ था। पक्षी भी सोए हुए थे, क्योंकि वे इस शोर-शराबे में सो नहीं पाए थे। जो थका नहीं था, वह भी सोने का नाटक कर रहा था। उसे डर था कि वह ऐसा नहीं करेगा, तो उत्सव में शामिल हुआ नहीं माना जाएगा। उदासीन और नीरस माना जाएगा। दुश्मन के खेमे में शामिल मान लिया जाएगा। किसी को किसी की सुध नहीं थी। थी भी तो नाटक किए पड़ा था। किसी सुंदरी के स्तन खुले हुए थे, तो किसी की जाँघें, किसी पुरुष की छाती खुली हुई थी, तो किसी के नितंब। कोई औंधा पड़ा था, तो कोई चित्त लेटा था। कोई बाईं करवट था, तो कोई दाईं। कोई घनघोर खर्राटे ले रहा था, तो कोई एकदम शांत था। कोई नींद में भी उत्सव मना रहा था और अस्फुट स्वरों में कुछ बोल रहा था, हँस रहा था। कोई-कोई नींद में दर्द से चीख उठता था।

तीसरे दिन पता चला कि पृथ्वी से लाखों लोग धर्मराज के दरबार में हैं और स्वर्ग या नरक जाने की अपनी बारी का इंतजार कर रहे हैं। इतने लोगों का फैसला एक ही दिन में करना आसान नहीं था और रोज-रोज उनसे इंतजार करवाना भी ठीक नहीं था। गेंदमलजी नए-नए जोश में थे, इसलिए उन्होंने एक सरल समाधान ढूँढ़ लिया। जो अपनी जाति-धर्म के थे, उन्हें अलग किया और उन सबको एक साथ स्वर्ग में भेज दिया। फिर बचे हुए लोगों में से जिनका चेहरा-मोहरा, हाव-भाव, कद-काठी, रंग-ढंग, पसंद आया, उन्हें भी स्वर्ग भेज दिया। बाकी के लिए कहा कि इन्हें तुरंत नरक भेज दो। नरक जानेवालों में से कई चीख-चीखकर बता रहे थे कि उन्होंने बहुत पुण्य किए हैं, भगवद्-भक्ति की है, दान-तप किया है, सेवा की है, लेकिन गेंदमलजी ने कुछ नहीं सुना। बल्कि आदेश दिया कि जो जितना ज्यादा चिल्लाए, उसे उतनी जल्दी नरक भेजो, जगह न बची हो तो सीधे रौरव नरक भेजो।

धीरे-धीरे देवलोक में सुखी जीवन जीने के नियम स्पष्ट होने लगे। सुखी रहने के लिए अनिवार्य था कि समय-असमय गेंदमलजी की जय-जयकार की जाए। नीली वर्दीधारियों को आते-जाते नमस्ते अवश्य करो और उनकी हरकतों की जहाँ तक हो सके, अनदेखी करो। जहाँ गेंदमलजी भाषण दें, वहाँ उपस्थित जरूर रहो और ताली बजाते रहो। जहाँ भी कोई उनकी निंदा करता दिखाई दे, उसे करारा जवाब दो और कोशिश करो कि इस तरह किसी घटना में अपनी सक्रिय-साकारात्मक भूमिका की जानकारी गेंदमलजी को अवश्य हो जाए। बीते दिनों को याद मत करो और आनेवाले दिनों का इंतजार मत करो। किसी भी स्थिति को स्थायी मत समझो और हर स्थिति में इस तरह रहो, जैसे यही स्थायी हो।

जो जय-जयकार नहीं करेगा, जो स्तुति नहीं गाएगा लेकिन जो राजा की निंदा भी नहीं करेगा, अपनी जुबान बंद रखेगा, वह सुखी तो रहेगा मगर उसके सामने कठिनाइयाँ लगातार आती रहेंगी। उसे कुछ दुख, कुछ कठिनाइयाँ झेलने के बाद कुछ इंतजार करने, कुछ हताश होने के बाद सुख भी मिलेगा। लेकिन उस सुख पर बार-बार दुख की छाया पड़ती रहेगी। सुख निर्विघ्न नहीं होगा।

जो जय-जयकार भी नहीं करेगा, चुप भी नहीं रहेगा, मगर धमकी मिलने पर रास्ते पर आ जाएगा, अंततः वह भी दुखों के बीच सुखों का अधिकारी होगा। सूखी रोटियों के बीच कभी पूड़ी खाने को उसे भी मिल जाया करेगी। लेकिन वह कितना सुखी रहे, इसका फैसला इस बात पर निर्भर करेगा कि वह कितना कम दुखी रहना जानता है और कम से कम सुखों के बीच भी कितना खुश रहना सीख गया।

जो जय-जयकार भी नहीं करेगा और चुप भी नहीं रहेगा, जो धमकी मिलने पर सुधरने की बजाय बिगड़ जाएगा, भड़क जाएगा, टेढ़ा-मेढ़ा चलने लगेगा, उसके दुखों का पार नहीं रहेगा। सुख की कभी छाया भूल से उस पर भी पड़ेगी, जिससे वह

जीवित रहने के कारण ढूँढ़ सकेगा और यह सीख सकेगा कि वास्तव में सुखी रहने के उपाय क्या हैं और उसने उन्हें न अपनाकर कितनी भारी गलती कर दी है।

जो चुप-ही-चुप रहेगा, दूर-ही-दूर रहेगा, उस पर सबसे ज्यादा शक किया जाएगा। उस पर इतनी ज्यादा निगाह रखी जाएगी कि वह किसी दिन कुछ-कुछ अंटशंट बोल पड़ेगा। वह जैसे ही बोलेगा, उसे वहीं और उसी समय दबोच लिया जाएगा। जो ऐसी स्थिति में पड़कर चिल्लाकर भीड़ जुटाने की कोशिश करेगा, उसे अंततः ऐसे निर्जन में छोड़ दिया जाएगा, जहाँ से हर रास्ता दूसरे निर्जन की तरफ ही जाता है। एक उजाड़ से दूसरे उजाड़ की तरफ ही जाता है। उजाड़-ही-उजाड़ की ओर जाता है, अँधेरा-ही-अँधेरा की तरफ जाता है, जहाँ से उसे अपने घर का रास्ता कभी नहीं मिल सकता।

गेंदमलजी पृथ्वी पर जी चुके थे, स्वर्गलोक में रह चुके थे और देवलोक के अधिपति बन चुके थे। वह जानते थे कि संघर्ष तो चिरंतन है। मनुष्य हो या देवता, सभी समझदार नहीं हुआ करते। कुछ होते हैं और बहुत से नहीं भी होते हैं। समझदारों तथा नासमझों में संघर्ष चलता रहता है। उसे रोका नहीं जा सकता। वह अवश्यंभावी है। वह रात के बाद दिन और दिन के बाद रात होने की तरह है। वह आकाश में घने बादल छा जाने के बाद अक्सर बरसात होने की तरह है। वह पेड़ से पीले पत्ते गिरने की तरह अवश्यंभावी है। उस निरंतर और चिरंतन संघर्ष को चलने दो। हमें क्या? हम हम हैं। इस संघर्ष से हमें क्या फर्क पड़ता है? पड़ेगा, तब देखेंगे। रास्ते में नदी आएगी, तो पुल बनाने की सोचेंगे। पुल भी खुद तो बनाना नहीं है। सेवकगणों का काम है पुल बनाना। वे बनाएँगे। वे आखिर हैं किसलिए? हमारा काम तो आदेश देना है। हाँ, जब ऐसी स्थिति आएगी कि पुल उनसे नहीं बनेगा और वे हाथ जोड़ते हुए, चरणों में लेटते हुए, गर्दन और आँखें झुकाए हुए कहेंगे कि हे देवाधिदेव, हे परमपिता परमेश्वर, हे देवताओं के राजा इंद्र, हे समस्त धर्मराजों में सर्वश्रेष्ठ, अब आप ही हमारी मदद कीजिए, तब देखेंगे। जरूरी नहीं कि जब सेवकगण कहें कि संकट भारी है, समाधान से परे है, तब वाकई ऐसा हो। उनकी अक्ल की कमी के कारण उन्हें संकट भारी लग सकता है। जरा-सी सूझ-बूझ, थोड़ी-सी कल्पनाशक्ति, तनिक सी चतुराई, हल्के सा स्वाँग भरने से कई बार बड़ी-बड़ी समस्याएँ सुलझ जाती हैं। लेकिन यह बात सभी सेवकगणों को नहीं मालूम। मालूम होती तो सेठ गेंदमल नहीं, बल्कि वे धर्मराज और इंद्र हुए होते। वे नहीं बने, इसी से सिद्ध है कि अदृश्य होकर भी बल्कि अक्ल ही दृश्यमान, काली एवं विशालकाय भैंस से बड़ी होती है। भैंस भी होती और आदमी भी होता, मगर आदमी में भी भैंस की तरह ही अक्ल होती तो मजे से पाड़ा-पाड़ी दूध पीते रहते और आदमी देखता रहता। पाड़ा-पाड़ी जीवन का संपूर्ण आनंद उठाते और यह आदमी, चाय के लिए पानीमिश्रित दूध

भी प्राप्त नहीं कर पाता। और दूध में पानी का मिश्रण करके बल्कि रसायनों से भी दूध बनाने की और उसे सर्वसुलभ बनाने की कला भी तो मनुष्य की अकल की ही उपज है। और मान लीजिए, भैंस वाकई अकल से बड़ी होती या भैंस में अकल होती तो, पृथ्वी नामक लोक में मनुष्य की स्थिति कितनी चिंत्य हो जाती ? सर्वप्रथम तो अकल बड़ी या भैंस अमूल्य मुहावरा—जो मानव जाति को हिंदी जाति की अनुपम देन है—आविष्कृत ही नहीं हो पाता। किसी मूर्ख ने किसी भैंस पर अपना गुस्सा प्रकट करने के लिए दुर्घटनावश यह मुहावरा आविष्कृत कर भी लिया होता तो आप क्या समझते हैं कि भैंस चुप बैठी रहती ? यह प्रतिकार अवश्य करती और आज की भैंसों को देखकर यह अनुमान लगाना ठीक नहीं होगा कि भैंस का प्रतिकार हिंसक नहीं होता और अगर वह पर्याप्त हिंसक होता तो शायद आविष्कारकर्ता के साथ ही यह मुहावरा भी पृथ्वीलोक से सिधार गया होता।

जैसे भारत नामक देश में दीर्घकाल तक प्रधानमंत्री तथा कांग्रेस अध्यक्ष एक ही होता आया है, उसी तरह धर्मराज और इंद्र नामक दो पदों का कार्यभार एक साथ सँभालनेवाले गेंदमलजी को कुछ ही समय बीता था। यह कुछ समय, इतना समय था कि देवलोक की प्रजा उनसे उम्मीदें करने लगी थी कि अब देवलोक की उन्नति, प्रगति, विकास, समृद्धि के लिए अपनी कार्ययोजना को वे अमली जामा पहनाएँगे कि घोषणा हुई कि वे अमेरिका की राजकीय यात्रा पर जाएँगे। अमेरिका अपनी तकनालॉजी के सभी दरवाजे देवलोक के लिए खोल देगा और फिर यहाँ जादुई तकनालॉजी होगी और देवी-देवता होंगे। दोनों के बीच कोई तीसरा नहीं होगा। कोई तीसरा अगर हुआ भी तो वह सिर्फ गेंदमलजी होंगे।

इस घोषणा से देवलोक में खलबली मच गई। देवलोक का इंद्र, अमेरिका यानी मृत्युलोक जाएगा ? उल्टी यात्रा शुरू करेगा ? मृत्युलोक से लोग स्वर्गलोक आने के लिए तरसते हैं, पूरा जीवन स्वर्गलोग में पहुँचने के लिए होम कर देते हैं और हमारा राजा अब अमेरिका जाएगा! देवलोक का जो इंद्र, जो धर्मराज, जब चाहे यमदूत बुलाकर जिसे चाहे यहाँ ला सकता है, वह स्वयं उन मनुष्यों से मिलने के लिए धरती पर जाएगा ? क्या हो गया हमारे इस राजा को ? देवलोक का राजा होकर भी मृत्युलोक से इसका प्रेम अभी भी खत्म नहीं हुआ है ? देवलोक को मृत्युलोक बनाकर भी इसे संतुष्टि नहीं मिली है ? अरे, अभी तो देखते ही जाइए, आगे-आगे होता है क्या! इस देवलोक और उस स्वर्गलोक को मृत्युलोक के तुच्छ प्राणी हड़प लेंगे। हम अपने ही घर में बेघर हो जाएँगे।

दूसरे देवता का तर्क था कि कुछ होने-हवाने वाला नहीं है। गेंदमलजी अमेरिका जानेवाले नहीं हैं। देवलोक क्या मृत्युलोक है जो बस, रेल या हवाई जहाज में बैठे और यहाँ से वहाँ पहुँच गए! अरे, कोई देवलोक से भी पृथ्वीलोक जा सकता है

भला ? कभी हुआ भी है ऐसा ? कभी कोई धर्मराज गए थे वहाँ ? कभी कोई इंद्र गए थे वहाँ ? यह समझ रहा है कि ये पृथ्वी का राजा है और हवाई जहाज से एक से दूसरे देश पहुँच जाएगा।

तीसरे देवता ने हामी भरी। उसका कहना था कि देवलोक से मृत्युलोक और मृत्युलोक से देवलोक इतना आसान होता तो मृत्युलोक के लोग दान-पुण्य, पूजा-पाठ, यज्ञ-हवन, व्रत-उपवास फालतू में क्यों करते ? यहाँ का टिकट कटाते और पहुँच जाते।''

एक और देवता ने कहा, ''गेंदमलजी...''

''हाँ, वही-वही...गेंदमल को मृत्युलोक ही जाना था तो अमेरिका क्यों ? देवभूमि भारत क्यों नहीं ? स्वर्गादपि है वह तो। गेंदमलजी यानी इंद्र यानी धर्मराज रहने वाले भी हैं वहीं के। अपनी मातृभूमि को वे इतनी जल्दी भूल गए ? उनकी पत्नी, बेटे-बेटियाँ-बहू वगैरह भी तो हैं वहाँ ?''

एक और ने कुछ व्यंग्य से इस बात में अपनी बात जोड़ी, ''हाँ, जाना है तो भारत क्यों नहीं जाते ? जहाँ गेंदमल जैसी महान विभूतियाँ आज भी जन्म ले सकती हैं, वह देश अमेरिका से कम महान तो होगा नहीं, अमेरिका से कम विकसित तो होगा नहीं ? जिस देश का नागरिक इतना विकसित है, वह देश भी तो आखिर विकसित ही होगा ! उसकी उपेक्षा करना गलत है।''

किसी और देवता ने चुटकी ली, ''सुंदरियों का चक्कर होगा। वहाँ से ऐसी-ऐसी सुंदरियाँ वे हमारे यहाँ लाएँगे कि हमारी अप्सराएँ उनके यहाँ पानी भरेंगी।''

ये सारी बातें ज्यों-की-त्यों गेंदमलजी तक पहुँच रही थीं क्योंकि उन्होंने देवलोक में विकास के प्रथम चरण में जिस क्षेत्र के विकास पर सर्वाधिक ध्यान दिया था—वह था खुफिया तंत्र। यह इतना विकसित था कि वाकई दीवारों के भी कान होते हैं, यह मुहावरा देवलोक में ही सबसे ज्यादा चरितार्थ हो रहा था, लेकिन सब कुछ जानते-बूझते भी लोग गलती कर ही देते थे। अब गेंदमल के गुप्तचर विभाग में काम करना सबसे प्रतिष्ठा का काम माना जाता था और अनेक देवता भी चाहने लगे थे कि उन्हें इसमें काम मिले। लेकिन गेंदमलजी ने कहा कि हम किसी देवता से काम नहीं लेंगे। उन्हें कष्ट नहीं देंगे। यह काम मनुष्य जाति के लोग और उनमें भी उनके रिश्तेदार, पूर्वज वगैरह कर लेंगे।

देवताओं ने जब से दीवारों के भी कान होते हैं, यह मुहावरा सुना था, वे दीवारों से डरने लगे थे। अब कान हैं, तो आँखें भी होंगी, यह सोचकर और भी भयभीत रहने लगे थे। ''वे दीवारें जो सुन नहीं पाती होंगी, वे आँखों से देख लेती होंगी। तब तो इन दीवारों को सब कुछ पता होगा। किसी दिन गेंदमलजी ने दीवारों को गवाही के लिए बुला लिया, तो हमारी मुश्किल हो जाएगी।''

अभी–अभी हुए इस निंदा–अभियान की खबर लगते ही गेंदमलजी का मन हुआ कि घटनास्थल पर वह स्वयं ही प्रकट हो जाएँ और उन्हें शर्मिंदा कर दें। डरा दें उन्हें। लेकिन फिर सोचा जाने दो। थोड़ी–बहुत निंदा कर लेने दो। उन्हें ट्रकों पर लिखी यह बात याद आ गई, 'मुद्दई लाख बुरा चाहे क्या होता है, वही होता है जो मंजूरे–खुदा होता है।'

और एक दिन देवलोक के आकाश में गड़गड़ाहट सुनाई दी। यह बरसात के बदलो की गड़गड़ाहट नहीं थी। यह और तरह की गड़गड़ाहट थी। इससे पहले इसे किसी ने सुना नहीं था। भयभीत देवता घरों से बाहर निकल आए। आकाश की तरफ देखने लगे। आकाश से एक विशालकाय यंत्र धीरे–धीरे नीचे उतर रहा था। उसे देखकर भय भी लग रहा था और उसे उतरते देखने की इच्छा पर काबू पाना भी आसान नहीं था।

इस विमान के उतरने पर देवताओं के मन में अनेक सवाल भी थे मगर विमान को उतरते देखने की जिज्ञासा के नीचे वे दब गए थे। जब वह लगभग नीचे उतर गया, तो सारी देवांगनाएँ और देवता भागे–भागे उसके पास पहुँचे। उसके पंख चलना बंद हो गए, वह स्थिर हो गया, तो सबने उसे छू–छूकर देखा। उस पर कुछ लिखा हुआ था, जिसे उनके लिए पढ़ना मुश्किल था। उसे छू–छूकर, पास से देख–देखकर वे निहाल होने लगे।

इतने में विमान का दरवाजा खुला और देवता जैसे गोरे रंग के, लंबे–चौड़े और तगड़े करीब 50 लोग निकले।

उनमें से एक ने कहा, 'यूरेका' तो सभी 'यूरेका–यूरेका' कहते हुए देवलोक में दौड़ने लगे। 'वी हैव कम', 'वी हैव एराइव्ड एट लास्ट।'

वे इस तरह दौड़–भाग रहे थे, खा–पी रहे थे कि जैसे यह उनका अपना ही लोक हो। उन्होंने बीयर के टिन के डिब्बे, प्लास्टिक के थैले यहाँ–वहाँ फेंक दिए।

देवता भागकर गेंदमलजी के पास गए। गेंदमलजी खुद उनके स्वागत के लिए दौड़े चले आ रहे थे। ''इस पागलखाने को आप ही सँभालिए, सर। आपके लिए मैंने यहाँ पर्याप्त भूमिका तैयार कर दी है। अब आपको ज्यादा मेहनत नहीं करनी पड़ेगी। मुझे तो इसके बदले में न्यूयॉर्क में एक कोठी दे दीजिए सर और मेरे बीवी–बच्चों को ग्रीन कार्ड। आइए सर, वेलकम सर।''

●●●